生死之间

哲学家实践理念的故事

Dying for Ideas
The Dangerous Lives of the Philosophers

〔美〕科斯提卡·布拉达坦——著

吴万伟——译

中央编译出版社
Central Compilation & Translation Press

图书在版编目(CIP)数据

生死之间：哲学家实践理念的故事 /（美）科斯提卡·布拉达坦著；吴万伟译. —北京：中央编译出版社，2018.11
书名原文：Dying for Ideas: The Dangerous Lives of the Philosophers
ISBN 978-7-5117-3499-0

Ⅰ.①生…
Ⅱ.①科… ②吴…
Ⅲ.①哲学史－西方国家
Ⅳ.① B5

中国版本图书馆 CIP 数据核字 (2018) 第 007115 号

DYING FOR IDEAS: THE DANGEROUS LIVES OF THE PHILOSOPHERS
by COSTICA BRADATAN
Copyright: © Costica Bradavan, 2014
This edition arranged with BLOOMSBURY PUBLISHING PLC
through Big Apple Agency, Inc., Labuan, Malaysia.
Simplified Chinese edition copyright:
2018 CENTRAL COMPILATION and TRANSLATION PRESS
All rights reserved.

生死之间：哲学家实践理念的故事

出 版 人：葛海彦
出版统筹：贾宇琰
责任编辑：霍星辰
责任印制：刘 慧
出版发行：中央编译出版社
地　　址：北京西城区车公庄大街乙 5 号鸿儒大厦 B 座 (100044)
电　　话：(010) 52612345（总编室） (010) 52612333（编辑室）
　　　　　(010) 52612316（发行部） (010) 52612317（网络销售）
　　　　　(010) 52612346（馆配部） (010) 66509618（读者服务部）
传　　真：(010) 66515838
经　　销：全国新华书店
印　　刷：北京中兴印刷有限公司
开　　本：880 毫米 ×1230 毫米　1/32
字　　数：223 千字
印　　张：9.375
版　　次：2018 年 11 月第 1 版
印　　次：2018 年 11 月第 1 次印刷
定　　价：49.00 元

网　　址：www.cctphome.com　　邮　　箱：cctp@cctphome.com
新浪微博：@ 中央编译出版社　　微　　信：中央编译出版社（ID：cctphome）
淘宝店铺：中央编译出版社直销店 (http://shop108367160.taobao.com) (010) 55626885

本社常年法律顾问：北京市吴栾赵阎律师事务所律师　闫军　梁勤
凡有印装质量问题，本社负责调换，电话：(010) 55626985

谨以此书献给
妻子克里斯蒂娜和女儿安娜斯塔西
（*Cristinei și Anastasiei*）

Continuamente moriamo, io mentre scrivo queste cose; tu mentre leggerai, ambedue moriamo, tutti moriamo, sempre moriamo.

(Francesco Petrarca)

不断走向死亡,我在写你在读这些话时,两人都在走向死亡,我们都要死,永远地死去。

——弗朗西斯克·彼特拉克

Contents 目录

致谢	01
绪论	001
1 作为自我塑造的哲学	013
2 第一层	047
3 身体哲学	107
4 第二层	157
5 殉道者哲学家的成功之道	201
后记：笑着去死	248
参考文献	253
译名对照表	266
译后记	276

致　谢

在概念阐释和酝酿时，书籍或许需要独处，但在本质上，书从来都不孤独。其实，在很重要的意义上，书籍不过是与他人相处的另外一种方式而已。写书更是如此：写书就是向他人学习，与他人交谈，赢得他们的支持，领受他们的恩惠。读者诸君即将阅读的本书也不例外。

作者确实心怀感激。首先感谢布鲁姆斯伯里出版公司的编辑丽莎·汤姆森对该书难以置信的信心和坚定的支持以及在整个过程中明智的建议。感谢文字编辑们耐心细致、一丝不苟的工作。感谢约翰·卡鲁阿纳、安德烈·科德斯库、大卫·库柏和罗伯特·辛纳布林克阅读了整部书稿，并提出了宝贵的意见。这些慷慨无私的朋友在改善本书质量方面发挥了决定性作用，实在让人感激不尽。笔者还要感谢多年的老朋友奥列林·克拉伊图，他与笔者详细地谈论了该书的进展；里鲁是本书成型的耳闻见证人。感谢斯蒂芬·克拉克、西蒙·克里奇利、葛瑞汉·哈曼、朱塞佩·玛佐塔、詹姆斯·米勒、乔纳森·门罗、罗伯特·尼克松、英格丽德·罗兰和迈克尔·沃尔泽在很早但很关键的时候支持该项目。感谢鲁斯·阿比、丹尼·奥巴克、米哈伊·伯塔、米歇尔·伯罗斯沃克、拉谢尔·布雷纳、彼得·切尼、赵淑、普莱提·查普拉、霍华德·库尔茨、斯蒂文·德鲁尔、克劳迪娅·戈提耶、萨布里纳·菲里、丹尼尔·基夫兰、大卫·戈德斯坦、亚历山大·冈格夫、格雷格·海格、劳拉·哈里森、彼得·哈里森、加布里拉·霍夫斯·德拉尼、维托里奥·豪塞尔、伊恩·兰诺西、马修·兰姆、迈克尔·马德、玛利亚·里布兰迪、罗查、戈登·玛丽诺、尼克·奈斯比特、大卫·莱奇奥、罗布·尼克松、马克·罗彻、克劳迪娅·萨多斯基·史密斯、苏珊·斯坦福·弗里德曼、多林·托多兰、克里斯托弗·威廉姆斯、吴万伟、凯瑟琳·扎科特、迈克尔·扎科特的关心、鼓励和建议。还要感谢很多其他人，因为太多，无法在此一一列举，他们都在该项目的酝酿和实施中发挥了重要作用，有时候他们甚至没有意识到这些。

在写作本书的过程中，笔者一直非常幸运地获得了美国及海外的若干岗位津贴奖学金。笔者非常荣幸地成为下面这些研究机构的研究员，在此谨表谢意。它们是：纽伯瑞图书馆（芝加哥）、威廉·安德·鲁克拉克纪念图书馆和17—18世纪研究中心（加州大学洛杉矶分校）、人文研究所（威斯康辛大学麦迪逊分校）、伍德罗·威尔逊国际学者中心（华盛顿特区）、圣母高级研究中心（圣母大学）、人文科学研究所（亚利桑那州立大学）、纽约博格利斯科基金会、利古里亚人文艺术研究中心（意大利热那亚）、格莱斯顿图书馆（英国）。为了完成本书，笔者还获得了德克萨斯理工大学的研究资助（教务处、主抓科研的副校长和荣誉学院）以及埃尔哈特基金会的资助。如果没有这些机构的支持，本书的写作将会非常困难。过去几年里，本书的部分内容曾经作为学术会议论文或以讲座的形式在北美、南美、欧洲、亚洲和澳大利亚等的大学里发表过。在这些地方，来自同行和公众的反馈意见都非常重要。笔者还将本书的某些片段融入到柏林欧洲人文艺术学院（ECLA）若干暑期的系列讲座之中。2010年笔者在印度讲授了名为"生死问题"的暑期研究生讲座。该项目是由印度普纳大学英语系主办的，由巴罗达市当代理论论坛组织。笔者在普纳大学做的讲座的大部分成为本书的组成部分。笔者非常感谢中心主任普拉富拉·卡尔博士的授课邀请，感谢上这门课的学生，他们是老师梦寐以求的最好学生。2014年2月，《生死之间》的书稿在孟买印度理工大学人文社会科学系组织的研讨会上得到热烈讨论。笔者非常感激这次研讨会的参加者。特别感谢兰简·卡马尔·潘达博士组织这次会议和对本书的评论。感谢迪帕·米世拉博士和普拉维什·荣格莱博士的精彩反馈意见。

就在从事该项目的过程中，笔者还发表了若干论文谈及本书主题的众多方面。这些文章或多或少地被重新修改、重组（有时候已经到了认不出来的地步），纳入到本书最后的定稿中："作为死亡艺术的哲学"（《欧洲遗产》）；"未来之光：濒临死亡的身体的政治用途"（《异议者》）；"自焚的政治心理学"（《纽约政治家》）；"作为生活艺术的哲学"（《洛杉矶书评》）；"从初稿到确定的作品：现代性初期的死亡、孤独和自我创造"（《文化、理论和批评》）。为此，笔者非常感谢这些期刊。

绪　论

> 死亡是人类获得的最宝贵财富。难怪最大的不敬就是滥用死亡,不恰当地死去。
>
> 西蒙娜·薇依

 **生死问题**

苏格拉底从来没有写过一行字,但他的死是一部杰作,并使其名垂青史。捷克学生扬·帕拉赫活在人世时只是个名不见经传的小人物,但在 1969 年 1 月以自焚抗议别国入侵自己的国家之后,他在许多人看来简直已经成了半个神,成为拥有惊人活力和影响力的人物。他从坟墓中影响捷克斯洛伐克的历史。每当甘地又一次开始"绝食至死"时,印度的一切都变得异常充满活力,比从前任何时候都更加活跃。在他绝食期间,"甘地身体状况的每个变化都会播放到国家的每个角落"。(Fisher 1983: 318)整个印度都生活在甘地的饥饿之中。

死亡似乎并不总是意味着对生命的否定——有时候它具有改善生命矛盾潜力和强化生命的力量,以至于到了为生命赋予新活力的程度。死亡的呈现能够给生者身上注入一种对存在的新认识——的确是对存在的更深刻的理解。因此，公平地说，生命需要死亡的说法并非毫无道理。如果没有死亡，生命将遭受毁灭性的打击。

首先，出于自我实现的理由，生命需要死亡。通常，只有在我们失去某物或者即将要失去它的时候，我们才会认识到它的宝贵；正是其突然离开的前景教导我们如何欣赏其存在的价值和意义。所以，死亡能够通过其紧密性为生命行为带来新强度。历史学家已经注意到一个令人好奇的事实：每当造成重大伤亡的自然灾害或社会灾难——如瘟疫或毁灭性的战争——来临之时，人们似乎常常更愿意热衷于世俗的享乐。他们常常带着新发现的激情贪婪地追求肉体快感（吃、喝、性）。在危机时刻，常识要求我们谨慎地行动以便保存资源。事实上他们并不这样做，相反，他们很快地挥霍掉所剩无几的任何东西。因为他们处于最匆忙的奔波中，就在死亡逼近他们时，这些人迫不及待地陶醉和沉溺于生命的快感中。恰恰是死亡的存在增加了他们对生的渴望。这种态度似乎缺乏理性，但其中却蕴含着某种神奇的东西。在被毁灭的边缘，这些人发现了存在的奇迹，因而要大肆庆贺一番。

意大利诗人乔万尼·薄伽丘的《十日谈》让我们瞥见这个独特的背景，虽然可能有些模糊。1348年黑死病在佛罗伦萨猖獗泛滥之时，一群年轻人躲藏在离这个城市几英里远的别墅里，开始了10天充满激情的生活，讲述栩栩如生的淫荡故事。其结果是产生了一本有着100多篇赞美生命和最充满肉欲的"生命之喜悦"的故事集。薄伽丘凭直觉发现了死亡恐惧与欲望之间的深刻联系：在极限场景中，接近死亡可能成为最强大的壮阳药。或许受到乔治·巴岱尔（Bataile 1986）的启发，法国历史学家菲力浦·阿利埃斯谈到死亡的某种"性欲化"倾向。就像性行为一样,死亡也被看作"一种将人从日常生活中解脱出来的偏离错乱,目的是让他经历突发事件,一下子投入到非理性的、狂暴的、美好的世界"。(Ariès 1974: 57)

在所有这些可能的自愿死亡中,读者诸君开始阅读的本书主要讲述为哲学而死的哲学家们的故事。这种死亡当然不无反讽的意味:你付出了所拥有的最宝贵东西(你的生命)的代价以便得到通常被认为最没有意义的行为。但是哲学家们——尤其是那些最具魅力的哲学家们——若无反讽的意义就什么也不是了。在某种意义上,《生死之间》是一种未经探测的本体论——反讽式存在的本体论练习。

 必然死亡

公元前 399 年,苏格拉底被雅典法院判处死刑后饮毒酒而死。他被指控亵渎神灵、腐化青年。在审判中,苏格拉底明确指出,无论结果如何,他都不会改变他理解人生的方式,也不会改变他的哲学实践。在审判之后和处决之前,苏格拉底仍然有机会在有钱朋友的帮助下逃命,但出于对城邦法律的忠诚,他拒绝逃亡。

公元 415 年,来自亚历山大的异教徒女哲学家希帕提娅(古希腊女哲学家)被一群基督教暴徒残忍地杀害,这显然受到该城长老西里尔的怂恿。因为就在这一年,希帕提娅已经成为独特的思想家,也是该城影响力最大的老师。甚至城市的管理者欧列斯特斯也积极与其交往,向她请教,虽然他是个基督徒。显然,西里尔对希帕提娅在该市和欧列斯特斯圈子里的巨大影响力感到不快。

1535 年,托马斯·莫尔爵士因为被控犯下"叛国罪"而在伦敦塔

被枭首示众。莫尔的叛国罪源于他拒绝宣誓忠诚于《王位继承法》(王位要传给未来的伊丽莎白一世,她是亨利八世和新婚妻子安妮·博林还未出生的孩子),而且拒绝承认国王在宗教问题上的最高权威。莫尔认为国王只是普通人,因而不可能成为教会首脑,"凡人不可能成为精神领袖"。

1600年,乔尔丹诺·布鲁诺在被天主教会神圣罗马教廷判处死刑之后在罗马火刑柱上活活烧死。他已经在宗教裁判所的监狱里服刑8年。作为多明我会的修道士,布鲁诺被控在诸如圣餐变体论、三位一体、基督成圣和复活、圣母玛利亚的贞洁等问题上持有违背教会正统思想的信念,即使在走向火刑柱的路上,他也顽固地拒绝忏悔。

1977年,捷克现象学家雅恩·帕托什卡(胡塞尔的嫡传弟子)在经历捷克斯洛伐克秘密警察11个小时的审讯之后,在布拉格医院死于脑中风。帕托什卡之所以被调查是因为他在发起人权运动(《七七宪章》)中所发挥的作用,该运动被当局视为图谋颠覆政权。帕托什卡觉得为了忠诚于自己的哲学理念,他必须投身于这样的公民运动中。

 **哲学是危险的追求**

一个人要成为什么样的哲学家,才能为理念而死?首先,这些人虽然具体信仰不同,但都有一个共同点,那就是对下面这个观念的坚定承诺,即哲学首先是你践行的某种东西。当然,哲学涉及思考与写作,阅读与交谈,但这些都不应该被视为目的本身;这些活动需要服务于哲学的最终目的:自我实现。所以,你的哲学不是储存在你书本中的东西,而是你随身携带并体现出来的内容。它不是你谈论的"话题",而是你

的人生体现。此种观念就是作为生活方式或生活艺术的哲学。

矛盾的是,作为生活艺术的哲学常常最终归结为学习如何死亡,即死亡的艺术。最好的例子是苏格拉底本人。他把哲学理解为生活方式,并毫不妥协地践行他的哲学,并最终导致其死亡。他的弟子柏拉图深受雅典人对待其老师的方式的刺激,竟然在据说是苏格拉底被处决前最后几个小时的对话记录《斐多篇》中,娴熟地提出了他对哲学的认识,即哲学不是任何别的东西而是准备死亡。从时间顺序来看,《斐多篇》属于柏拉图的"中年时期"之作,肯定是在老师死后很多年才写成的。把这视为"哲学正义"的行为非常具有诱惑力:柏拉图这个仍然陷入悲伤之中还没有恢复过来而且可能仍然愤愤不平的人,把老师之死这个毁灭性事件私自纳入到他对哲学的定义中。无论是不是"哲学正义",柏拉图的观念都表达了一个关键的见解:哲学只有在为我们提供死亡艺术的情况下才是生活艺术。

柏拉图的定义直到今天仍然引起回响。在16世纪,蒙田呼应西塞罗的说法,将他的一篇文章命名为"哲学思考就是学会如何死亡"。到了20世纪,西蒙娜·薇依把死亡置于其哲学探索的核心。在她看来,学会如何死亡甚至比学会如何生活更加重要。薇依说,因为死亡是"人能够得到的最宝贵财富","最大的不敬是滥用死亡"。(Weil 1997: 137)如果我们浪费死亡,我们的人生将变得毫无意义。本书就是谈论哲学家是如何"很好地使用"死亡以及他在此过程中是如何重新标识自己的人生并使其作品变成一个整体的。

哲学作为生活艺术的观念在当今主流哲学界并不时髦,虽然它并不缺乏吸引力。实际上,假设言行之间、思想与行动之间存在着完美平衡的哲学定义,一直包含一种令人满意的东西。哲学是一种自我实现,即哲学家的自我是"不断取得进步的工程",是他通过哲学思辨而创造出来的东西。但与此同时,这个观点很危险,因为它可能令那些较真的人陷入麻烦之中。从社会的角度看,投身于生活艺术哲学的哲学家常常是有话直说的激进分子,对其工作的部分描述就是不要让他闭嘴。但是,说真话的践行者很少能生活幸福。

其实,拥抱哲学是自我改造实践的观念就会使你自己变得极其脆弱。如果哲学的真诚性体现在践行这个思想的人身上,那么哲学家简直就是没有安全网的走钢丝表演者。哲学家的生活永远需要保持平衡:哪怕走错微小的一步,无论是偏向这边还是那边,都可能造成致命后果。如果他以与自己的哲学脱节为代价迎合世人的要求,那他就完蛋了;如果他遵循良心不惜牺牲个人安全,他也完蛋了。这恰恰是苏格拉底、希帕提娅、莫尔、布鲁诺和帕托什卡等人陷入的两难困境。在其人生的某个时刻,这些哲学家必须做出选择:要么忠诚于自己的哲学而死,要么背叛这种哲学而苟活。具体的细节或许不同,但情景的本质完全一样。他们中有些人或许被特别要求克制和忏悔,而其他人则有机会认识到,若不停止所做之事就将付出代价。哲学家的钢丝之行,其危险性也是如此。《生死之间》就诞生于他们对这种平衡术的痴迷。

要么忠诚于自己的哲学而死,要么背叛这种哲学而苟活,这种选择的意义无论怎么强调也不算过分。因为对这些思想家而言,哲学不仅仅是在原则上你能保持沉默或者将其抛弃的一堆教义,而是一种生活方式,一种弥漫在你整个人生中的东西。所以该选择承载着相当大的存在主义的分量。你不能像更换一件衣服那样轻松地改变你的哲学观点。因为哲学从定义上说体现在哲学家身上,放弃这种哲学就是把哲学家撕成碎片。面对这种选择的哲学家很快就会意识到,自己陷入的危机不仅仅是与自己的观点在外表上保持一致的问题。选择还掩盖了一种考验：如果哲学不仅仅是空谈，它就需要经受住生活的考验。事后回顾起来，帕托什卡用毫不含糊的话描述了这个场景，表现出非同寻常的先见之明。他说："哲学到了一个临界点，这时候仅仅提出问题和回答问题已经不够，虽然两者都有极大的威力；但在此刻，除非做出一个决定，否则哲学家将无法取得任何进步。"（Kriseová 1993: 108）接下来，我们需要用新的眼光来看待哲学：最终来说，哲学思辨不是关于思考、写作或说话的，甚至不是大胆的、勇敢的表演活动，而是其他东西——决心以身殉道。在本书中，笔者紧随这个决策过程的内在机制，在探究的同时描述哲学家以身殉道时身体所遭遇的变故。

这些哲学家的遭遇值得我们详细地回顾。有一天他们不知不觉地陷入令人担忧的全新处境中。虽然是技艺高超的演说家，但他们现在意识到论证和辩论已经不起作用。这些擅长逻辑推理和说服他人的大师，如今落入话语和论证已经毫无用武之地的困境，无论其话语和论证是多么高超。此时，他们面对困境毫无招架之力，一生中唯一擅长的本事此刻没有了用武之地。这些思想家肯定或清晰或较模糊地认识到，如果不想被彻底噤声的话，他们就需要比话语更强有力的方式表达自己。在紧张、严峻、直截了当的极限场景下，比话语更强大的就是他们的死亡了。他们只剩下濒临死亡的身体可用，将这个戏剧性场面用以表达依靠其擅长的修辞无法表达的内容。苏格拉底一生能言善辩，令听众心服口服，但他的死亡，说服力更强大。苏格拉底之死是他设计的最有效的劝说手段，以至于在多个世纪之后仍受到纪念，人们并不太清楚他活着的时候都做过些什么，但他的死亡方式人人皆知。

到了最终的考验时，哲学在最极端的情况下必须放弃其常规做法

（演说、写作、讲课）而转向其他方式——表演，身体的表演，这非常说明问题。如此一来，我们就实现了一个完整的循环。哲学人生就意味着首先有身体的存在，哲学死亡同样如此。这些哲学家需要身体不仅是为了践行其哲学，更重要的是用身体来确认其哲学的合理性。笔者在《生死之间》中指出了哲学家将濒临死亡的身体作为思想的试验场，这是前所未有的尝试。

这些哲学家选择了一条把他们引入"优雅"之死的道路，这种死亡随后被塑造为其哲学著作的顶峰。无论这些思想家的著作质量如何，只要考虑到他们的结局，人们就会有一种认识，即如果我们将其与死亡割裂开来的话，对其著作的了解就不完整。事实上，这种死亡本身已经变成一部哲学著作，有时候甚至是其代表作。苏格拉底的死亡方式已经成为其哲学遗产不可分割的一部分，我们很难想象苏格拉底寿终正寝、无疾而终的情景。此后，在死亡记忆开始困扰后代人时，这些哲学家的结局就拥有了越来越多层次的含义，直到最后他们变成了传奇人物。

哲学神话

幸运的是，哲学家很少因为宣扬的观点而遭杀害。因为一般来说，没有人把哲学家当回事。在大部分时间里，哲学家都是安全的，他们为有话直说的行为付出的代价小得可怜，就像被扎了一针那样微不足道。可是，他们的自愿死亡虽然罕见，却往往值得人们关注，因为一旦真的出现这种情形，这些死亡都会给后代带来巨大的影响。殉道者哲学家最终为后人留下漫长的阴影，使子孙后辈不由自主地感受到这些伟大死者的恩泽和震撼。人们对这些死者的记忆从来不会轻易消失，事实上随着一代代新人的出现，这些记忆反而被保存得更加清晰。结果，这些思想家在死后往往变得比在世时更加充满生命力。他们在死后获得了全新的生命，有时候这种生命力已经与其实际人生故事没有多大关系了。因此，笔者在本书中提出的一个重要问题是：这种特别的影响力背后到底隐藏着什么？肯定不是其哲学的内在品质。毕竟，苏格拉底从来没有写过在死后供人阅读的任何著作；希帕提娅也没有留下什么东西；而布鲁诺的著作现在已经很少有人去阅读了。那么，究竟是什么东西令这些哲学家产生如此的影响力呢？

在谈及苏格拉底之死时，伏尔泰曾经说"这位殉道者的死亡实际上是哲学的成圣过程"（Ahrensdorf 1995: 2）。撇开这种命题隐含的讽刺口吻不谈，这里作为著名的反教权主义思想家，伏尔泰的言论就像牧师，他或许在无意识的情况下指出了一种解释。因为正是这些思想家的"殉道"塑造了后人，改变了我们对他们的认识。甚至在多个世纪之后，他们的死亡事件仍然"遮蔽"我们的视线，使我们错误地表达他们生前的真实故事或著作。的确，他们的死亡最终具有了一种独特的品质，能够挑起我们内心最深层的心理波动而引发共鸣，那里是我们最原始的冲动和驱动力所在。事实上，我们最终在处理这些哲学家的死亡事件时并非依靠思想智慧而是通过宗教想象来完成的。不管我们接近他们的途径是多么严格地遵循理性的要求，但其根源总有某种说不清道不明的非理性因素最终塑造了我们与殉道者的关系。之所以如此，至少有两个虽然不同却相互补充的理由。

首先，在现象学的层次上，在某个"为事业"献身者面前，我们体验到的是一种既向往又厌恶、既感到痴迷又感到恐惧的强大混合体，所有这些情感都同时出现。他们的"时刻准备去死"使其处于我们多数人可望而不可即的地位：这些人正是因为自己所做之事与人类社会割裂开来。这恰恰就是圣人（sacer）的最初含义：与其他人（凡人）割裂开来之人，与众不同之人，令我们产生怪异的矛盾情感之人。换句话说，表演殉道行为的人将自己置于一种神圣的存在方式之中。我们因为在该事件中的参与而从内心感到不安，即便这种参与是经过中介和通过他人体验而获得的，也会重新在我们身上激发出成圣的原始体验。这就是为什么殉道总是在宗教体制中扮演着十分重要的作用，也是为什么激进的政治抗议活动如自焚，有时候能对社会产生重大影响的原因。

其次，如果我们选择采取更具社会学色彩的视角，哲学家的暴死可以在法国批评家勒内·吉拉尔的牺牲理论帮助下进行解读。一个危机重重的群体陷入没完没了的暴力循环中不能自拔，它需要一个替罪羊以便找到心理平衡。吉拉尔说，社会在"寻找转移注意力的方式，寻找一个比较不被关注或'可牺牲的'受害者，否则暴力将可能发泄在自己成员身上"。（Girard 1979: 4）如果行动成功，那么牺牲他人的杀戮之后将是对受害者做出的某种"神圣化"过程。多亏了吉拉尔所说的"替罪羊机制"，该受害者最终变成社会变革的强大代理人。虽然她起初完全是没有任何力量的无名小卒，不得不吸收共同体的凶猛好斗和暴力冲动，但如今她已经被提升到拥有巨大影响力的崇高地位。吉拉尔写到，"该替罪羊不再仅仅是恶势力的消极容器"而是"神话学展示的全能操纵者的幻影"。（Girard 1986: 46）

最重要的是，共同体中出现的这种死亡不仅治愈了共同体的创伤，而且可能被视为"创始性凶杀"；因此，依靠献祭性的死亡可能开启了一个新时代。吉拉尔使用了摩西、俄狄浦斯、罗慕路斯（战神玛尔斯之子——译注）等例子。这也解释了为什么大部分殉道者哲学家都被描述为各种哲学传统的"创始人"。苏格拉底被视为西方哲学的真正创始人（那些在他之前的人只是被称为"前苏格拉底派"）。希帕提娅则被视为哲学中女性传统的开端，虽然之前曾经有女哲学家；她还被视为哲学女权主义的创始人，虽然很难知道她对女权主义议题会表达什么样的观点。同样的，布鲁诺有时候被认为创立了现代自由思想的伟大传统，也是现代欧洲反宗教理性主义的代表人物。但巨大的反讽也恰恰在此：现代哲学家中很少有人像布鲁诺这样强烈地相信魔力和其他"蒙昧主义者"之类的东西。

这些例子指向一个重要的事实：思想和哲学传统的形成并非依靠严格的理性模式管理，有时候是靠神话般的思考和想象构成的。这些哲学家的暴死事件由传统按照制造神话的方式来记录和处理。结果，殉道者之死被翻译成了神话。然后，神话"逻辑"以隐蔽然而顽强的方式标志了思想史的成型方式。从传统上说，我们往往认为神话颠覆理性，但真实的情况可能远比这种说法复杂得多。正如这些殉道者哲学家的例子所显示的那样，有时候神话是理性的补充，制造神话和发挥神话的想象力为哲学带来某种程度的人类复杂性、先进性和深刻性，而所有这些都无法单靠理性获得。

彩排问题

这是笔者在诸位刚刚开始阅读的书中试图提出的论证要点。但是，在很重要的意义上，《生死之间》不是论证。其实，它的核心是一种信念：即哲学本身甚至不是写书的问题。毫无疑问，哲学需要写作，优秀的作品的确能给哲学带来好处。但是，在哲学最终是什么的问题上，写作注定仍然是预备程序而已。因为无论哲学家作为作家是多么优秀,其哲学质量的好坏并不取决于写作水平的高低,而在其他地方。在某种意义上,哲学开始于写作终结之处。写作是彩排,从最好处说是穿着戏服的彩排,但仍不是正式表演。哲学才是表演。

1

作为自我塑造的哲学

> 哲学是参与整个存在过程的具体态度和明确的生活方式。哲学行为不仅仅位于认知层次,而且在自我和存在层次上。这是促使我们更充分实现人生并令我们变得更好的进步过程。哲学是将我们的整个人生翻转过来,经历该过程的人,其人生将被彻底改变。哲学将个人从非真实的生活条件提升到真实状态,其中前者被无意识遮蔽,被焦虑所困;而后者则获得一种自由、自我意识、内心平静和看待世界的深邃眼光。
>
> 皮埃尔·阿多

本章的要点是介绍故事的第一主角——哲学家。这个任务并不容易。本书中的哲学家并非一劳永逸的现成物件,供你仔细观察、上下打量和介绍。此人有某种独特的流动性,他总是"处于进行中",性格还在不断塑造中。事实上,要成为这样的哲学家就是要不断塑造自己,只要活着,即直到自己死亡之前,自我塑造就不会停息,而死亡是你面对的最伟大的塑造工程。选择为哲学理念而死的哲学家是那个把自我塑造推到最终结果之人:他不仅在活着时,而且在死亡中,尤其是在死亡中,实践它。这就是为什么虽然不好把握这个特征,我们仍然有尝试一下的东西:即密切考察自我塑造,这样就有机会抓住它的本来面目。

文艺复兴人

1486年夏天,康科迪亚伯爵皮科·德拉·米兰多拉(1463—1494)只有23岁,但他已经准备好拯救这个世界了。刚刚从巴黎返国后,他就开始了独特的乌托邦工程:重大的神学哲学综合工程,其中他要促成针对任何重要议题的所有不同观点的和解,要彻底解决任何冲突的观点。该工程是要永远终结所有宗教战争、科学分歧和思想辩论。作为工程的一部分,皮科发起挑战,邀请15世纪后期天主教世界的每个人来罗马进行公开的辩论;他甚至提出愿意支付辩论者的旅行费用。这将是最后一次辩论,此后再也没有辩论的理由了。

但是在前往罗马的途中,皮科引发了一场小小的冲突。在阿雷佐省,他诱拐了一个名叫玛格丽塔的年轻女贵族,虽然并不完全违背其意愿。该女子是朱利亚诺·德·美第奇的妻子。在随后的冲突中,皮科差一点被这位不懂哲学的丈夫杀掉,后来还被关进监狱,幸亏依靠大政治家洛伦佐·德·美第奇本人才得以获救。伤口痊愈后,皮科最后动身来到罗马,下半年他出版了宣言书,以900条观点的形式阐述了对辩证法、道德、物理、数学、形而上学、神学、魔法、犹太教神秘哲学等的观点,其中既有自己的观点,也有聪明的迦勒底人、阿拉伯人、希伯来人、希腊人、埃及人、拉丁人的观点。不用说,该工程以失败而告终。书中很多内容在本质上具有深刻的异教徒特征,因而没有多大帮助。教皇伊诺森特八世不愿意容忍企图挑战天主教教义纯洁性的任何尝试,很快就叫停了这场辩论。皮科的某些观点被认定为公然的异端邪说,宗教裁判所还启动了正式调查。该辩论永远也不可能举行了。哲学又复归平静了。

不过,900条观点尽管没能实现最初的目的,皮科的工程却产生了一个重要而又有些意外的结果:它清楚阐述了人类条件的新视野。为了介绍该工程,皮科写了一篇题目是"论人的尊严"的文章。文中重新讲述了创世故事,不过有了一个转折。

> 至高的创造者天父上帝已经依靠其神秘智慧的法律建造了这个宇宙之家。他用智慧装饰天堂上的区域,天堂的空间。但是在工作完成之后,工匠仍然希望有人思考如此伟大工程的计划,热爱其美丽,惊叹其浩大。他最后想到了创造一个人。但是在其原型宝库中,他并没有找到可塑造新人的原型,也没有发现里面有能给新生儿当作遗产的东西,这个世界上没有可供后者坐在上面沉思默想该世界的座位。现在一切都已制作完毕:所有各方都按高、中、低的秩序分配就位。(Mirandola 1948: 223—224)

皮科描述的关键点是,人并非像《圣经·创世记》教导的那样,是创造的顶峰,而是显得有些多余:我们人类已经被彻底忽略。的确,上帝的创造似乎是在没有人的情况下完成的。我们在这个宇宙中并没有特别的位置,也没有需要我们或只有我们才能做的事。假如我们突然消失,没有人会想念我们,因为从本体论上说,我们不过是附录。最初对上帝的无伤大雅的称赞很快变成了公然的异端邪说训练。就在一页的篇幅之内,皮科从一个极端走向另一个极端。

但是,在我们还没来得及思考异端邪说的问题时,皮科就做出了另外一个或许更加引人注目的动作。他彻底颠覆了整个情景,矛盾地把人的本体论冗余性解释为一种力量,其游刃有余的娴熟笔法令人惊叹。人或许没有独特的地位,但这正是使其特别之处。因为上帝已经忘记为人在宇宙中留出一个适当的、天生的位置,他现在必须做出修改,并提供某种补偿。让人成为上帝创造的一切的共同所有者就是适当的赔偿金:

> 最后,这个最优秀的工匠下令让这个生物与天主一同拥有他所创造的万物,虽然之前曾忘记为其留出合适的位置。因此,天主让人作为本性不确定的生物,使其处于世界中心之地位,可直接与天主交谈。(Mirandola 1948: 24)

在皮科看来,人在创造过程中很重要,虽然他在其中并没有占据特定的位置,但其重要性恰恰就在于此。这里,关键的术语是"本性不确定的生物"。就人的创造而言,皮科的上帝不仅丢三落四而且还匆匆忙忙,有一种留下工作完不成的倾向——上帝做事确实也太马虎了。人为什么被置于如此粗糙的状态?这或许是唯一的解释:一个不精确的、无法辨认出形状的生物,一个还未完工的作品——的确还是很粗糙的毛坯。

就像任何毛坯一样,还有很多工作有待完成。除了人本身,还有谁能把上帝遗留的剩余工作做完呢?他必须收拾上帝留下的烂摊子,尽一切可能为自己制作一个突出的外貌。因此,如果上帝让我们成为一个"本性不确定的"生物,那就由我们来决定自己将成为什么样的人。我们的"未完成性"本质反而成了因祸得福的好事。上帝做事的马虎对我们来说反而成了神圣的恩惠,我们因此得以按自己渴望的样子塑造自我。皮科的上帝说:

> 亚当,我既没有给你固定的寓所,也没有给你独有的形状和只有你自己才拥有的独特功能。目的就是让你按照自己的渴望和判断拥有自己想要的寓所、形状和功能。所有其他万事万物的本性都受到限制,都局限在我们规定的法律边界之内。而你不受任何限制,可按照自己的自由意志,用我们放在你身上的手,为自己确定本性的边界。我们已经让你处于世界的中心,你能从此更容易地观察世上的万事万物。我们让你既不在天上也不在地上,既不是凡人也不是神仙。就好像你是自己的制造者和塑造者那样,你可以利用选择的自由和荣誉,按照自己的意愿来塑造自我。你有权堕落成更低级的生物或变成野兽。你也有权基于灵魂的判断再生为更高级的生物,即变成神。(Mirandola 1948: 24)

在皮科对创造的描述中,人从定义上说是没有地位和面孔的——"既没有给你固定的寓所,也没有给你独有的形状"。我们很难找到比这更合适的现代人性的定义了。没有将你固定在一个地方的根基,你可以四海为家;没有自己的面孔,你可以戴上任何喜欢的面具。在世界大舞台上,你能够扮演自己喜欢的任何角色——你可以成为任何人,也可以什么都不是,即成为虚无。因此,在这两个极端(虚无和一切)之间,确定了一个新的哲学人类学的舞台和词汇。后来西方哲学有关人性的大部分探索恰恰就是在此空间内展开的。有些思想家（如帕斯卡）变得如此专注和痴迷于这些极端，以至于他们自己很难有时间或兴趣探索两者之间发生的事。其他人（如蒙田）则花费大部分精力去探索散落在两者之间的各种祝福和诅咒，快乐和悲伤。不用说，在此中间阶段，若用帕斯卡的说法，即这个既非天使也非野兽之所，在本质上说就是自我塑造的空间。①

"塑造中"的自我②

自我塑造是文艺复兴的核心精神。1980年，斯蒂芬·格林伯雷出版了该话题的一本重要著作，从此以后，这两个术语在学术界的对话中就变得几乎难以分开了。但是，存在一个独特的认识，即"自我塑造"观念比文艺复兴的寿命更长，反而成为现代性本身的一个重要维度。在某种形式上，自我不是现成的，而是我们制造和再造之物，该观念已经成为现代的自我表现的基本组成部分。③ 蒙田（1533—1592）是个突出的例子，笔者随后会单独谈论他的情况。朱塞佩·马佐塔在论述乔瓦尼·巴蒂斯塔·维柯（1668—1744）的著作和生平时，详细考察了这个

---

① 皮科在20世纪哲学中最明显的回响或许是萨特对人的定义，即是"虚无"，是"缺如"(what is not)而不是"已有是的东西"(what it is)。

② 在本节中我纳入和进一步阐述了自己曾经与西蒙·克里奇利、朱塞佩·马佐塔、亚历山大·尼哈马斯合写的文章《论诗人和思想家：关于哲学、文学和世界重建的对话》中的一些观点。(Bradatan et al. 2009)

③ 在这方面的重要贡献是查尔斯·泰勒在《自我的根源》中提出的，虽然来自不同的方向，哲学上的优先选择不同，而且服务于不同的目的。(Taylor 1989)

话题的存在。在马佐塔的解读中,对维柯来说,不存在"自我的先验性本质",我们是自己制造的产品。人是"自我的创造",人"创造了他认识的自我",这意味着"存在、知识和制造是无休止地交织在没有尽头的循环过程中"。(Mazzotta 1998: 27)马佐塔认为,作者的自我是他创作的作品和拥有的观点的产物。因此,维柯的书成就了他的身份。他写书,但在某种程度上也是书在"写"他。马佐塔说,维柯的《新科学》"至少像他创作《新科学》一样多地造就了他"。(Mazzotta 1998: 18)①

开始自我塑造工程的人拥有的东西,与艺术家在追求具备补偿作用的伟大作品类似。事实上,为自己创造一个独特的自我是最困难、最艰苦的艺术。尼采在《快乐的科学》中的观点不是没有道理的,他宣称"有一件事是需要的。为个人的性格赋予'一种风格',这是伟大和罕见的艺术"。尼采为我们描述了开展这项工作的细节,这显示出他对此过程的深入了解。他说,自我塑造的大师"调查了其本性的一切长处和弱点,然后将其置于艺术计划之中,直到每个成分都成为艺术品"。就像其他艺术一样,写作天赋、平衡和比例意识、耐心和实践都是迫切需要的东西:"这里添加了许多属于第二本性的内容;那里去掉了某个最初本性的内容——两者都需要长期的练习和日常工作。"(Nietzsche 1974: 290)

把自我创造和文学创作过程相提并论,在作者的自我与他在作品中创作的虚构世界之间进行对比不是没有道理的。自我不是出生时获得的必须一辈子随身携带的现成东西,相反,它是个一直在进行中的过

---

① 说维柯中的"自我的历史",完全陷入历史逻辑中的自我,或马佐塔所说的"基底(sub-jectum),字面意思就是被扔在下面,没有牢固的基础,失去对自我的控制和暂时性地无意识"都是非常有道理的。(Mazzotta 1998: 19)要获得对自我的控制或者说自立是一辈子的事。

程。① 如果笔者在此使用皮科的术语,成为个人就是成为"有辨识能力的"、出类拔萃的、与众不同的人,为什么不呢?在创造自我和文学创作的两种情况下,重要的是,成为这个或那个自我,最终是风格问题;无论人的性格还是文学作品中的人物都不是永恒不变的,两者都是塑造、协商和投射的复杂过程的结果。因为我们都渴望拥有"漂亮的"自我,可以说我们是在为自己创造一个不寻常的自我,就像作家试图在作品中创作出杰出人物一样。使用同一个词"character"(性格/人物)来指代小说作品中的"英雄"和自我的道德品质,这绝非偶然的巧合,非常说明问题。这样的双重含义不仅在英语中,在其他语言中也是如此。在某种重要的意义上,有个性的人本身就是一个人物。

作家的自我是他在创作艺术作品时平行创作出来的东西。作为更大的存在过程的一部分,两者无法区分开来,它们是交流的容器。我作为作家形成的自我滋养了我的自我,虽然其滋养方式我并不一定意识到。反过来,我的自我不可能不受到我塑造的文学自我的影响。② 这个观点的必然结果之一是,在某种程度上,虚构作品和作者的性格、人品和世界观等之间总是存在一种亲属关系,一种既微妙又朴素的亲属关系。这不一定是因为作家从其自传中汲取灵感,而是因为她的自我也是她"创

---

① 亚历山大·尼哈马斯用这些术语描述这个过程:"创造自我就是成功地变成某个人,变成某种性格,也就是成为杰出的和出类拔萃的人。要变成一个个体……要成为个体就是要获得非同寻常的性格特征,一套将自己与世界其他人区分开来的习性和生活方式。"(Nehamas 1998: 4—5)

② 像波兰大师基耶斯洛夫斯基这样有远见的电影导演对这种关系的本质太清楚不过了:"如果你不了解自己的生活,我认为你就不能理解故事中人物的生活,就不能了解别人的生活。"(Stok 1993: 35)

造"的结果：是性格，是被创造出来的自我，正如作品中存在的人物一样。①

如果自我塑造是现代性的别名，那么我们或许知道后者的诞生年份：1486年。那是康科迪亚伯爵皮科·德拉·米兰多拉没有能就他的900个议题进行公开辩论的时期，相反在阿雷佐省已婚妇女的怀抱中寻求尘世之爱的味道后不久，却成功地使部分内容遭到罗马教会的谴责。现代性的诞生伴随着双重的嘲弄姿态。一个嘲弄来自教会，一个嘲弄来自世俗机构（以婚姻契约为代表）：一方面试图表现出将异教徒—阿拉伯—卡巴拉犹太神秘学术整体尊为正统思想，另一方面却试图"偷走"别人的合法妻子。值得注意的是，无论是异教徒还是通奸，宗教正统思想和世俗机构的合法性都得到了皮科的认可。它们牢固的、强制性的存在就在那里，那是更深刻的宇宙和形而上学秩序的看得见的标志，被巴西批评家路易斯·科斯塔·利马称之为"律法"。②

皮科这个一脚在中世纪另一只脚在现代的人既承认律法的存在，同时又在行动上嘲弄它。嘲弄涉及把嘲弄者和被嘲弄对象拉开距离，将对象置于可观察的位置以便把玩它。嘲弄以颠覆和嘲笑为基础，突出地依靠某些"外在"事物的存在作为参照系，行为才能具有意义。如果没有

---

① 这似乎与米哈伊·巴赫金的"复调"理论相悖，根据这个理论，小说家使用多种声音和通过众多人物之口说话，有些人与她自己有很大差别。但这种分歧在更深的、更根本的存在层次上得到解决，其中作者的身份认同恰恰是自我创造的更大工程所赋予的。

② 科斯塔·利马在《声音的局限性》(1996)说，古代经典曾经"设想一种流行于中世纪早期的宇宙秩序"。至少在基督教中，这是"法律"，"被认为来自仁慈的上帝，其崇高性已经进入事物之中，为了创造物的更大利益，这些东西有可能被认识、被使用和被改造"。(Costa Lima 1996: 2)

了外在对象，嘲弄就失去了任何意义，反而会转向嘲弄者自己。这就是为什么嘲弄也是一种欣赏，甚至是一种静悄悄的爱。①

当法律消失，没有了可服从的东西，甚至也没有了嘲弄的对象，就会出现一个非同寻常的画面。如今，自我的塑造就发生在绝对的孤独之中。蒙田再次成为了一个很好的案例，不过在讨论他之前，笔者需要很快地绕行到20世纪做一次迂回的旅行。

作为生活艺术的哲学

过去30年，我们对西方哲学史的理解发生了一场静悄悄的革命。事实上，很少有人注意到这场悄无声息的革命。这场革命带来的变化是意识到西方某些最有影响的哲学家（主要是古代哲学家，但也包括蒙田、卢梭、叔本华、尼采等现代人）希望其哲学不仅仅是一套教义或纯粹的思想，而是有关人生的艺术。像大部分革命一样，这场革命也影响我们看待过去的方式。

20世纪70年代后期，法国著名的古典学家皮埃尔·阿多（1922—2010）②开始使用"灵性的修炼"来描述古代哲学家所做之事。该术语

---

① 没有什么比反叛者在反叛对象死后还活着更令人感到悲哀的了。例子之一就是许多东欧异议者，他们反对自己国家在20世纪70年代和80年代的共产党政权，但到了20世纪90年代政权崩溃后，他们就变成了被遗弃的人物。一旦他们反对、嘲弄和讽刺的对象消失，空虚感马上就会闯入其生活。的确，共产主义肯定是他们最大的失落。在2000年的时候，有些人再也受不了，因而自己也变成了马克思主义者。

② 严格的天主教家庭背景和严厉的耶稣会语文教育使阿多能够不仅研究教会牧师，而且还研究包括普罗提诺、奥勒留、维特根斯坦等人在内的著作。

是他从基督教圣徒圣依纳爵·罗耀拉那里借来的，不过明显扩大了它的应用范围。这样一来，阿多认为他使这个词回归了本义：圣依纳爵的《灵性的修炼》（1548）不过是基督徒版本的希腊罗马传统。虽然圣依纳爵的工作很重要，但从最终分析看，"我们必须回归古代才能解释灵性修炼观点的起源和意义"。（Hadot 1995: 82）1981年，阿多出版了有关该话题的第一本研究著作《作为一种生活方式的哲学：从苏格拉底到福柯的灵性修炼》。[①] 本书的崇拜者之一是福柯（1926—1984）。福柯的热情是无限的。他不仅帮助阿多入选法国顶尖的学术机构法兰西学院，而且做了影响更大的事：他拥抱了阿多的观点，即在本质上，哲学，尤其是古代哲学，是一种"生活方式"。福柯的干预被证明在阿多的观点赢得世人的接受方面发挥了决定性影响。[②]

阿多的文笔冷峻、朴素，不像法国其他哲学家（包括福柯在内），他避免使用华丽的修辞和不必要的概念纠缠，写作风格甚至带有一种禁欲色彩，写作在他眼中就好像是灵性修炼一样。人们可能感到纳闷，这个最没有法国典型色彩的法国哲学家到底要用什么方法发挥影响力呢？在法国哲学以风格华丽著称的喧嚣中，谁会注意到这本朴素的作品呢？但是，他的确产生了影响，或许沾了福柯这个大名人的光。虽然有时候受到挑战，[③] 阿多研究古代哲学史的途径不仅在法国而且在世界其他地

[①] 1995年出版了迈克尔·切斯翻译的英文版《作为生活方式的哲学：从苏格拉底到福柯的灵性修炼》。

[②] 这是英语世界积极宣传阿多的主要倡导者阿诺德·戴维森对福柯的热情所做的描述："我相信那是在1982年，福柯第一次向我提到阿多。因为对福柯的热情印象深刻，我复印了阿多的好几篇文章。"（Davidson 1995: 1）

[③] 有关最近的批评意见，请参阅：约翰·库伯的新书《智慧探索》（Cooper 2011）。

方都赢得了稳定的追随者。后来，在 1995 年，他在《古代哲学的智慧》①中给出了更详细的回答，不过，基础早在 1981 年抓住福柯想象力的那本书中就已经奠定了。福柯的最后一本书，即三卷本的《性史》是在他 1984 年去世前出版的。特别是第三卷《爱护自身》可以明显地看到受阿多影响的痕迹，因为它把古代哲学理解为灵性的修炼。虽然在某些方面可能"背叛"了阿多的观点，②福柯有他自己的、非常独特的问题要对付，但他为阿多的观点在全世界的传播还是做出了巨大贡献。多亏了福柯在全世界的大名，该观点的能见度获得了大幅度提高。③

不管是阿多的灵性修炼还是福柯的"自我实践"，20 世纪 80 年代中期出现的观念是哲学家的研究对象，不是周围的世界而是哲学家自己。更准确地说，这个观点是，哲学研究就是投身于自我实现的工程中。该观点拥有越来越多的国际读者，以至于到了 20 世纪 90 年代它已经不再是"法国观点"，而是在各大洲、各种文化和语言中都引起了回响。到了 20 世纪 90 年代末期，人们甚至有一种生活艺术已经无法与古代哲学和福柯区分开来的感觉。亚历山大·尼哈马斯一书的标题《生活的艺术：从柏拉图到福柯的苏格拉底式反思》（1998）非常说明问题。

---

① 迈克尔·切斯译的英文版于 2002 年出版，中山大学张宪教授译的中文版由上海译文出版社于 2012 年 4 月出版。——译注

② 比如，皮埃尔·阿多在采访中说："在我看来，福柯对我的术语'灵性的修炼'的描述和他更喜欢用的说法'自我的技巧'，恰恰过多集中在'自我'之上或者至少在自我的具体概念之上。"（Hadot 1995: 206-207）

③ 福柯的最后一项工程中有些独特的"未完成"部分，让人想到如果他再活得长久一些，本来可能对西方哲学中"爱护自身"的传统有更多话要说。不过，这种"未完成性"不是绝对的偶然性，它是这个观念活生生的见证，即一个人的人生不仅仅包括其作品而且包括其死亡。

当今,许多学者往往采用这个观点,却觉得没有必要提到阿多和福柯的名字,这正是强有力的或许是躲躲闪闪的证据,说明其解释的说服力已经多么大,被传播得多么广泛。

 "你必须改变你的生活"

作为生活艺术的哲学的核心是变革的思想。这个观点并不一定新鲜。实际上,这种哲学概念在亚洲传统中被认为是理所当然的:如儒家和佛教,两派创始人都排斥"无益的"形而上学的空谈,都认为这些与生活艺术没有关系。① 再举一个例子,在西方,马克思主义哲学就是关于社会变革的学说。在《关于费尔巴哈的提纲》(1845)中,马克思提出了挑战西方认识哲学方式的名言:"哲学家们只是用不同的方式解释世界,而问题在于改变世界"。(Marx and Engels 1998: I, 15)

但是把哲学理解为"生活方式"的观点并不是要改变世界,而是改变哲学家自己。在某种程度上,"改变世界"的说法太容易了,因为没有人确切知道改变的意思是什么。革命家和宣传家们没完没了地谈论改变世界,结果却使社会陷入各种各样的麻木和昏睡状态。在革命开始前空谈革命,是毁掉革命的最好方法。生活在看似五彩缤纷实则没有任何真正变革的世界里,我们很快就习以为常了。变的越多,不变的就越多②。但是,"改变自我"的需要可能有一种紧迫感,一旦你自己感受到

---

① 参阅大卫·库伯的文章 "Visions of Philosophy"。(Cooper 2010)
② 在《与自然融合》中,大卫·库伯就环境保护运动提出了类似的观点。他认为"拯救地球"的矫情言论转移了人们对艰巨任务的注意力,即如何调整自身生活和与大自然的关系。(Cooper 2012)

它的存在，任何欺骗自我的伎俩都会失效。诗人里尔克的警告"你必须改变你的生活"现在听起来似乎更加严厉。[①]如果你遭遇到这种感受，你会发现它是最严厉的压迫者；既残忍又可憎，即恶毒又刺激，它毫无怜悯地不停歇地折磨你，就像肉中刺赖在你身上怎么也摆脱不掉，直到你最终面对它为止。而且，你必须完全依靠自己，根本无法通过哲学思辨而改变自己，其他任何人都无法替你做这事。

这里，学习哲学的主要理由不是要更多地了解世界，而是更深刻地认识到对自己在特定时刻的生活状态并不满意。突然有一天，你痛苦地认识到生活中丢失了一些重要的东西，在你的现状与你的理想之间存在着巨大差异。而且在你还没有来得及认识到这一点时，空虚感已经在一点一点地将你吞噬。或许你不知道自己到底想要什么，但你非常清楚自己不想要什么：仍然保持现状。你可能感到羞愧，甚至不敢称其为"生存"：在某种程度上，你已经不存在了。苏格拉底用"助产术"一词来表示他的行为时，肯定表达了这层意思。把他周围的那些人放在哲学的严厉审查之下，就是要让他们进入适当的存在状态。哲学思考与自我厌恶的关系是如此密切，难怪有人说哲学始于羞耻而不是好奇。如果你对自我非常满意，如果没有感到羞耻之事，你就不需要哲学了。你的现状已经很好。

*

这是阿多解读古代哲学史的起点。阿多认为，我们从古代人那里学到的主要教训是哲学应该被理解为"一种邀请，希望人人都改变自我"。

[①] 彼得·斯洛特戴克借用了里尔克的诗句作为其最近一本书的书名。(Sloterdijk 2013)

哲学探索就是重新创造自我。他说，哲学是"一种对话，是对个人存在方式和生活方式的改造"。（Hadot 1995: 275）阿多没有轻易地使用"改变信仰"这个词。在每个人的生平故事中，改变信仰都是重大事件，是"整个人生都被彻底颠倒过来"的东西。（Hadot 1995: 83）改变可能有很多种，如宗教的、道德的、艺术的、政治的、哲学的等，但结果都一样：具有决定性的再创造。

阿多相信这种彻底转变的再创造对古代哲学家表达其行为的方式来说非常重要。在考察了古代几大哲学流派之后，他得出一个结论：所有哲学家都同意在"哲学信仰转变"之前存在一个焦躁不安的动荡时期：

> 他们被激情所折磨，满腹狐疑和焦虑，既不能过真实的生活，也不能做真实的自我。所有哲学流派也都同意，人们可以走出这个状态。他能够过上真实的生活，改善自我，改造自我，并达到一种圆满状态。（Hadot 1995: 102; Hadot 1987: 89）

该片段让我们更清楚地认识到阿多所说的"哲学信仰转变"是什么意思：哲学观念的转变不是从一个随机的自我转变为另一个自我，而是"变成自己渴望的样子"的过程，即尼采喜欢说的获得"真我"的过程。在转变之前，此人或许是个大人物，但并非真实的自我。无论哲学在其他背景下还有别的什么功能（如社会批判、普遍性的世界观、语言分析等），本书强调的是，哲学是塑造自我的有效工具。

在此关键节点，笔者在本章早些时候启动的对自我作为"进行中的工作"的讨论与此重新联系起来，并为其添加了新的维度。自文艺复兴时期以来就有一种独特的认识，即自我是"一下子"创造出来的某种东西。自我塑造的现代工程之所以激进是因为，在上帝已经渐渐消退的世界，自我创造的空间越来越大。这里强调的重点是，在先验性逐渐消失的世界，完整的自我塑造是否可能。在阿多探索的古代世界，宇宙和神学秩序从来没有遭受真正的挑战，任何自我塑造工程都是在此秩序内进行的。现在的重点是个人如何从"焦躁不安的动荡状态"转向"圆满状态"，也就是集中在自我塑造的修炼、方法论和技巧之上。阿多发现古代主要哲学流派的共同点是一套基本实践："学习生活"、"学习死亡"、"学习对话"、"学习读书"等。所有这些实践的总结都可以比作阿多借自普罗提诺的说法"雕刻自己的塑像"。很难有比这个说法更形象地阐明自我塑造哲学的了。

在对古代哲学的这种解读中，构成人的原料通过使用一系列的"灵性修炼"而被转变为更精细的东西，修炼的目标是"自我塑造或教育，也就是教导我们如何生活"。（Hadot 1995: 102）灵性修炼是清醒的自我意识指导下的实践和习惯，用来使用和训练具体的人类潜能：注意力、记忆力、想象力、自我控制能力等。阿多考察了首先在希腊出现后来在罗马哲学界流行的若干"灵性修炼"法。例子之一是"关注当下"。通过关注当下，我们可以把自己从挑动我们情绪的过去和将来的"激情"（我们都无法控制的东西）如懊悔、恐惧、担忧、愤怒和悲伤中解放出来。关注当下也让我们形成一种"宇宙意识"，帮助我们认识到"每个时刻的无限价值"。（Hadot 1995: 84—85）类似的，对未来的困难和苦恼的思考是另外一种灵性修炼，预设了对可能随时降临到我们头上的坏事的清醒意识（如贫困、痛苦和死亡等）。通过思考这些问题，我们学会一旦遭遇这些不幸应该如何对付它们。在一定程度上，我们依靠了解自己身上可能发生的事而获得了对未知内容的控制。举最后一个例子,"从上面俯瞰"帮助我们认识到,若放在更大的宇宙画面中,我们像蚂蚁一般的生活是什么样子。这种修炼旨在治疗我们的傲慢自大和自以为是的毛病。各个学派或哲学家强调的修炼方式或许不同,但是某种形式的灵性修炼则是所有学派都在推行的东西。

当然,古代哲学涉及有关世界、人类境况和公共利益的系统性话语。因此,它预设了文本(诗歌、专著、对话),即我们所说的"哲学文献"的产生和传播。但是,这里有阿多所说的阐释学重大转变——这些话语和文本本身并非目标,它们不过是促成写作或阅读这些文献的人用以转变的手段而已。阿多说,这些著作,即便是"理论性和系统性"著作,其写作"不是为了告诉读者教义内容"而是"塑造他",使其下决心"开始某种旅程计划,并在此过程中取得灵修的进步"。[1](Hadot 1995: 64)

有时候,阿多似乎模糊了时间先后顺序的界限,谈论该话题的方式似乎表明它不再是古代哲学家的世界而是我们当下的世界。他曾经说,"我们已经忘记了如何读书",我们不再知道"怎样停下来休息,怎样摆脱忧虑、回归自我,不再去寻找细微的差异和独特性"以便"平静地思考、仔细地体会、等待书本讲给我们听"。知道"如何读书"绝非鸡毛蒜皮的小事,实际上,它是"灵性的修炼,而且是最困难的修炼之一"。(Hadot 1995: 109)

---

[1] 比如,阿多说,"这个阶段的书面作品仍然与口头表达密切联系在一起。通常它们都是口授后被记录下来的。这些作品是要让人大声读出来的,要么是奴隶读给主人听,要么是读者读给自己听,因为在古代,读书通常意味着朗读,强调术语的节奏和词语的声音,而作者本人在口授作品时已经经历了这一过程"。(Hadot 1995: 62)

依靠斯多葛派对哲学话语（区分了物理学、伦理学、逻辑学等学科）和哲学本身（即斯多葛派生活方式）的区分，阿多主张把哲学首先理解为一种入世生活。哲学不是——也不应该是——从生活中抽象出某种东西，然后假定这些是人生的本质。相反，哲学应该是改善生活并将其提升到更高水平。阿多说，哲学是"具体的态度和确定的生活方式"，是某种"参与整体生存过程"的东西。它不是你阅读或写作或谈论的东西，而是存在于这个世界的生存模式：

> 哲学行为不仅仅位于认知层次，而且还在自我和存在层次上。这是促使我们更充分实现人生并敦促我们变得更好的进步过程。哲学将我们的整个人生翻转过来，经历该过程的人，人生将被彻底改变。哲学将个人从非真实的生活条件提升到本真状态，其中前者被无意识遮蔽，被焦虑所困；而后者则获得一种自由、自我意识、内心平静和看待世界的深邃眼光。（Hadot 1995: 82—83）

阿多的观点可能需要修正；正如某些批评家所说，他对古代哲学可以被简化为一套灵性修炼的描述或许需要变得更加细腻和完善。但是，就本书关心的话题而言，哲学作为生活艺术的概念的确拥有不容置疑的优势，在此框架内，哲学家为理念而死就具有了某种哲学意义。任何死亡艺术都只能作为生活艺术的一部分来付诸实施。只要哲学被当作某个专门学科文献的生产，一个思想家因为哲学思辨而死亡的事实就不一定具有哲学意义。他的死就很难具有逸闻趣事之外的任何含义。但是，如果哲学被理解为某种世界观的体现，是对该世界观的实践，那么死亡一下子就具有了重要的相关意义。

幕间剧——哲学家在办公室忘记了哲学

把哲学作为生活艺术，虽然在古代哲学家中占绝对优势地位，甚至在现代若干哲学家（如蒙田和尼采、西蒙娜·薇依）中也是如此，但它绝非 20 世纪或 21 世纪哲学的主流。阿多挑战了我们理解哲学史的方式，但他没有成功地改变当代哲学家对自己工作的认识。如今，哲学首先仍是一项"工作"，哲学家不过是另外一种"专业人士"。哲学家们完成白天的研究之后，绝对不会把它带回家，而是把哲学留在大门紧锁的办公室里。他们写的著作或许十分精彩，但并不打算改造自己的生活。哲学家的著作与哲学家的传记完全是两码事，分别属于截然不同的两个世界。

或许是该观点的必然结果，哲学家行为糟糕的生活不再被视为对其哲学的伤害。①从哲学上看，两者毫不相干。在古希腊，犬儒学派的代表锡诺普的第欧根尼竭力践行其哲学实践，过"狗一样的生活"。今天的哲学家在原则上即便像猪一样生活，仍然被视为有能力撰写出不朽哲学著作的人。即便遭到批判，那也是因为哲学著作中的缺陷，或论证的弱点，或缺乏内在一致性，或概念模糊不清，而不是因为批评家看到了他言行不一。

但是，情况并非总是这么简单。1927 年马丁·海德格尔出版了《存在与时间》，该书被认为是 20 世纪最有影响力的哲学著作，

---

① 参见尼格尔·罗杰斯、麦尔·汤普森：《行为糟糕的哲学家》，吴万伟译，北京：新星出版社，2010 年第 2 版。——译注

有人曾认为这是最重要的著作。仅仅几年之后，海德格尔却一度加入纳粹党。他的政治参与常常被认为是该哲学家犯下的最严重错误之一。我们理所当然地感到震惊。但是，我们的震惊之源何在？因为一个叫马丁·海德格尔的德国人加入纳粹党的事实，还是一个叫海德格尔的伟大哲学家加入纳粹党呢？如果是后者，我们为什么会感到恼火？这难道不是我们对海德格尔令人愤怒的政治选择所表现出的失望情绪吗？我们是否有一种哲学家的人生应该与其哲学相符才好的期待呢？虽然这种期待可能比较隐蔽。

自我审视的、破碎的、值得叙述的生活

福柯在《爱护自身》中用"自我修身"的说法重复了阿多的议题。"存在艺术"在福柯看来是古代哲学的内容，它受到"个人必须爱护自身的原则"的主宰。该原则确立了自我的经济学框架，"确定其必要性，主导其发展，组织其实践"。（Foucault 1988: 43）福柯在研究中发现"爱护自我"扎根于希腊文化的最深处。他列举了一系列被称为"自我实践"的思想和精神实践，古代人就是通过这些实践而完善自我的。

在希腊哲学中，苏格拉底是"爱护自我"的实践者的典范。[①] 福柯正是从这个角度阅读柏拉图《申辩篇》的。苏格拉底在审判中表现出来的不是肤浅的修辞技巧的娴熟掌握，而是对另外一种技巧"爱护自我"

---

① 对福柯以及阿多来说，苏格拉底是创始人。关照自我的整个哲学传统都源于他。"正是依靠苏格拉底而变得神圣的爱护自我主题被后世哲学捡起来并最终被放在哲学所宣称的'存在艺术'的核心地位。"（Foucault 1988: 44）

的掌握。① 这位大师的行为实际上是义务问题,是给同胞公民心智中灌输思想,虽然可能令人不快,因为他们最关心的应该"不是财富,不是荣誉,而是自身及其灵魂"。(Foucault 1988: 44)只有这种专注才配称为雅典公民。在历经战争蹂躏而极度虚弱的雅典,智慧并不一定富裕(审判本身就是活生生的证据),苏格拉底的讽刺肯定让人觉得就像打在陪审团成员脸上的火辣辣的耳光。但他还不善罢甘休:他继续无情地羞辱听众,继续为自己的坟墓挖得更深。有时候,苏格拉底的姿态中有《旧约全书》某些先知的元素。在一个精神空虚、过分讲究物质享受的城市,苏格拉底的行为就像携带了令人不舒服的上帝训诫:

你把全部注意力集中在尽可能多地捞钱或一门心思追求荣誉和名声上,根本不关注或思考真理和理解与完善灵魂,难道不觉得羞耻吗?(Plato 1961: 15—16 [29c-e, trans. H. Tredennick])

*

本书接下来谈论的大部分内容是那些说出自己真实想法的思想家遭遇的危险。笔者在本书试图讲述的故事,是这些哲学家从古希腊集市到绞刑架或火刑柱的危险历程。但外在的危险并非哲学家遭遇的唯一危险;因为还有内心考验、危险的陷阱和致命的毒酒。请让笔者简要提一提其中两样东西。

首先,追随较早前提到的皮埃尔·阿多的脚步,笔者将生活艺术哲学与激进的改造体验绑在一起。要把哲学转变为这样一种艺术,他就要

---

① "苏格拉底向法官们呈现出来的自我形象,恰恰说明他是爱护自我的大师。" (Foucault 1988: 44)

经受改变信仰的过程。但这个过程可不简单,也并不一定安全无虞。作为经过了"死亡—重生"体验的人,改变信仰者不是一个新人,而是与从前完全不同的再造者。改变信仰者总是一个多层次、多维度的人。他的整个人生都将保持备受折磨的可怜人身份,是个复杂然而危险的新旧综合体——新生活嫁接到旧身份之上。改变信仰者是怀旧与希望、过去和未来的矛盾混合体;在这样的人身上,对从前生活故态复萌的恐惧与对新发现的自我的强烈激情同时并存。这个改变信仰者肯定常常不由自主地陷入悲哀之中,他用来拥抱新事业的狂热可能成为哀悼其从前自我的死亡的方式。改变信仰者的自我可能成为了不起的灵感和优雅之所,也可能在无法解决的冲突和自杀愿望中耗尽余生。改变信仰者或许令人痴迷,但他们是极度脆弱、生活糟糕的人。

其次,位于生活艺术哲学核心的是自我审视的实践。自我审视的美德再怎么强调也不算过分。但是,在自我审视中有一些黑暗的、令人担忧的、甚至危险的东西。[①] 有时候,自我审视是个该死的诅咒,自我审视者注定要失败。未经审视的生活不值得过,但经过审视的生活可能痛苦得让人活不下去。哲学家们愉快地宣称"认识自我",但他们常常忘了提醒人们,伴随这些知识而来的是必须付出的高昂代价:自我怀疑、迷茫和悬在半空中的感觉。的确,看清自己的缺点和局限性确实不是令人舒服的学习过程;你面对的不是美妙的远景而是自己的深渊。在某种

---

① 审视自我不是通向幸福之路。詹姆斯·米勒在最近的一本书《审视的生活》中对哲学性的自我审视提出了深刻见解。米勒说,任何一个希望获得"幸福或政治智慧或救赎"的人,自我审视都会导致"在自我信任时也常常自我怀疑,在获得快乐时也常常感到痛苦,在谨慎的政治行动之外也有鲁莽的公共行为,在承蒙天恩眷顾时也有自我的灵魂折磨"。(Miller 2011: 349)

程度上，任何追求智慧的严肃探索（哲学的定义本身）都开始于自我审视，而开始自我审视者面对的往往是令人十分痛苦的世界，里面充斥着内心的挣扎、绝望的漂浮感，甚至导致个人的灾难。

虽然这个旅程可能给你的生活带来威胁，但其最终目的地还是值得让你去冒险。从尼采1880年1月写给奥托·艾泽医生的信中，我们能够大致了解到人生旅程的困难和自我审视者战胜生活后的独特愉悦：

> 我的存在是个**可怕的负担**，我本来早就应该了却此生，但我实在想做一些实验，看看在忍受痛苦或彻底放弃的时候，心理和道德会产生什么样的问题。此外，我从对知识的渴望中得到的快乐把我推向能够战胜任何折磨和绝望的幸福之巅。（Safranski 2002: 178）

正如尼采建议的那样，不管生活是多么难以忍受，自我审视的生活都能够带来丰厚的回报：重新获得人生的尊严。经过审视的生活因而成为改造了的生活。你的生活在你审视的过程中发生了改变；如果没有，那只是意味着你没有适当地审视。真正的哲学就是一种表演。它不是我们讨论了什么而是我们做了什么。

幕间剧——你不能区分人与大楼

改变信仰者与地震后大楼重新整修没有什么不同。从外表上看，它们表现出新鲜、自信和希望。一切都得到更新和恢复，但是恐惧总潜伏其中，担心总有什么地方有毛病，这种恐惧从来没有充分表达出来，有时候却能感受到它悄无声息的传播，担心遭到破坏的老旧结构有可能承受不住，让一切都毁于一旦。你不愿意过分接近这些人。因为你不想再度回忆起地震的惨状或者你不相信整修，担心如果房子突然垮塌，你就可能再次被埋在废墟里。

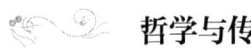
哲学与传记

色诺芬在《回忆苏格拉底》中指出，苏格拉底说："如果我没有在正式文件中暴露我的观点，那就看我的行动吧。难道你不觉得行动比话语更可靠吗？"我们当然应该欣赏苏格拉底的嘲讽。这里，他是无与伦比的演讲家、雄辩的对话者、喋喋不休者，在恶意攻击所说话语的价值本身。但是恰恰因为这些见解来自像苏格拉底这样的人，我们对此就必须密切关注。就像之前和之后的少数其他思想家一样，苏格拉底深谙语言的力量，不过他也非常清楚哲学家需要超越语言。因为哲学依靠语言的程度与哲学必须战胜语言的程度同样大。要保持哲学的意义，哲学就不应该满足于描述事物，它必须促成变革，推动进步。正是通过这种无论多么微小的变革，人们才能说这种哲学依然活着，否则它就已经死掉了。

沿着这条思路再推进一步，笔者想说的是哲学的核心或哲学的栖息地并不在书本或学术论文中，而在哲学家身上。除非体现在个体身上，否则哲学的存在就是不适当的；在某种意义上，哲学就是道成肉身。这就是为什么在此传统中，哲学家的传记具有高度的相关性。如果哲学体现在哲学家的生活中并以此得到"确认"，那么，这种生活从本质上说就具有哲学性，学习生活与学习哲学文本并无不同。正如我们从哲学家的文本中寻找证据可靠性和论证合理性一样，我们也能从哲学家的生活中对比其言论与行为是否一致,行动是否具有持续性。蹩脚的论证可能会毁掉哲学家的声誉,传记中的行为缺陷同样如此。如果哲学家言行不一,那么,他本人就证明了他的哲学不靠谱。① 在某种意义上,哲学家的生活是有脚本的,作者不是别人而是他自己。他不能想做什么就做什么:他的行为必须与他提倡的行为保持一致。每个姿态都必须符合整体逻辑,任何偏差都可能让自己的名声毁于一旦。比如,假定苏格拉底乞求雅典法庭的宽恕,人们可能说这是"偶然的软弱",但是单单这个姿态就足以严重削弱其整个哲学体系的影响力。那些践行生活艺术哲学的哲学家的生活中根本不存在"传记事故"之类东西,就像结构完好的叙述中不会有事故一样。

这就是为什么哲学作为具身化的观念的必然结果之一,是重新认识到传记作品的重要性。人们可能说,哲学家的生平故事变得与生活本身同等重要;它发挥了展现理想形象的功能,让别人能够看见、欣赏和模仿。哲学传记并不是一些孤立的逸闻趣事而是结构圆满的叙述,目的是培育和塑造读者的心灵。② 正是因为在此传统中,哲学家的生活才清晰可见,就像他清晰可见的哲学话语一样,我们应该像阅读哲学著作一样阅读哲学家的传记。我们观察他的行为逻辑,就像追踪其论证过程的一致性一样。通过观察哲学家的人生,充满同情地理解其思想和行为的工作机理,我们得以塑造自己的思想和行为。

---

① 在本书第三章,笔者将更详细地探讨哲学家与身体的关系和居住在身体内的问题。
② "有关性灵英雄的故事在古代哲学流派中发挥了构成性的作用,这非常说明问题。对这些叙述的需要导致了理想化描述的技巧得到改善,这些技巧能够给人启迪和教化。"(Miller 2011: 8)

 创造孤独

哲学作为"生活艺术"的概念为我们提供了观察蒙田生平和著作的很好视角。笔者之所以从阿多和福柯的理论绕道迂回就是为了让我们准备好最终与蒙田相遇。

蒙田不喜欢他那个时代的"学院派哲学家"。他的传记作家萨拉·贝克维尔最近注意到,他"讨厌这些人的迂腐和抽象推理"。但他完全被另外一种哲学征服了,这种"伟大的实用主义"哲学探讨各种实际问题,如"朋友死了如何摆脱悲伤、如何鼓足勇气、如何在道德困境下行动、如何让生活更加充实等"。(Bakewell 2010: 109)蒙田推崇的思想家是苏格拉底、西塞罗、塞涅卡、斯多葛派和伊壁鸠鲁等人,他们都是"生活艺术"哲学传统的脊梁。

在名为《如何生活》一书中,萨拉·贝克维尔探讨了蒙田的生平和作品,明确无误的目的就是从中挖掘出哲学意义的"生活艺术"。其结果是,这本传记令人印象深刻地重构了蒙田的存在世界、文化世界和思想世界。贝克维尔相信,蒙田世界的关键议题是应该如何生活。这是包含多个层次的大问题,有时候具有流动性,绝对不能与"人应该如何生活"的狭隘伦理问题混为一谈。蒙田对后一个问题或许也感兴趣,但他的大部分时间仍然用来竭力搞清楚"如何生活得更美好",即"正确的、值得称道的生活,同时也是充满温情的、惬意的、幸福的生活"。(Bakewell 2010: 4)事实上,"如何生活"的问题贯穿蒙田传记的始终:它打开他的眼界,让他去旅行,去见世面,去参与政治,去对付病痛,逐渐习惯于死亡观念,并最终能有尊严地死去。正是在寻找和发现"如

何生活"的过程中,在人生问题的写作中,蒙田认识了自己。

最重要的是,"如何生活"的问题使蒙田辞掉了工作,这个决定令我们感激不尽。蒙田的生活真正开始于其他多数人的终结之地——退休。1571年,即在他38岁的盛年,在接受晋升前的考察之后,或许因为沮丧,他决定提前退休。与尼采的退休一样,蒙田的退休或许是现代哲学的整个历史上最具积极意义的退休之一。特别具有反讽意味的是,蒙田在任职时所做之事,在当时就像在现在一样没有多大意义,而他退休后所取得的辉煌成就却是怎么赞美都不为过的。从专业职责中解放出来后,他就开始了重大的人生工程:撰写随笔。在写作过程中,他不仅开创了新的文学体裁,而且创作出新的文学人物,一个对后世作家产生巨大影响的精彩人物。这个人物的名字就是蒙田,他或许是第一位完全成熟的现代知识分子。

在《随笔集》序言"致读者"中,蒙田说了句名言:"我自己是书的对象。"(Montaigne 2003: lix)不是周围的世界,不是过去和现在,也不是他的社会和文化,而是他本人。为了避免产生任何误解,蒙田在同一篇文章中描述了书中呈现自我的方式:"我想让人看到简单的、自然的、日常生活中的我,没有任何矫揉造作:因为这是我刻画的我自己的自我。"(Montaigne 2003: lix; Montaigne 1969: I, 35)具有反讽意味的是,甚至说这样简单的事,即他希望让人看到"简单的、自然的、日常生活中的我",他却经历了复杂而曲折的过程,一再进行编辑、添加和修改这句简短的话语。比如,在1580年的头版"没有做作或者矫饰"曾经是"没有研究或矫饰"。这种情况几乎出现在《随笔集》中的每一页。就在去世之前,蒙田还在不断重写这本书。这个事实连同随笔这种体裁本身都提出了一些非常有意思的问题,笔者想先来谈论这些问题,随后再继续。

首先，随笔是什么？巴西批评家路易斯·科斯塔·利马认为随笔的"未完成性"是其主要特征。用更专业的术语，他将随笔定义为这样一种体裁："以形式为主的话语——如诗歌、小说，和以意义问题为主的话语，如哲学话语之间的空隙。"因此，随笔"与其说是传播观点的中介，倒不如说是提出问题的中介"。（Costa Lima 1996: 64）

蒙田出于个人需要发明了随笔这种体裁。他肯定环顾四周，意识到现有的文学形式都无法很好地服务于自己的目的。一个人的体型如果很特殊，到普通商店买衣服肯定行不通，他需要量身定做才行。同样的，蒙田的个性非同寻常，他自然需要一种为他量身定做的文学形式。这就是随笔出现的缘由——去努力适应不寻常的心智："如果我的灵魂能找到一个立脚点，我就不会质问自我而是改变自我。但是我的灵魂还处于学徒阶段，还在接受检验。"（Montaigne 2003: 908; Montaigne 1979: III, 20）唐纳德·弗雷姆把 je ne m'essaierois pas, je me resoudrois 这句话翻译成："我不愿意写随笔，我愿意做决定。"这的确更中肯些。随笔是决心的对立面，是任何坚定决策的敌人。

在某种意义上，随笔是不可能的体裁。它试图抓住的不是事物本身，甚至不是变化的事物而是变化本身："我描述的不是存在而是生成；不是从一页到另一页的篇章，而是一天一天、一分钟一分钟的变化。"（Montaigne 2003: 907—908; Montaigne 1979: III, 20）你不可能先生活，随后再写出来；这种推迟将危害整个工程，因为记忆是最不忠实的仆人。随笔写作最好是一边生活一边写作；理想的情况是生活与写作合二为一。对此，蒙田再清楚不过："我必须让这种自我描述适用于过去的每个小时。"（Montaigne 2003: 908; Montaigne 1979: III, 20）如果你等待的时间太长,你所抓住的就不是生活而是时间的灰烬。滞后的写作会令写作变得毫无用途。

正是这种不可能的"工程"是蒙田《随笔集》取得巨大成功的原因。读者痴迷于这样一种认识,即蒙田是在追求某些怪异的东西:试图去抓住根本抓不住的东西。随笔最初被认为是一种文学手段,作家以此手段表达其犹豫和摇摆的思想,如今它已经成为极具活力的体裁。其力量之源恰恰就在于多样性。我们之所以喜欢蒙田也恰恰是因为他非同寻常的思想。阅读他的书,我们从中得到的是罕见的文学盛宴:灵魂的最微妙活动、几乎难以觉察的思想和情感调整,以及常常无法用言语表达的细腻变化。[1] 在《随笔集》中,抓住我们想象力的不是具体的情节逻辑,吸引我们关注的也不是论证的说服力[2],而是一些别的东西:是见证蒙田思想变化并投身其景象之中的单纯愉悦。毫无疑问,一个思想和习性独特之人有时候显得怪异,有时候丢三落四或懒懒散散。但他是一个充满活力之人,被我们渴望来滋养自己思想的人。该书是善于探索人生艺术者留下的书面见证。它没有清晰的结构,没有完整的计划,也没有明确的论证路线。[3] 更常见的是,蒙田忘了他要去哪里,如果真有什么

---

[1] 萨拉·贝克维尔谈道:"更难用词汇抓住或者意识到的感觉:懒惰、勇敢、犹豫不决,其感受到底如何?沉溺于虚荣或者试图摆脱恐惧纠缠的感觉又如何?他甚至写到活着的感觉。"(Bakewell 2010: 5)

[2] 正如萨拉·贝克维尔观察到的,蒙田的《随笔集》的典型一页是"一系列的迂回曲折、扭曲和分叉。你必须听任自己被带走,希望不会因为每次改变方向而让你失去平衡,导致小船倾覆沉没"。(Bakewell 2010: 33)

[3] 萨拉·贝克维尔谈及蒙田的"一次坐在篱笆各个部位的艺术"。(Bakewell 2010: 97)

目标的话，读者也不知道书中给出的东西到底是什么意思。[①] 总之，该书粗糙、混乱、稀里糊涂、"稀奇古怪"。（Bakewell 2010: 226）

蒙田不间断地编辑和修改此书的努力背后还是这同一个"工程"，即试图抓住根本抓不住的东西。《随笔集》在1580年出版并不意味着工作已经完成。在后来出版的各种版本中他一直在修改，临死前还忙于修改和添加更多东西。《随笔集》的现代译者和编辑使用特殊的注释和模式来显示蒙田作品的不同层次。更合适的描述或许是，《随笔集》只有一个文本，即活着的文本，这是蒙田渴望的状态，就是需要持续不断地改造。重要的是，在做出变革的过程中，蒙田并非像编辑通常做的那样：寻找"更好的"构想。可能性更大的是他在践行自己的法则之一："我必须让这种自我描述适用于过去的每一个小时。"《随笔集》是否出版并没有多大关系。只要"正在过去的每个小时"带给他某些新东西，这些变化无论多么微小都必须被反映出来——"被纳入"到文本中，如果要真实记录他的生活的话。在某种意义上，随笔应该永远也写不完。这让人不得不说出这样的话：蒙田不仅是随笔的创造者，而且是该体裁唯一真正的实践者。只要还活着，他就一直在实践中。因为要忠实于最初的创作意图，随笔就应该是一种无休止的写作。随笔的写作永不停歇，只有死亡才能使其终结。

从普通的文学标准来看，该书本不大可能取得成功，它一下子成为畅销书实在让人觉得不可思议。不过，《随笔集》不是一般的书。在阅

[①] 贝克维尔观察到蒙田告诉我们的方式，"没有任何特别的理由，他喜欢的唯一水果是西瓜；做爱时，他更喜欢躺着而不是站着；他不会唱歌；他喜欢与活泼的人结伴；常常为机敏巧妙的应答所折服"。（Bakewell 2010: 5）

读中，我们时而清晰时而模糊地意识到该书的异常之处不在于话题而在于过程，即揭示作者的自我形成过程，他就呈现在每一页的书中，就站在我们眼前。书里什么都有又什么都没有。这只是意味着本书最终是写作本身，作者以此确立了自我。我们或许在其他地方也能找到书中的某些内容，但在本书中发生的事不可能出现在任何别的地方。其写作不是"描述"了一个自我，而是创造了一个人。当蒙田说"这是我在刻画的自我"时，其实正如在很多其他场合一样，他有些误导了我们。更接近真相的是他在同一篇"致读者"中承认，"吾书素材无他，即吾人也"。其中包含了一个非常模糊的术语"吾书素材"可以被解释得更加自由一些。该结构可以表示本书是有关"其对象"的，也表示可以在书中发现的"事"，不过没有清晰地指明这东西是本书送给世界的还是从世界拿走的。

蒙田在书中写了某些发生在更深层次的东西，而这本书反过来也写了他。随笔写作是自我写作；书中的主要人物是自己的个性。最后，《随笔集》既是蒙田思想的产品，也可以说蒙田的自我是《随笔集》的副产品。蒙田的自我不是书的素材，而恰恰是书的成品。《随笔集》中最引人注目的故事（蒙田有很多非同寻常的故事）是我们在他的其他作品中找不到的。那是我们只有在读完随笔后才充分意识到的东西，即蒙田自己的人生故事就是其写作此书的结果。①

---

① 斯蒂芬·格林伯雷说："自我塑造总是在语言中进行的，虽然并非仅仅在语言中。"（Greenblatt 1980: 9）

阅读《随笔集》就像其他阅读行为一样有独特的社会维度，但是写作随笔肯定涉及更高程度的孤独感。呈现自我的过程太过复杂，变化太多，而且实在太重要了，根本无法公开进行。在这种时刻，你最不需要的恰恰就是别人无节制的凝视。蒙田在两者之间做出了清晰的区分，一边是向大众公示我们的生存状况，里面包括了家人；另一边则是私密的空间。前者是我们的生活场所总要涉及他人，而后者则是我们在厌烦了社交活动后的归隐之地，我们可以在此卸下佩戴的社交面具。蒙田说，只有在"商店后间"里，我们才能成为真正的自己；孤独是真实性的先决条件。如果创造自我是受空间限制的过程，如果它"发生"在某处，那就是在此私密空间中。难怪蒙田敦促我们确认自己总有机会进入这种地方。很少有哪些书籍像《随笔集》这样高度称赞孤独：

> 我们必须在自己的生活中保留一个商店后间，这里是完全自由的，它是我们得以确立真正的自由和我们静修及享受孤独的主要场所。在此，对话通常必须是在我们和自己之间进行，该私密空间是切断任何外部联系或交流的隐蔽之所。（Montaigne 2003: 162）

当我们回顾皮科在重新讲述《创世记》中人被置于未完成状态时，自我作为写作过程的结果的观念就显得尤为合适：上帝只是制作了人的粗糙毛坯，需要人本身的打磨而成为成品。更重要的是，在皮科的世界里仍然存在着一种宇宙的、社会的和宗教的秩序意识，人对自我的定义和修改必须在此背景下进行。如果没有其他东西，嘲弄该秩序将是一个很好的个体化技巧，一种赖以创造出适当自我的哲学实践。但在蒙田的世界，古代秩序已经所剩无几。他的世界是极端孤独的世界，其形状在《随笔集》中被栩栩如生地刻画出来。

现在的问题是：在一切都不确定的世界，在一个没有固定边界的宇宙，我们该如何完成修改初稿的过程呢？我们根据什么来确定自我呢？答案就是：死亡。即使在最不确定的世界，死亡也总是必然的。其他任何东西都可以来了又走，但死亡肯定总在那里，是绝对关系项。蒙田比其他任何人都更清楚地认识到这一点：《随笔集》自始至终都贯穿着一条线，即以不断提及死亡的方式定义自我。蒙田是在好朋友死后才开始写作本书的事实进一步证明了这一点。

死亡与写作的关系总是处于一种怪异的状态。当写作变成一种哀悼行为时，才显示其终极的价值。有一天当你不知不觉地接近死亡时，你会发现写作死亡的适当方式肯定是作者面临的最艰巨考验。蒙田通过了这场考验。完成这种高强度的写作，肯定是他写完初稿的方式，也是他在这个世界上的独特签名。① 他敢于直面死亡，并了解到认识自我所需要知道的一切。

蒙田和其他哲学家在接受死亡时的样子如何，是下一章要谈论的话题。

---

① 正如雨果·弗里德里希所说，他"在对死亡的反思中完成了对自我的发现和描述"。（Friedrich 1991: 258）

2
第一层

要开始剥夺死亡对我们的最大优势，让我们采用一种完全有悖常识的方式；让我们剥夺死亡的怪异性，让我们经常接触它，让我们习惯它；让我们心中比想任何其他事情都更多地想死亡问题。让我们在每时每刻都发挥想象力去思考死亡的各个方面。每当马匹绊倒，瓦片落下，或者针头戳破哪怕一点点儿，就让我们马上想到这个观念："假如这就是死亡本身呢？"为此，让我们拥抱自己并做出努力。在快乐和宴饮中间，让我们克制，并提醒自己肉体凡胎的处境。让我们永远不要放纵享乐而忘乎所以，以致不能偶尔回顾一下死亡有多少种方式会在瞬间带走我们的快乐，或者死亡有多少方式让我们的一切都烟消云散。这就是埃及人所做之事：在欢快的宴会和开心的欢笑中间，他们往往会抬进来一具骷髅，作为对宾客的警告。

米歇尔·德·蒙田

 谜一样的人物

现在到了故事的第二个人物——死亡出场的时候了。因为,毕竟笔者向各位承诺的是戏剧性地叙述哲学家与死亡的冲突。但是,笔者担心这恰恰是叙述者的麻烦真正开始之时,因为死亡是个谜一样的、十分狡猾的东西。谈论死亡就是谈论缺席——一种复杂的、迷宫似的东西。死亡的到来是分层次的——可以说是不同层次的缺席:缺席中的缺席中的缺席。冒着过分简单化的风险,笔者在本书中考察哲学家遭遇的双层死亡,第一层死亡是本章谈论的对象。第二层死亡的故事,各位将在第4章中看到。

哲学家第一次接触死亡时,他遭遇的不是自己的死亡。在此阶段,他还相对年轻,只知道死亡是个"哲学问题",是一种理论挑衅和令人费解的难题。奇怪的是,这让他的途径既天真又世故。说它天真是因为他缺乏即将到来的个人经验的紧迫性;说它世故恰恰是因为它天真。在青年和中年时期,哲学家还没有处于死亡的阴影下,他的生存本能运行良好,思想还没有受到死亡恐惧的侵袭。他能够仔细考察死亡,从多个不同角度审视它,上上下下地打量它。他能够在死亡面前保持安详自如,因为他还不够明智(智慧是肉体疲劳的话语),他还没有真正认识到自己面对的东西是什么。他欣然参加死亡话题的讨论,因为对他来说,那恰恰是死亡的早期阶段:一个话题而已——就像一个人匆忙跳入一条深不见底的河中,他快乐地生活在幸福的无知中;并不因为看不见水底而感到害怕。

因此,哲学家能够对死亡表达一些有深刻思想的见解,但是他们

这么做或许没有充分认识到他们在说些什么。接下来笔者将考察三位天真世故者遭遇死亡的案例：蒙田的《随笔集》(1580)、马丁·海德格尔的《存在与时间》(1927)和保罗·路易·兰兹伯格的《死亡经验研究》(1936)。

幕间剧——死亡遭遇被驯化的威胁

看看死亡对我们做了什么！多少世纪以来，诗人、牧师和艺术家从不停歇地惊叹死亡能娴熟和富于创造性地控制我们。按照这样的思路，死亡是人类所有事情的残暴统治者，它把一切都简化为乌有，把辉煌变为废墟，把我们变成昆虫的食物和土壤的粪便。我们对死亡的恐惧让思想陷入黑暗之中，让灵魂遭到损害。死亡的逼近能让军队哆嗦，能让勇者崩溃。在其主要工作完成之前，死亡几乎无所不能。有关死亡，我们了解的就是这样的事以及其他更可怕的事。不过，虽然我们不晓得死亡名声的可怕威力，但我们很少看到能够掌控死亡的少数方法，即对付死亡的策略。因为死亡可以作为自我创造工程来实施，虽然听起来似乎有点儿自相矛盾。我们能够依靠自我超越向一切破坏力量的大师发起反攻，迫使其扮演反面角色。

西蒙·克里奇利谈到那些"自我发明和自我创造的行为，其中死亡变成我的工作，自杀成为终极的可能性"。(Critchley 1997: 25)他谈到西方哲学的思维线索，据此可以说自杀是用来说明我们在某种程度上能够控制死亡本身的活生生的证据。我们能终结自己的生命，就说明我们拥有一种建立在形而上学基础上的自由的证据，它允许我们进入与上帝竞争的状态。遵循同一个传统，法国作家阿尔贝·加缪认为自杀应该被认为是哲学的根本问题。

但是，还存在一种我们在不自杀的情况下控制死亡的方式。虽然看起来可能缺乏戏剧性，也无需装腔作势，但这种"驯服"死亡的挑战性相比自杀要严峻得多，因为它预设了"生活中的死亡"的严酷生活实践。没有优雅的姿态，没有清脆的枪声，没有浴缸中流血而死的画面，周围也没有哭泣的朋友和伤心欲绝的亲人，啊，我的上帝！而是缓慢并且慎重地将死亡纳入到生活中，把死亡变成日常生活的重要组成部分。

"哲学思辨就是学会如何死亡"

蒙田的《随笔集》虽然远非论述死亡的书，结果却成为现代哲学中对死亡进行最具独创性思考的著作之一。[①] 他动笔写作本来是作为克服悲痛的手段，因为他最亲密的朋友——他的人生真爱——拉博埃西（Étienne de La Boétie，1530—1563）去世了。《随笔集》是为悼念朋友而做。[②] 书中处处散落着他对死亡的思考，但其中一篇随笔（I, 20）特别有趣："哲学思辨就是学习如何死亡。"这是西塞罗的名言，直接受到苏格拉底和柏拉图灵感的启发，也是蒙田最优秀的思想之一。他将自己的途径置于古典框架之内；其口吻基本上是柏拉图式的，但也有斯多葛式

[①] 在论述蒙田的书中，雨果·弗里德里希公开称它是"后古代西方世界论述死亡的最伟大作品之一"。(Friedrich 1991: 258—259)

[②] 按照萨拉·贝克维尔的说法，蒙田"从来没有从失去拉博埃西的伤痛中充分恢复过来，但是他学会了存在于没有他的世界，在这么做时，他改变了自己的生活"。(Bakewell 2010: 108)

的。在此传统中，哲学实践预设了对待身体的特定立场：即与肉体保持距离。哲学的"超脱"意味着哲学家不仅与世界分离而且意味着与其肉体分离，因为身体是"外在"于其使命的东西。该学派的哲学家必须不仅不爱他的肉体，而且必须通过他所做的一切来证明他讨厌肉体。

因为死亡被定义为灵魂与肉体的分离，哲学家恰恰是通过这种分离获得了对死亡的充分理解。人们可以在活着的时候通过习惯性地与肉体保持距离而"彩排"自己的死亡。① 只要哲学帮助人们体验到肉体是某种外在于自我的东西，也就是人们竭力要逃脱的监狱，哲学就算取得了成功。蒙田随笔的开头就借用了这种柏拉图式的死亡模式。他认为，哲学思辨就是要学习如何将灵魂与肉体区分开来，并一直维持对这种区分的认识。这种分离状态——类似于宣布死亡是理想的哲学起点。他注意到，为了学习和沉思，"把灵魂从肉体上取出一会儿，使其不被肉体所占据，这种状态类似于死亡，同时也是练习死亡的一种形式"。（Montaigne 2003: 89; Montaigne 1969: I, 127）真正的哲学家是死亡的学徒。

但是，不久之后蒙田就转而使用更明显的斯多葛派腔调。他提出了两个重要发现。首先，人人都无法逃避死亡。"无论藏身何处，死亡都会找到我们。"成为人就是不断走向死亡。什么也不能把我们从这个轨道上移开，过去的每一瞬间都让我们离最终目的地更近了一步。"我们人生旅程的终点是死亡。它是我们必然看见的目标。"（Montaigne 2003: 92）蒙田的第二个发现与死亡的"错误"立场有关。这是"普通人"

---

① 这是禁欲主义传统中禁欲苦行（mortification）的含义，这个过程往往伴随着具体的身体行为（如节食、自我鞭笞等）。

（他称之为俗人）的态度，似乎是靠不去思考死亡来解决这个问题。单单说出"死亡"这个词本身就已经够吓人的了。该途径之所以错误是因为它让人在面对自己的终结时惊慌失措。一旦死亡突然降临（从来不会爽约），这些人就处于最脆弱的位置：之前对死亡了解得越少，此时的破坏性也就越严重。成年人若只有成年人的身体，思想还停留在孩童阶段，对死亡没有做好准备也没有得到警告，如今他们将变成死亡的玩物。他们会死不止一次，每一次都比上一次更加丑陋。每当死亡来临，"无论是他们还是他们的妻子、孩子、朋友"，"都令他们措手不及"。蒙田说："接着悲痛的风暴吞没了他们，那是怎样的痛哭、愤怒和绝望啊！你见过任何东西来得如此缓慢，变化如此之大，如此令人困惑吗？"（Montaigne 2003: 95）

这让蒙田相信我们应该以不同的方式来应对死亡。在斯多葛派的松散框架内，他设计了自己的死亡途径，一种既简单又大胆的方法：突然迎接死亡，面对面地迎接它。如果死神前来敲门，就做出意料之外的举动：请它进来。如果死亡想吓唬你，不要逃跑，微笑着面对它，迎上去拥抱它。如果死亡对你咧嘴笑，就用礼貌至极的方式招待它。因为死神不习惯于这种优雅的对待，肯定会被搞得不知所措。

笔者用来作为本章卷首语的片段显示了蒙田的途径：它既是描述也是表演。在描述层面，蒙田的文本提出了如下论证，即我们之所以害怕死亡是我们对死亡了解得太少。对我们来说，死亡的威力具有矛盾性：使其如此可怕的并非某些积极的特征而恰恰是非死亡的特征，是死亡引发的未知领域。因此才有了蒙田的解决办法。他说，"要开始剥夺死亡对我们的最大优势"，我们应该消除死亡的"怪异性"，应该"经常接触它，习惯它"。蒙田的观点读起来有时候类似于"死亡宣言"："让我们心中比想任何其他事情都更多地想死亡问题。让我们在每时每刻都发挥想象力去思考死亡的各个方面。"（Montaigne 2003: 96）

*

我们是遵循习惯的动物和墨守成规者，总是企图抓住我们最熟悉的东西。指导我们生活的终极分野并非善与恶或真与假，而是更原始的区分：本能地分为熟悉的与不熟悉的。我们主要就是沿着这条分界线待人处世，并以此安排自己的生活，投入自己的情感。"熟悉的"和"不熟悉的"；"本国的"和"外国的"；"接受"和"拒绝"——所有这些范畴限定我们的思想并塑造我们的生活。希腊人把世界一分为二，一边是熟悉的宇宙，那是人类生活所在，即 oikouménē（我们居住的世界）；一边是水平线之外的未知大海，它深不可测，遥不可及。居住的世界的基础是我们最熟悉的东西 oîkos（字面意思就是家）。人本体论的核心就是居住本体论。思想拥抱世界的方式与身体居住在世界上的方式并没有多大不同。这是"我们的"世界，只是因为我们能将自己投入其中并感到舒服自在。正如雅思·帕托什卡在若干令人印象深刻的形象的帮助下表达的见解一样。他说，整个世界

> 可以成为妈妈的怀抱，可以是温暖的、友好的、微笑的、安全的玻璃球，也可以是无边无际的冷酷之所，伴随着死亡的气息和无垠的冰雪。两者都与某人密切相关，它在这个世界或在世界之外朝我们微笑，并充满热情地迎接我们。（Patočka 1989: 264）

当我们成功地置身于世界就好像投入"母亲的怀抱"时，人生才真正开始或者走向繁荣。活着就是驯化实践；成为人就是把世界变成家，改造

宇宙使其适宜居住。万事万物之所以能够理解就是因为它们被置于熟悉之物的阵营中；它们之所以有意义就是因为我们在分界线的这边为其腾出存在的空间。如果能对死亡做同样的事，我们的生活就可以变得更美好！

 **埃及人的花招**

蒙田的要点其实很简单，即要让你的人生值得一过，你就要在生活中为死亡留出位置。他说："埃及人就是这样做的。"在"宴会和欢庆的高潮期间，他们会抬进来一具骷髅"。埃及人或许从来没有这么做过，但故事的寓意非常好，如果不说一说实在太可惜了。好的人生不仅意味着认识到死亡而且要驯服死亡。你必须把死神迎接到家中，展现你的好客，在饭桌上为它留个位置，好好地款待它。

生活艺术归根结蒂就是把握适当剂量的科学：如果你在生活中为死亡留出的空间太多可能使生活受到毒害，而如果你不允许为死亡留下足够的空间，你的人生也会被毁掉，生活可能乏味得惹人厌烦。

> 在快乐和宴饮中间，让我们克制，并提醒自己肉体凡胎的处境。让我们永远不要放纵享乐而忘乎所以，以致不能偶尔回顾一下死亡有多少种方式会在瞬间带走我们的快乐，或者死亡有多少种方式让我们的一切都烟消云散。（Montaigne 2003: 96）

蒙田相信允许死亡出现在我们的生存中间，我们就能消除其最野蛮的因素：意外性。具有反讽意味的是，即使死亡必然降临，我们大部分人仍然会在它真的来临时惊讶万分。这就是为什么被驯化的死亡变得不那么深不可测的原因。不是说我们能够确定死亡来临的具体时刻（那无异于自杀），而是说我们能够以这样一种方式训练肉体和灵魂以至于当死神决定带我们走的时候，我们能像一直在等待的伙伴那样起身说："好啊，咱们走吧！"蒙田说："我们所能做的就是，必须时刻穿上靴子。"你已经做好了随时迎接死亡的准备，不管它什么时间到来都不会让你感到吃惊。"愿死神降临于我正在种洋白菜之时，我就可以既不为死，也不为未完成的种植而发愁了。"（Montaigne 2003: 98—99）

所有这些的关键是一种"恰到好处"的意识，它恰恰诞生于对死亡的习惯性驯化。这个"恰到好处"不是可测量的东西；无法用钟表来决定到底是几点钟。古希腊人用来表示时间的有两个词：一个是 chrónos，表示普通的、可量化的时间；另一个是 kairós，表示一种很特别的时间，是钟表和机器无法测量和追踪的时间。任何平凡之事都发生在普通时间里，而非同寻常的重大事件如圣灵显现则只能发生在特别时间里。"恰到好处"的意识就最接近我们在人生中能够进入特别时间的时刻，它或许是死神因为我们热情好客而赠给我们的礼物。

正如前文所暗示的那样，"哲学思辨就是学会如何死亡"，不仅是描述性的而且是表演性的，它有双重意义。首先，像《随笔集》中的其他文章一样，该文是自我构造过程的一部分。蒙田对死亡的反思是自我塑造工程的组成部分，但在更具体的意义上，他有关死亡的文字也具有表演性。死亡不仅是书中理性分析的对象，而且是魔法和咒语。死亡不仅被讨论而且要照着做。就好像蒙田想消除死亡加在他身上的魔法；好像他希望自己的写作魔力能够"破解"死亡咒语。从修辞的角度看，随笔非常合适该书的笼统模式，因为它是古典寓言、智慧文献片段、个人回忆、主观见解的混合体。但是，它也包含了集中论述的重复而不乏神秘色彩的审美瞬间，行文的中韵和重叠口头语异常丰富，让人想起魔术师在变戏法时看到的引起恐慌的表演。"实践死亡就是实践自由。一个学会死亡的人就已经消除了身上曾拥有的奴隶特征。""你活着时拥有的一切都是从生活中偷来的；你的人生以牺牲生活为代价。你的人生的永恒任务就是构建死亡。你在活着的时候也处在死亡中：当你不在人世时，你已经去寻找死亡了。""生命终结之后，你死掉；但在仍然活着时，你已濒临死亡；死亡接触濒临死亡者的方式比接触死者时更严厉，不仅更具生活气息而且还具本质意义。"（Montaigne 2003: 96—103; Montaigne 1969: I, 132—138）

 模仿苏格拉底

若更仔细地考察"随笔"，我们会认识到蒙田文笔之美掩盖了一个根本性的悖论，该悖论位于对死亡进行哲学思考的核心。一方面，生活中有一条律令要使死亡成为熟悉的存在。蒙田令人信服地描述了人们如何通过深思熟虑和精心准备而实现对死亡的控制，如果足够幸运的话，他还能获得一种"恰到好处"的意识。另一方面，可以说，死亡是某种我们永远也搞不懂的东西。我们可以从哲学角度探讨死亡，谈论死亡和撰写死亡，但永远无法了解死亡，因为我们还活着。我们只能经历一次死亡，然后就再也无法撰写有关死亡的东西了。许多哲学家写了很多有关死亡的深刻见解，但如果不先死给我们看的话，他们自己就没有办法证明所写的东西。对哲学家而言，死亡不过是预言性的猜想而已。

这也意味着哲学家在谈论该话题时所拥有的认识论权威的唯一来

源是**别人的死亡**。在蒙田所属的作为生活艺术的传统哲学中，杰出人物之死（如苏格拉底、加图、塞涅卡等）都发挥了重大作用。似乎以哲学家应该采用的死亡方式死去的这些人，后来一直被视为验证其哲学的证据。如上所述，他们不是简单地死去，这些哲学家之死还体现了塑造其人生的哲学工程。就像他们的传记，他们的死亡本身也是哲学著作。

显然，任何高贵的东西都会产生别人模仿的问题；我们之所以认为某些东西是"典范"，就是因为认识到它可能成为别人学习的榜样。这同样适用于"典范之死"，这种死亡之所以被人看重和称赞就是因为它与预言这种死亡的哲学十分吻合。那些羡慕者被邀请以类似的方式思考自己的临终时刻。真正的哲学之死的"伟大"就诞生于模仿"死亡之师"的欲望。在某种意义上，这是"永垂不朽"的秘密：老师的哲学自然地流入他的死亡中，老师的死得到别人的崇拜和复制，并依靠这些人传扬下去。

但是，模仿别人之死并非简单之事。濒临死亡是非常私密的体验，确实是个无法补救也无法再现的事件。人不可能代替别人死掉。作为个人生活的确切终点，死亡具有独特的"光环"，它的一切都无法模仿。某些"典范之死"的"机械再生产"之类，或许是把你的人生变成笑柄的最好办法，正如西蒙娜·薇依所说——是死亡的失败。难怪用来描述个人死亡与"典范"之死之间关系框架的更好语言可以在路易斯·科斯塔·利马的观念"模拟"中找到。利马认为把该词翻译为"模拟"非常糟糕，因为它预设了强烈的他者含义。在他看来，模拟[①]也是在创造某

[①] 根本不是"可以还原为虚拟体验的东西"。(Costa Lima 1988: ix)

些新东西。这听起来有些违背常识,但在《想象的控制》中他提出了很有说服力的论述。他说:"模拟意味着不仅仅是复制,而且还有差异。模拟不是简单地复制,而是产生差别。"① 模拟体验让你的人生更丰富:你睁大双眼观察外在典范,与此同时确保你并不忽略自身内在的潜力。最终的产品不仅仅是对典范的复制,而且还是拥有独特生命力的独立存在物。

把别人之死当作"典范"是一种要求精心保持平衡的行为,不仅困难重重而且异常危险。一方面,如果你离模特太近,你的死最终可能毫无意义,纯粹是别人命运终结的"机械再生产"。另一方面,如果你离模特太远,你的死可能是蒙田瞧不起的那种"庸俗"之死。你必须在这两种危险之间精心探索出一种适合自己的方式。这就是为什么利马产生差别的模拟论在谈及死亡时或许能提供一种更充分理解"典范"的原因所在。你所做的并非对典范之死的"复制",而是个人的"创造",是自我塑造工程的组成部分。这种死亡方式属于你自己,你并不是模仿别人的冒牌货。

有骷髅手臂的自画像

蒙田的观点或许仍然难以把握,即我们应该"驯化"死亡并在自己的生活中亲密地接纳死亡。那么,把死亡"纳入"生活中到底意味着什

---

① 但是,他补充说,这种差别既不是无理由的也不是无秩序的;并非"类似于个人语言变体的气质习性差异,而是辨认出社会地位和具有潜在可接受性的差异"。(Costa Lima 1988: viii-ix)

么呢？两者难道不是截然相反的吗？为了赋予该观点以真实感，笔者将使用一幅图画来说明。1895 年，挪威画家爱德华·蒙克（1863—1944）制作了一幅名为《有骷髅手臂的自画像》（图 2.1）的平版印刷品。蒙克使用平版印刷术的粉笔画出其面孔的突出特征，然后封在印度墨水画出的黑色背景之内。而在这幅作品的底部，即水平边框的位置，放上了他的手臂——即骷髅。[①]

"骷髅手臂"马上吸引了观众的注意力。在形象经济的范畴内，它或许不过是被放逐于底部的细节，但是这个特征控制了观众的整个认知系统。首先，你可能将凝视的目光从它身上转移开（毕竟它是死亡的显现）。你的眼睛会慢慢上移，越过画家的脸，然后凝视上面一会儿。你不可能错过蒙克看穿人们心思的犀利眼神，它们静静地与你的双眼对视。不过，你的目光会在你不知不觉之中又落在骷髅手臂之上。这些裸露的骨头成为平版画上无可逃避的焦点。到了此时，你的心思已经充分地将形象处理过了，将其黑色背景与坟墓内壁联系起来。艺术史家说这部画作是一种坟墓标牌，不是没有道理的。[②]

我们很难高估手在人类历史和本体论中的作用。不仅从解剖学而且从认知能力的角度看，人的大部分功能都归功于手。我们使用手在世界上行动，确立人与世界的关系，并用手"抓住"世界——认识世界。正如康德所说，手不仅是"心灵的窗户"，（Tallis 2003: 4）而且是心灵看

[①] 谈到这种自画像及其对蒙克著作的意义，阿纳·艾贡注意到，"这种平版画已经成为象征主义画家爱德华·蒙克的画作。它也是他创作的最敏感画作。通过简单地让一只眼盯着前方，让左眼向下观看内心，他成功地表达了画中人表露出的一种平衡"。(Eggum 1978: 20)

[②] 比如，阿纳·艾贡说，"这幅画是以坟墓场地的形式……自画像或许本质上被看作记忆碎片"。(Eggum 1978: 20)

图 2.1 爱德华·蒙克 《有骷髅手臂的自画像》

得见的表现,是展示真实思想的有效方法。两者之间的复杂联系最近已经被心理学家、现象学家和认知科学家进行研究了。

从进化论角度看,手是人类演化中最先进的器官之一,这个过程发生的时间恰好与手让类人猿进化为人的过程同步。像语言一样,手是让我们的生活具有人类特征的东西。雷蒙德·塔里斯说:"手是先验性工具,我们以此摆脱本性的限制",这是我们与动物的根本差别。(Tallis 2003:32)

这就是为什么蒙克使用手——最优秀的器官来代表死亡闯进我们的生活,这种极具深远眼光的见解令人印象深刻。他在这幅画中显示死亡不是我们能轻易控制的东西,而是拥有巨大破坏力的毁灭性事件。死亡一旦来临,它根本无需浪费时间就直接摧毁定义我们的东西。这幅手臂已经被死亡吃掉的自画像就代表了最具破坏性的人生极限。单单这个形象就比任何一本哲学著作更雄辩地说明了我们必死无疑的本质。

而且,我们在蒙克的平版画中看到的骨头不是别人的而是画家本人的。画家的整个人生就集中在他的手上:除了眼睛之外,身体的其他部分再也没有比手更加重要的了。再也没有什么器官比他的手与他更亲密的了。对任何一位画家来说,手肯定是亲密关系的体现:他能够保守甚至不向朋友和情人透露的秘密，但他不可能瞒过他的手。两者之间必须具有绝对的信任。因为画家非常清楚，手的背叛就是终极背叛。但是，蒙克选择画家的手作为死亡进入画中的机会之窗。其结果不仅是令人印象深刻的独创性自画像，而且在某种程度上是对神秘性本身的描绘：最生僻与最亲密的东西联系在一起。他曾经说过"我无法相信死亡如此不可避免，就这么近在手边"。（Stang 1979: 34）

蒙克的《有骷髅手臂的自画像》说明了蒙田的观点，即对付死亡的最好方法是让死亡成为生活的一部分。他的艺术天赋迫使他在最出人意料之地寻找死亡：生活本身的核心。正如蒙克本人所说，他的艺术的主题之一就是"爱与死"，这不是可分开的主题而是相互交织在一起的：爱与死。他在1894年的作品《死亡和妇女》（图2.2）中为该思想提供了真实感，一个赤裸的年轻妇女淫荡地拥抱和亲吻骷髅。爱的行为是生命之源，在蒙克看来，这就是最致命的遭遇。在充满激情的圆满结合中，"死亡向生命伸出了手"。做爱中的妇女的微笑简直就是"尸体的微笑"。（Velsand 2010: 9）

图 2.2　爱德华·蒙克 《死亡和妇女》

爱德华·蒙克不仅在作品中表现死亡和疾病，而且他试图成功地将它们与其艺术视野绑在一起。他欢迎死亡的先行官——虚弱和疾病进入其生活的核心地带，向它们显示其热情好客和友好态度。他说"我必须保留身体的虚弱，它是我不可分割的组成部分。我不想摆脱疾病，虽然我在艺术中无情地描述了疾病"。实际上，他把死亡和疾病变成了他最亲密的艺术盟友。正如一位艺术批评家注意到的那样，蒙克"终身受到死亡想法的困扰，但是他认为疾病几乎是他艺术工作的前提条件"。（Stang 1979: 36）对此观点，蒙田肯定会完全赞同。

蒙克得出的结论是我们必须让死亡渗透到我们的生活中，虽然死亡进入生活的路线不同于蒙田，但起点或许类似。对蒙田来说，好朋友的过早离世以及父亲之死促成了他表达以死亡为中心的生活艺术。同样的，对蒙克来说，众多家庭成员的死把虚无带入他的生存体验中。"我的生活与死亡为伴——我的哥哥、姐姐、祖父、父亲先后去世。我所有的记忆都证明，最想不到的事情都会意外地出现。"（Eggum 1984: 62）这种经历影响了蒙克的自我表达：他直面死亡，将死亡内置化，并最终使其成为生命的一部分。最终他成功地找到了与死亡相处的方法。他说："我在死亡之点来到这个世界，我的父母必须尽快地在家为我施洗礼。"事实上，爱德华出生时，他的母亲已经"携带了肺结核病菌"，并于6年后因病去世。"疾病、疯狂和死亡是在我的摇篮上空盘旋的黑色天使，它们之后一直伴随着我的一生。"（Stang 1979: 31）

蒙克或许从来没有读过蒙田的书①，但是他得出了同样的结论。如果他知道古代埃及人把骷髅带到聚会上的习惯，或许会千方百计地买一具骷髅供自己使用。因为找不到骷髅可用，他只好以《有骷髅手臂的自画像》为自己重新创造一具并不完整的骷髅。

 **神秘之书**

《存在与时间》（1927）是神秘之书。该书是在匆忙之中写成的；马丁·海德格尔在1916年完成之后一直没有出版，当时他的学术生涯似乎有些陷入停滞状态。但是，该书出版后一下子就成为经典。此书对后世哲学家产生的影响力是如此巨大以至于乔治·斯坦纳说："在西方思想史中没有一部著作像《存在与时间》这样。"（Steiner 1980: 76）像大部分经典一样，该书虽然名震天下却很少有人认真阅读。它写的匆忙并取得巨大成功并不意味着该书很容易理解，如果有人真想试试的话。相反，《存在与时间》——至少有部分内容——是最难读懂的哲学著作之一；许多读者阅读该书所花费的时间甚至比海德格尔写书的时间还长。当然，该书后来几十年长盛不衰，也许是许多奥秘中的又一奥秘。

幕间剧——哲学家成为伪装大师

海德格尔对语言的特殊使用——不仅仅在《存在与时间》中，

---

① 蒙克所受的正规教育很有限，虽然在思想上好奇，但他不是书呆子。他的朋友往往对他的深刻见解和广博知识感到吃惊。当代画家路德维希·拉森伯格注意到："蒙克不知不觉地掌握了很多东西，别人也不知道他是如何获得这么丰富的知识的。"（Bjerke 1995: 19）

而且贯穿于作品的始终——已经给他带来了一个名声,即他是文笔最糟糕的哲学家(他的诋毁者如此说),也是最伟大的德语大师(如果你相信崇拜者的话)。他的语言并非碰巧晦涩难懂,而是故意这样的。的确,其哲学工程的重要目标之一就是重新创造出一种哲学语言。在海德格尔看来,西方哲学几乎在它出现之后就一直处于严重的危机之中。用"几乎"是因为曾经有过一个时期,在苏格拉底和柏拉图之前,即前苏格拉底阶段,哲学并没有陷入危机。对大多数哲学家来说,西方思想开始于苏格拉底和柏拉图,但是对海德格尔来说,西方思想在此终结。海德格尔为这种状况起了一个名称:"对存在的遗忘"。从柏拉图开始,哲学家已经迷失在多样化的具体事项"存在者"中,忘记了关注让他们成为自己的那个东西:存在。①

因为存在包含了它与语言的一种特殊关系②,"对存在的遗忘"体现在哲学语言本身的堕落。海德格尔相信,哲学家之所以找不到问题的答案是因为他们根本不知道如何提出问题,所以需要一种新的哲学语言。"新"其实并不是一个非常准确的词:因为海德格尔真正在追求的是恢复原始的语言层面,即语言在被哲学家腐化之前的天真状态。为了挖掘这种所谓的非腐化层面,海德格尔使用了词

---

① 海德格尔在后来的著作中充分发展了这个观点,在转向(the *Kehre*)之后,甚至在《存在与时间》中他在这方面提供了充足的暗示。

② 正如海德格尔后来的名言,"语言是存在的家园"。存在不可能在没有语言的情况下被表达出来;没有语言它就什么也不是。任何本体论争论,任何指向存在的姿态也同时是"语言"姿态。由此,存在的任何错误对待都反映在语言本身和人们对它的使用。的确,海德格尔说,笼统的语言"已经疲劳衰竭,一个不可缺少的但是无主的交流手段,可以被任何人随意使用,就像公共交通工具一样引不起兴趣"。(Steiner 1980: 45)

源学的方法。①

海德格尔是个暴力作家,这里并不是说他在使用"暴力语言",而是表示他用更微妙的方式对语言使用暴力,就好像要为语言"带来某种意义"。海德格尔写的文章看起来更像刑讯拷打室,而不是一篇论文:你会遭遇到一些被屠杀的词汇(这里一个名词的头被砍掉,那里一个动词的心被挖走),句子被无情地折磨至死。就好像他的计划就是令词汇接受某种抗断强度试验,以便发现其"断裂点/强度极限"在何处。大卫·库柏回顾了海德格尔语言屠杀的典型场面:"名词变动词或动词变名词;创造新词;赋予旧词不熟悉的含义,然后把它们组装在一起构成诸如'存在—已经—沿着—世界'之类的调制品。"(Cooper 1996: 5—6)②

《存在与时间》的某些核心概念就是以这种痛苦的方式产生出来的,如"上手状态"和"现成在手状态"。虽然这两个词听起来都很抽象,但两个概念都源于非常具体的人手(德语中也是hand)。再次,手的语言被证明对理解心智生活至关重要。弄懂某个东西就是"抓住"它。当你牢牢"抓住"了某个东西时,你就理解了正在发生的事。据说聪明人就是因为他知道如何"应对"某种情景。海德格尔提出了很多见解,并把手置于哲学人类学的核

---

① 乔治·斯坦纳写道:"从此后挖掘根源或者词的历史含义的词源学在完整的意义上是'出现',踏入到光天化日下。"(Steiner 1980: 47)海德格尔对词源学的依赖使其作品特别厚重,里面有各种典故、内在知识、预设的语文学素养。有时候需要读者掌握古希腊语、中世纪拉丁语和古德语才能理解海德格尔的段落。

② 库柏说,"在更早的作品中,读者深受浓重的现象学词汇之苦(比如'ecstasis'—'昏厥'、categorial intuition—'范畴直觉'之类),但是后期作品在他们看来仍然更接近神秘主义诗人的咒语,而不是专业哲学家的文章。"(Cooper 1996: 5—6)

心。他按照手遭遇事物的方式将我们接触的东西分类：第一种是具体的东西，在与周围世界的"值得关注的处理"过程中，事物被"指向"手边以便它能实际上"抓住"（上手状态，即他说的Zuhandenheit）。或者第二种，即理论知识的对象，模糊地处于手"前"的某个位置（他称之为现成在手状态，Vorhandenheit）。海德格尔抓住了一个普通词，把它单独挑出来，不断用力地施压，就像在审讯室对付嫌疑犯那样"处理"它，直到这可怜的家伙抖搂出所有的秘密。

他认为，之所以这样特别地使用语言，就是需要改变哲学家提出问题的方式，但是也可能还有其他理由，它们或许能解释为什么哲学著作往往故意晦涩难解。因为总有一个哲学家阶级在提出论证的时候使用遮蔽起来的宣言、欲言又止的命题、难以理解的术语。就好像这些人在交流时要建造一堵词汇垒起来的砖墙，把他们的思想与读者隔开。① 这种遮蔽言辞存在一种双重运动。哲学家希望透露某些东西——他似乎伸出了一只手。显然，他打算说几句话，希望人们听到，否则他就不会发表任何作品了。他在寻找听众，甚至在寻找追随者。但到了说话时，他使用的方式的确令读者感到困惑。因为他所使用的特别修辞手段，为读者呈现出来的东西，不是豁然开朗而是难解的谜团。最初似乎答应要给你某些东西的手现在却在把你推得远远的。

---

① 在一本著名的书中，列奥·施特劳斯把哲学家的"神秘主义"与担心作品可能带来的政治迫害联系起来（Strauss 1988）；这种循环往复的修辞、人工雕琢、模糊含混，旨在误导潜在的迫害者。施特劳斯的论证在某些情况下或许有道理，在其他情况下就未必如此。而且，这种理论很难解释海德格尔为什么更喜欢晦涩难解的文笔风格。

这种情形在宗教史上以类似的模式被复制出来。在基督教修道院的某些秩序中，当有人想成为修道士时，首先被非常不友好地赶走；通常会遭遇扔石头的待遇。如果你坚持要当，就会被告知等候通知。再过一段时间之后，如果你还在那里，就会被非常勉强地引进去，但态度依然十分严厉。在其他地方如佛教禅宗那里，若有人要成为某个大师的学徒，他首先要被安排做令人感到羞辱的工作，甚至是毫无意义的行为（如往无底的桶中灌水）。这种实践不是空洞的仪式而是严肃的姿态，旨在考验新手的决心。他们是在进行筛选，让录取过程变得有竞争性和有意义。

正如禅宗大师通常要学徒候选人忍受痛苦一样，海德格尔也是用考验和磨难和读者打招呼。不过，虽然他并没有像古代修道士那样朝读者扔石头，但扔过来的东西同样沉重。比如这样的句子："每当此在到来，它就是一个事实；这种事实的实在性就是我们应该称为'此在'的'真实性'的东西。"（*Heidegger 2000: 82*）就好像本来要确保他最终不勾住错误的读者，结果却把所有人都赶走了。那些很容易灰心丧气的人不久就走开了，但他们并没有遭受什么损失。那些真正感兴趣的人会以某种方式找到自己的道路。在经过了精心准备的折磨和海德格尔德语句法的磨难之后仍然没有倒下的少数人将会通过考试。他们是最勇敢者：他们从折磨者的写作中拼杀出来，最终文本开始屈服，而这些冲锋者不受抵抗地长驱直入，直至文本的核心。①

---

① 在《哲学论文集》中，马丁·海德格尔明确指出，首先，清晰在哲学上是糟糕之事，其次，哲学只是为少数专业人士而写。

向死存在

《存在与时间》到底是关于什么的？标题几乎说明了一切：存在与时间有关。海德格尔著作的开头一页就表明了本书的目的："重新提出存在的意义的问题。……初步目标则是对时间进行诠释，表明任何一种存在之理解都必须以时间为其视野。"① 海德格尔试图要做的是提出"存在问题"，即"为什么有物存在而不是一切皆空？"这个问题的关键是提出这个问题的人的存在。海德格尔相信，讲究方法的人在处理存在问题之前，已经提出了谁是提出这个问题的人的议题：

> 这个问题的发问本身，从本质上就是由问之所问规定的——即由存在规定的。这种存在者，就是我们自己向来所是的存在者，就是除了其他可能的存在方式以外还能够对存在发问的存在者。我们用"此在"这个术语来称呼这种存在者。（Heidegger 2000: 19）②

对"此在"的分析占据了《存在与时间》的大部分篇幅，其字面意思是"在那里"，但是很多译者保留这个词不翻译出来。③ "此在"作为"存在者，在其存在中对自己的存在有所关怀，对自己的存在有所领

---

① 参见海德格尔：《存在与时间》，陈嘉映、王庆节译，北京：三联书店，2014年，第1页。——译注

② 同上。

③ 从技术上说，该书没有完成。

悟",（Heidegger 2000: 78）"此在"是在最根本框架内进行分析的，并结合了它的各种相关关系，如与它所接触的其他存在者的关系、与它自己一样的存在者的关系、它的"基本状态"（关照）、它"被扔进"的这个世界、它的情绪，以及它最终与时间和有限性的关系等。

死亡话题在这里发挥了核心作用。当海德格尔将"此在"定义为"向死存在"时，把死亡置于人类状况的核心，其本质被简单地用中世纪的教义表达出来："刚一降生，人立刻老得足以去死。"死亡不是某种在将来某个点出现的事件，不应该成为现时现地的我们所担忧的东西。死亡已经在这里，它是生命的主要组成部分，渗透到生活中并支撑了生活。实际上，在此传统中，过一种美好的生活就是接受死亡存在于生活之中的现实。你的生活之所以有意义，就在于你学会了如何让自己适应于这个本体论安排。① 在海德格尔看来，"生活的本质、观念、意义总体上就是向死存在"。（Steiner 1980: 104）蒙田建议我们，要生活得更好就要让死亡进入我们的生活。海德格尔或许不无嘲讽地说：没必要啊，死亡已经在那里了：活着就是要"向死存在"。

海德格尔使用了一个令人印象深刻的隐喻来说明这种"指向性"的力量。他把人类生活比作成熟过程：可以说我们活着只是因为我们还"不成熟"。人生指向的"成熟"状态也是其终结——越成熟，我们就离死亡越近。海德格尔说，"果实带来成熟"，"这种自我的带来是作为果实的存在的特征"。果实的成熟从一开始就在其中。"如果果实不从**它本身方面**趋向成熟，则一切可以附加上去的设想之事都无法消除这一存在

---

① 恰恰是死亡让我们成为现在的样子；死亡体验是"成为人的基本标志性符号。人类生活的本质和人类死亡的本质内在地绑在一起"。(Wrathall 2005: 62)

者的不成熟。"（Heidegger 2000: 287—288，作者的强调）海德格尔的隐喻提出的见解令人心惊：果实除非成熟，否则什么都不是，但是它一旦成熟就已经与死亡无异了。

死总是比生更丰满。因为生不过是从一种状态朝另一种状态的过度，而死则是完成——不仅是终结而且是实现。因为死亡是我们移动的唯一方向，我们就被置于矛盾的处境之中：活着就是越来越近地走到那个拒绝生命之所。"死亡是完完全全的此在之不可能性的可能性。"用一个成为《存在与时间》中的符咒的公式，海德格尔说死亡绽露为"**最本己的、无所关联的、不可逾越的可能性**"。死亡是某种"清晰可见的逼近性。其存在可能性基于这个事实，即此在从本质上向自我展开，其实就是展现为先行于自身"。（Heidegger 2000: 294，作者的强调）与世界上的其他存在者不同，"此在"知道它是要死的。

死亡不是"此在""命中注定"要经历的"不幸"事件。"此在"需要死亡。在"此在"看来，死亡是一种祝福。如果没有死亡，人生就是一种失败，因为它没有办法更深刻地认识到自身的存在："只要此在存在着，它就永远不能实现其'整体性'。"（Heidegger 2000: 280）只有明确无疑地认识到我们"已经不在那里"，我们才能有机会认清自己的真实面目。因此，关键的是我们要学会如何从自己的非存在立场看待我们的存在条件。① 更重要的是，正是通过我们与自身死亡的关系，我们才能够实现自身的个别化。海德格尔说，死"并不是无差别地'属于'本己的此在就完了，死是把此在作为个别的东西来要求的。在先行中所领会

---

① 正如乔治·斯坦纳所说，"此在能够抓住其完整性和意义性，只有在它面对'不再在此'时，才是与整体分不开的"。（Steiner 1980: 102）

到的死的无所关联状态把此在个别化到它本身上来"。(Heidegger 2000: 308)① 这种个别化过程非常重要,如果"此在"要成为本真的"此在"的话。其实,死亡是每个"此在"个别经历之事:② "**谁也不能把别人的死亡从他身边夺走。**"(Heidegger 2000: 284,作者的强调)每个"此在"都以自己的方式死去。由于"此在"的"存在—与"的根本特征,当我见证他人之死时,我能感受到同情和拥有它的死亡代表;通过见证别人的死亡,我形成有关死亡的笼统认识。③ 但是,我从来不可能替别人死。死亡从本质上说是一种不可剥夺的体验。海德格尔说:"死亡是每个此在到时候必须反诸自身的东西。"我不能把自己的死亡委托给其他人,正如我不能替他人死亡一样。从本质上说,"只要死亡存在,它依其本质就向来是我自己的死亡"。在濒临死亡中,"死显现出死亡在存在论上是由自我属性与生存组建起来的"。(Heidegger 2000: 284)

因为死亡是如此高度个别化的和个体性的体验,它为经历死亡者带来一种无限的孤独感。垂死者完全依靠自己,无论有多少人碰巧在身边;这就是为什么海德格尔称死亡是"无所关联的可能性"。当"此在",即走向终结的存在最终遭遇终结时,它是不能与其他任何人"分享"的。这是它自身的死,再也无法复原。④ 濒临死亡的"此在"占据了其他"此在"不可能同时占据的空间,无论它在生命过程中给其他人

---

① 海德格尔:《存在与时间》,陈嘉映、王庆节译,北京:三联书店,2014 年,第 302 页。——译注

② "死亡是个体化行为,虽然濒临死亡大量发生。"(Safransky 1998: 164)

③ 此在能够获得"一种死亡体验,更是因为此在本质上是与他人一起的存在"。(Heidegger 2000: 281)

④ "在如此悬临于自身之际,此在之中对其他此在的一切关联被解除了。这种最本己的无所关联的可能性同时就是最极端的可能性。"(Heidegger 2000: 294)

造成多么大的情感反应。这是只有那个特定的"此在"才能占据的空间——即该"此在"及其畏。

海德格尔说:"向死存在在本质上是畏",这是《存在与时间》中的核心概念。他将畏定义为"**一种思想状态,完全接受从此在的最个别化的存在中产生的绝对而持久的威胁**"(Heidegger 2000: 310,作者的强调)畏不是普通的害怕:它担忧的不是周围世界的某些特定事物,而是世界本身的可能性。此在感受到的畏的"威胁"具有本体论特征。畏不是关于某个事物,而是关于一切的,因而也是关于无的,更确切地说就是虚无。这就是为什么畏在此在经济学中扮演了重要角色:它一下子直达核心,即"向死存在"。① 可以说,它是一种"享受特权"的思想状态。② 畏是此在以允许自己从生活中获得最大效果的方式死掉的机会。③

*

笔者已经看见诸位笑起来了,你们有权发笑。刚才所讲的一切听起来都是这么抽象和乏味,不过,考虑到这位思想家的独特思维模式,产生这种效果似乎不可避免。这就是为什么笔者提议做一个实验,目的就是将讨论引向更加具体的对象:我们通过列夫·托尔斯泰的小说《伊凡·伊里奇之死》来解读海德格尔对"向死存在"、焦虑、"常人"及真实性等的论述。

---

① 在忧惧中,此有发现自己正面对着他存在的可能的不可能性——无。(Heidegger 2000)

② 对萨弗兰斯基来说,焦虑是"所有情绪的隐身女王"。(Safransky 1998: 152)

③ "畏是为如此确定了的存在之能在而畏,而且就这样开展出最极端的可能性来。因为先行把此在彻底个别化了,而且在把他自己个别化的过程中使此在确知它的能在之整体性。"(Heidegger 2000: 310)

伊凡·伊里奇作为此在的描述

学者们已经注意到海德格尔在《存在与时间》中谈论"此在"是"向死存在"的方式接近于托尔斯泰在《伊凡·伊里奇之死》(Smert' Ivana Il'icha, 1886) 中对死亡的处理。① 有时候两者是如此接近以至于根本无法使用"模仿"这个词。但奇怪的是,海德格尔对托尔斯泰的书只引用了一次,后来只是在脚注中提及。他承认自己读过这本书,不过是用一种偷偷摸摸的方式说出来的,排除了受到它的重大影响的可能性。事实上,似乎有意要误导读者,他留给人的印象是误解了这本小说。海德格尔说:"托尔斯泰在小说《伊凡·伊里奇之死》中呈现了看到'某人死亡'而造成的中断和崩溃等现象。"(Heidegger 2000: 495)托尔斯泰的书不是有关死亡的讨论——至少不是主要讨论死亡的。

这种平行关系中最突出的方面是两个人物——海德格尔的"此在"和托尔斯泰的伊凡·伊里奇的死亡都被置于"常人"存在的背景之下。海德格尔认为,通常我们不是我们自己:我们生活在异化的状态。我们以"常人"思考的方式思考,以"常人"穿衣的方式穿衣,总的来说就是以"常人"生活的方式生活。② 海德格尔说,"此在""站在从属于他

---

① 比如,菲力浦·阿利埃斯就提到它 (Ariès 1974),乔治·斯坦纳也提到过。(Steiner 1980: 105)

② "they"(他们)是海德格尔的 das Man(常人)的英译,因为英语中不可能直译。Man 在英语中没有对应词,其功能被代词"they"很满意地表现出来。在其他语言中,Man 可以被翻译出来而没有问题,如在法语中被译成 on,在西班牙和罗马尼亚语中被译成 se,在意大利语中被译成 si 等。

者的位置"。适当地说,"此在""本身不是；它的存在已经被他者带走。'此在'日常存在的可能性是由他者来随意支配的"。"此在"是"常人"的玩物,因而它不属于自身。"一个人属于他者,并提升他们的力量。"这里,他者是看不清面孔的群众,一个没有面孔、没有名字的实体。如果你问他者常人是谁,你的提问肯定是徒劳的:"这个谁不是这个人也不是那个人,不是自己,不是某些人,也不是他们所有人的总和。这个'谁'是中性的,是'常人'。"这个"常人"其实可以是任何人,也可以是没有人。"常人"可以被无限模仿和替代。如果他们中的任何一位消失,马上就会有另外一个人补上。谁也不会注意到其中的区别,因为根本就没有区别。"任何一位他者都像其他人。""常人"可以被替换并不意味着他们没有力量。其力量巨大无比,恰恰就源于其无限的可替代性。海德格尔说"在这种隐蔽性和不确定性之中开始了'常人'的真正独裁"。(Heidegger 2000: 164)"常人"的最重要功能之一是产生规范、法则、口味标准。如果你要生活在社会中,你的举止就必须按"常人"说的方式进行,这样一来,你就让"常人"弥漫于你的生活中了。

在日常生活中,此在是作为"常人"而存在的,正如伊凡·伊里奇的生活那样。其实,在托尔斯泰的眼中,这是伊凡最"独特的"特征:"从他最早的青年时期开始,他就像飞蛾扑火那样向往成为拥有高贵社会地位的人。"因为急于讨好别人,他"采用了常人的生活方式和人生观"。在小说中,"常人"作为"地位高贵之人"行动,仍然是适当地没有名字也看不清面孔,但是对伊凡这样的人却产生了重大影响。托尔斯泰分析了主人公的清醒意识,因为他就是在"常人"的影响下改造自我的。我们看到他可能拥有的任何良好的自然冲动渐渐地被"常人"认定为值得向往的东西所取代。比如作为学生，伊凡·伊里奇那时候曾经做过一些"似乎在他本人看来极端恶劣之事，这使他对自己感到十分厌恶"。但是后来，得知"那些达官贵人对做这种事没有任何良心上的不安"，他渐渐地排除这种不愉快的感受，最终"到了回顾这些往事时已经很少心烦意乱，不再有良心负担了"。（Tolstoy 1981: 44）

伊凡·伊里奇只要按照"常人"设定的规范行事，他就没有什么好担心的。的确，这些行为增加了他的社会"受尊敬程度"。"常人"是崇高的大师，与其统治权保持一致就能带来丰厚的回报。后来，作为年轻的检察官，伊凡参与到"饮酒狂欢"和"饭后到城外某条大街的旅行"。还有一些尝试如"拍上司的马屁，甚至还拍上司夫人的马屁"。但是，所有这些"都增添了一种崇高的气氛，别人无缘议论纷纷"。（Tolstoy 1981: 45）社会体面是"常人"给予顺从者的奖赏，这种奖赏总是大方得很，毫不吝啬。

非常合适的是，只要遵循"常人"的游戏规则，甚至偶尔的反抗行为也得到允许。的确，只要得到上司的预先许可，提出一些不同意见其实是好事，对遭遇挑战的权威或是对于挑战者来说都是如此。它让前者在社会上更具合法性，让后者在自己眼中显得不那么懦弱无能。比如在某个时候，伊凡·伊里奇"在自己和省政府当局之间保持适当的距离"，表现出一种"对政府适度不满的态度"。（Tolstoy 1981: 47）这些是非常动人的。海德格尔的"此在"不会做更多别的事："常人退缩时我们也从'广大群众'中抽身而退；常人感到震惊的事也会让我们感到震惊。"（Heidegger 2000: 164）伊凡和"此在"与"常人"保持的距离并不比"常人"赏给他们的虚幻自由空间更大，哪怕一丁点儿。

随着伊凡·伊里奇在社会阶梯上爬得越来越高，他的人生变得完全符合"常人"的规定。他已经如此擅长驯服的艺术以至于在做出个人决策时——如拿起一本书来阅读,做出选择的不是他而是"常人":有时候吃过晚饭,伊凡就会读一本"当时作为热门话题的书"。(Tolstoy 1981: 60)这正是海德格尔的"此在"在类似场景中所做之事:"我们以常人看待和评价文学艺术的方式来读书、观察和评判文学艺术。"(Heidegger 2000: 164)我的手中可能拿着一本书,但阅读的不是我而是"常人"。的确,在很多时候真正在写作的也是"常人"。

与海德格尔的观察一致,在日常生活中,我们"以常人娱乐的方式进行娱乐",(Heidegger 2000: 164)伊凡采用的生活方式远非为他个人量身定做,而是根据"常人"确定下来的主流口味和时尚校准自己的生活。就拿他新家的装修为例,刚刚被提拔之后,伊凡为了提升自己的社会形象开始了一项宏大工程,即为自己和家人创造最具独创性和吸引力的家。结果,从他自己的角度看真是"精美绝伦"。他的辛苦没有白费。不过,托尔斯泰尖刻地讽刺道,这个家"像所有那些并非真正有钱却想假装有钱的家一样,看起来千篇一律"。最终,伊凡的家看起来"与他者非常相似,一点儿也不出彩"。(Tolstoy 1981: 57—58)当然如此了。只要装修房子的不是伊凡而是"常人",就不可能有另外的情况。无论伊凡·伊里奇做什么,他都不是他自己,永远是别人;一个没有面孔、没有名字的存在。伊凡就是"常人"。

托尔斯泰说,"他们就这样活着。"他们进入"最好的圈子",他们的家"常常高朋满座,名流云集"。伊凡·伊里奇这样活着,但他是怎么死的呢?他能逃脱"常人"的方式吗?

死亡工程

当我们打开书本，在了解伊凡·伊里奇是谁、他的生活如何之前，我们就得知他已经死了。我们从别人（他的好朋友和同事）对死的反应了解到这个信息。虽然在伊凡活着的时候他们与他的关系不同，但他们对其死亡的反应却表现出惊人地一致。这些人才不关心他的死，其实，他的死对他们来说是一件有利可图的好事。同事们在得知伊凡死亡的消息时，马上开始算计可能的利益，死就意味着等级体系中的位置出现了空缺，从而引发新一轮的提拔、调动和调整等人事安排。几页过后，伊凡躺在棺材中，前来吊唁的人都在忙其他事。伊凡的妻子与伊凡的朋友皮欧特·伊万诺维奇有一件要紧"事"要办，即"与其丈夫的死有关，她如何从政府那里获得一笔抚恤金"。（Tolstoy 1981: 39—40）他的女儿现在不得不更改婚礼计划（这是她永远无法原谅父亲之处）。伊凡的同事施瓦茨试图预先制止了他们头天晚上制订的计划可能做出的任何改变。

伊凡的同事们继续打牌，他的家人恢复了正常生活，一切又回到原点。除去稍微有些不方便之外，伊凡·伊里奇之死毕竟没有引起多么的悲痛。甚至还有一种令人心安的东西。人人都莫名其妙地感到如释重负："熟悉的同事死掉的事实在他们身上激发出一种常见的轻松，死者是别人不是自己。"（Tolstoy 1981: 33）海德格尔谈到了与我们对他人死去所感受到的"宽慰"相关的"安定"过程。"常人"有条件减少他人之死带来的不舒服，并抑制人们的焦虑。海德格尔说，"'常人'就以这种方式为提供**对死亡的持续的安定**而操劳。"在本质上，"这种安定作用其实不只对'临终者'有效，而且同样对'安慰者'有效"。（Heidegger

2000: 298，作者的强调）

托尔斯泰在小说中突出显示了安定过程。甚至伊里奇的发小皮欧特·伊万诺维奇也无法摆脱持续存在的冷漠感。在得知朋友死亡的噩耗后，在回家的路上，甚至站在尸体跟前，皮欧特·伊万诺维奇都无法感到悲痛。就好像要了解别人之死，人们需要一种特别的器官，而皮欧特·伊万诺维奇偏偏没有。这次死亡与他没有任何关系；就好像"死亡是只能发生在伊里奇身上的偶然事件，永远不可能降临到自己头上一样"。（Tolstoy 1981: 39）托尔斯泰没有清楚地说明，但是我们有机会明白这恰恰是伊凡在面对别人之死时会做出的反应。从文体学的角度看，这是开篇最高成就之一。在好朋友去世时，伊凡·伊里奇会像伊万诺维奇对他的死那样做出类似反应。因为伊凡和伊万诺维奇是同类人，他们都是"常人"。伊凡的行为之所以没有两样就是因为他是"常人"，总是像"常人"那样做出反应。①

在人生的大部分时间里，伊里奇并不了解死亡的任何东西，他也不想了解。他是根本不关心死亡的人（我们中大部分人）之一。在《存在与时间》中，海德格尔具体地谈论了像伊凡这样的人。他说，"实际上，有很多人不了解死亡……此在掩盖了它向死存在的存在，**在死亡来临前**

---

① 《伊凡·伊里奇之死》有个很特别的结构。故事按时间先后顺序展开，叙述伊凡从童年时代开始的人生，但有一个例外：我们已经知道第一章介绍了他的突然死亡。这种不规则的结构令学者们感到困惑，很多人试图搞明白托尔斯泰为什么要这么做。在《伊凡·伊里奇之死解读》中，加里·贾恩详细地讨论了这一点（Jahn 1993）。不过，考虑到我已经提出的观点，从死亡开始叙述伊凡的生平故事，或更具体地说从别人对其死亡的态度开始是非常有道理的。因为"常人"是其生命的真正源头；"常人"让他成为他的样子。第一章确实做了很好的工作，搭建了展开伊里奇被深度异化的生活的舞台。

就逃掉了"。(Heidegger 2000: 295; 作者的强调) 伊凡对死亡的了解严格来说是理论上的,即一种抽象的可能性:理论上死亡能够出现,但不会发生在自己身上。像伊万诺维奇一样,他肯定觉得死亡是只能发生在别人身上的"偶然经历",绝不会"降临到自己头上"。当伊凡在学校学习逻辑学的时候,课本上有个三段论的例子在他看来很好:"凯厄斯是人,人都是要死的,因此凯厄斯是要死的。"凯厄斯或许必须死掉,但伊凡就完全不同了。那个人代表了"抽象的人,所以推理完全说得通"。但伊凡一直是个"独特之人,是完全与其他人不同的人"。(Tolstoy 1981: 79—80)

这是一种傲慢的感觉,但是马丁·海德格尔想对伊凡·伊里奇说:他一点儿也不特别。的确,伊凡的态度是"常人"通常对死亡所采取的典型态度。因为在"常人"看来,死亡从定义上看是"一种不确定的东西"。只要我是"常人",死亡就总发生在他人身上,绝不会轮到我。

> "有人死了"散播着一种意见,仿佛是死亡碰上常人。公众的死亡解释说,"有人死了";因为每一个他人与自己都可以借助这种说法使自己信服:不恰恰是我;因为这个常人乃是无此人。濒临死亡……并不本己地归属于任何人。(Heidegger 2000: 297)

伊凡不关心死亡,并未阻止他每天都更接近死亡一步。但只要有生命的地方就有死亡,死亡持续地"发生"在生活中间。伊凡·伊里奇就一直处于濒临死亡之中,只要他活着。"此在"也是如此,"在大部分时间非常接近死亡"。海德格尔说,"此在""处于濒临死亡中,只要它存在","它通过沉沦的方式做到这一点"。(Heidegger 2000: 295) 在此关键时刻，平行阅读《存在与时间》和《伊凡·伊里奇之死》，令人印象深刻之处在于托尔斯泰在故事中使用"沉沦"这个术语来指代同一个过程。当伊凡在死前不久重新回顾尘世的存在时，他意识到只有"人生开端的一个亮点"。此后，一切都"变得越来越黑暗"，"运行速度越来越快"：

> 伊凡·伊里奇想到"它与死亡的距离的平方成反比"。一块石头越来越快地滚下山的形象在他的脑海中挥之不去。人生就是一系列痛苦的集合，痛苦越来越大，向人生终点降落的速度越来越快，这是最令人害怕的痛苦。他浑身颤抖，"我在沉沦"，前后晃动，他想抗拒，但他明白到了这个时候抗拒已经不管用了。(Tolstoy 1981: 105) [1]

因为大部分时间伊凡都在"回避"死亡，即便在他的降落速度越来越快之时也是如此。像"常人"一直在做的那样，伊凡从来不正面看待死亡，从来不"预测"死亡。从海德格尔的观点来看，所有这些都等同于一种"非本真的死亡"。[2] 大卫·库柏可能会说，在缺乏死亡定义的人

---

[1] 乔治·斯坦纳谈到《伊凡·伊里奇之死》是某种控制沉沦过程的练习。在他看来，小说"以其让人讨厌的悠闲和准确的方式堕入身体的黑暗之所。它是一首诗歌——能够设想出的最令人伤感的诗歌，描述的是反叛的肉体以及肉欲穿透和消解理性的微弱约束的方式，而肉欲必然伴随着痛苦和腐化堕落"。(Steiner 1996: 283)

[2] 在海德格尔看来，死亡"向我们提供了为自己的存在负责的机会，如果我们愿意面对它的话"。(Wrathall 2005: 61)

生图画中,伊凡是一个根本不知道故事结局的讲故事者,[①] 其实就是个没有故事可讲的讲故事者。

"常人"不仅塑造了伊凡的生活,而且塑造了他的临终死亡过程。他与疾病做斗争在很多时候是"常人"与疾病和死亡做斗争。托尔斯泰小说的要点是显示常人之死是什么样子。虽然如此,读者的脑海里仍然会纠结一个问题:难道就没有什么东西能够使伊凡·伊里奇之死免于非本真性吗?在那些时刻他难道不是经历了真正的焦虑吗?从海德格尔的视角来看,焦虑本来应该能挽救他的死亡?

他或许有焦虑。伊凡意识到他不久就要死掉了,一个问题开始萦绕在心头:"如果我的整个人生,我的整个清醒的人生都非本真性的东西,我该怎么办呢?"对于一个再过几天就要死掉的人来说,这个问题肯定不只是思想上的猜测。哪怕提出这样的问题都需要极大的勇气,更不要说回答这个问题了。起初,伊凡竭力回避它。当他想到"自己可能没有按应有的方式生活"这个问题时,他回忆起"整个人生是多么正确"。(Tolstoy 1981: 102—108) 的确,"常人"的存在总是"正确的"。但是,无论他用多么大的努力试图将此问题从脑海中赶走,它依然回来打扰他,直到最后,就在临终之前,伊凡终于屈服了,他接受了最终的启示,即他的人生故事。该故事到底是关于什么的呢?它是对《存在与时间》的总结:一个关于"常人"及其陷阱的故事,一个

[①] 库柏说"对我的死亡的预期"促成"我的整体存在的一种意识,因为我能够'事先抓住我的整体存在',看到我当前的和最终的结局——即有关死亡的可能性。如果没有这样的观点,我就像不了解书的最终结局的小说家,因为我没有以连贯的方式安排我的人生的指南"。(Cooper 1996: 45)

作为"公众意见"①的基础的弥天大谎,以及常人对人生的影响。这是我们大多数人的故事。

伊凡·伊里奇就这样意识到,他的那些"很少让人察觉的抗议冲动""或许恰恰是真正重要的东西",是真东西。他一直在试图压抑抗拒达官显贵眼中的好东西的冲动。他的"公职、生活方式、家人以及在社会和职业领域信守的价值观——所有这些可能并非都是真东西"。这里显然有一种独特的焦虑:伊凡突然感受到了他的光彩人生——"轻松自在的、愉悦的、欢快的、体面的生活"背后的"虚无"。这种焦虑一下子扯掉了方便的确定性伪装,使他不得不走出包裹得严严实实的状态面对赤裸裸的自己。在死亡近在眼前的人生边缘,伊凡现在最接近他可能达到的"真实性存在"。②

这意味着伊凡·伊里奇之死是海德格尔意义上的"真实性"死亡吗?托尔斯泰小说的最大好处是它没有提供答案。作为艺术家的托尔斯泰非常尊重他塑造的人物,所以没有带我们进入伊凡之死的核心。而作为哲学家的托尔斯泰不允许自己提出这个或那个答案。他只是让伊凡自己死掉罢了。在这方面,他领先海德格尔一步。有人(布朗肖和列维纳斯)常常批评海德格尔描述的死亡是从严格的现象学观点来看的,即只要人活着,他就不能体验到自己的死亡,而只能感受别人的死亡。如果

---

① 用"公众意见"(publicness),他的意思是迫使每个人服从和保持一致的看不见的可怕力量。"公众意见"是任何出类拔萃、罕见、杰出等的敌人。"公众意见"使一切都晦暗不明而又把如此掩蔽起来的东西当作众所周知的东西,从而可以通达的东西。(Heidegger 2000: 165)

② 理查德·古斯塔夫森在对托尔斯泰的研究中把《伊凡·伊里奇之死》看作描述"面对死亡时发现人生"的"自动心理小说"。(Gustafson 1986: 159)

这些批评是正确的，那么托尔斯泰就是比海德格尔更好的现象学家。托尔斯泰知道在哪里停下来；他觉得人们没有办法知道主人公是否真正体验死亡。从现象学角度看，人们只能谈论自己的切身体验或能亲身经历的体验。死亡是个人体验，但是这种终极性的本质的确允许濒临死亡者对死亡进行描述。在严格的意义上，死亡体验只能被经历而不能被描述。只要还处于交谈状态，我们就还没有经历死亡；而一旦死掉，我们的谈话也就结束了。从本质上说，死亡从我们身边逃走了。考虑到我们永远无法逃避死亡的现实，这实在是天大的讽刺。

幕间剧——提出闹剧的可能性

《存在与时间》属于那种很罕见的经典，在你深陷其中的时候，会有一种令人不安的体验：你会一而再、再而三地问自己，正在读的书是真正严肃的作品还是十足的闹剧。这种著作的吸引力恰恰就在于，即使在你读完著作之后，在你反复阅读之后，仍然无法决定到底是不是闹剧。《存在与时间》中有严肃的东西，有深刻的思想和作者探讨人性的重大问题的意识。但有些时候，该书是以半开玩笑的方式写出来的，以一种搞笑的、自我颠覆式的反讽方式写的。海德格尔的最优秀传记作家之一甚至谈到他"不由自主地自我嘲讽"。（Safransky 1998: 154）该书的写作风格和术语常常造成一种印象，即我们阅读的东西其实是一本纯粹的小说，精彩的小说。海德格尔的语言基本上把他从"严肃的"学者队伍中给剔除了，反而将其置于诗人、先知和魔术师的行列。这种语言是用来创造世界而不是描述世界的。的确，海德格尔的文本常常令读者遭遇一连串的咒语、魔法和妖术。比如，当他在玩弄德语前缀的无限可能性时，

如 *Um-*, *Umsicht*（环视）、*Umwelt*（周围世界）、*Umgang*（打交道）等，你永远搞不懂他心里到底是怎么想的，他真的想在此表明某种深刻的思想，还是陷入了一种游戏而不能自拔呢？

 **作为神秘入会仪式的死亡**

保罗·路易斯·兰兹伯格（1901—1944）如今已经没有多少人知道了，即使在哲学家群体中也是这样。作为马克斯·舍勒的弟子和胡塞尔及海德格尔的学生，他这个德国犹太人却是个热爱哲学的天主教徒。希特勒上台后，兰兹伯格逃离德国。先在西班牙生活了几年，研究16世纪西班牙神秘主义，并在那里讲授哲学。但由于西班牙内战，他迁居法国。在巴黎时，他在索邦大学教书，并与《精神》杂志及埃马纽埃尔·莫尼尔的个人主义运动关系密切。1943年他被盖世太保抓获并被遣送到奥拉宁堡集中营，一年后在那里去世。

在移居巴黎后不久，兰兹伯格出版了一本小书名叫《论死亡体验：自杀的道德问题》（*Essai sur l'expérience de la mort*, 1936）。该书可以被视为对海德格尔死亡哲学的回应。兰兹伯格明确加入对《存在与时间》的讨论，引用作者的话然后进行批评。但《论死亡体验：自杀的道德问题》本身也是一本很重要的哲学著作。兰兹伯格以评论一系列哲学和神秘主义著作为幌子，提出了对死亡体验的认识，在20世纪哲学的背景下，其观点既大胆又传统。对21世纪的领袖来说，兰兹伯格的讨论虽然可能不是主流，甚至有些过时，但却不乏非同寻常的新鲜观点。

兰兹伯格对死亡体验的分析中有双重的思想运动。第一重是"垂直"运动：从考虑死亡的最基本层次开始的逐步推进过程，即我们与其他动物共有的严格的生物学事实。随后,死亡渐渐呈现出越来越复杂的形式:它被视为一种社会现象,破坏我们与其他人的关系(如好朋友的死亡),这使其成为高度个别化的私人体验。最后,在最个人和最私密的层次上,死亡成为神秘体验,是一种把我们带到上帝身边的东西。第二重是"水平"运动:兰兹伯格回顾了古代思想家走近死亡的方式(苏格拉底、柏拉图、伊壁鸠鲁、斯多葛派以及佛祖),然后阐述了基督教"解决"死亡问题的方式。在兰兹伯格看来,对死亡带来的形而上学丑闻的唯一令人满意的回应是基督教的反应,这是人类思考死亡的整个演化过程的顶点。难怪第二个运动也是目的论运动。最后,两个运动合二为一,变成一个中心见解:即死亡是使我们进入永恒大门的神秘体验,是基督教革命的核心。接下来笔者将考察划分这双重运动的若干显著时刻。

兰兹伯格区分了我们经历死亡的两种方式(他谈到死亡体验的双重性)。我们的死亡体验之一是"我们自身生命的内在未来"。毕竟,我们老的时候是在严格的生物学意义上体验死亡:"我面对面地遭遇死亡的真实可能性,即刻、在生命的每一刻、就当下、一直如此。死亡就在我眼前。"在此阶段,我的死亡还没有任何个人因素;它不过是身体的自然反应——活着就是一步一步走向死亡。但是,正如兰兹伯格所说,"死亡必要性的人类体验"问题"超越了生物学"。(Landsberg 1936: 15)这里,我们进入第二种死亡体验:他人之死。这是兰兹伯格论证的重要时刻,因为首先"通过第二种模式,我们知道了死亡与衰老过程没有任何关系"。(Landsberg 1936: 14)只要我们体验到死亡只是生物学意义上的衰老过程,那就说明我们还没有适当地体验死亡。要适当地体验死亡,就需要使其具备个别化特征。因此,兰兹伯格把死亡体验比作个别化过程。他说:"在某种程度上,决定性的死亡体验与个人的独特性有关……

个别化过程与'死亡'过程合二为一。"（Landsberg 1936: 23）

因而，对我来说令死亡具有个别性因素的不是我越来越衰老而是别人之死。"邻居"之死是一场灾难，是一场形而上的地震。但是，在清理废墟过程中从废墟里冒出来的是我们对个别性的重新认识。兰兹伯格说，我们把"别人之死的体验作为出发点"，因为"我们希望以这种方式会见人格人"。人格人就诞生于临终床前。痛苦地紧挨着亲人尸体，看到一个在我眼前消失的人，我突然获得了一种明白无误的启示，即他是人格人：

> 活着的人受苦；因而我们对忍受折磨的同志充满同情，我们也深感痛苦。接着，一切都归于平静，一切都结束了，亲人因痛苦而扭曲的面孔开始松弛下来。恰恰就是在此时此刻，活人离世，我们开始体验到此人作为精神实体的神秘消失。我们瞬间感受到如释重负。引发我们同情的肉体痛苦消失了；但我们马上被带入死亡实现的奇异而冷酷的领域。我们面对空荡荡的房间，悬在半空的深切同情被一种深刻的意识所取代，即此人虽然独特但已经永远地走了，再也回不到这幅躯壳之中了。（Landsberg 1936: 25—26）

整个过程依靠负面的启示：恰恰是此人的最终离去让我们充分认识到他的独特性。每个死亡都是我们"像每个人的存在一样独一无二"。对那些幸存者来说，某人不复存在的方式是呈现其独特性的标志。因为他与我们共同生活的日子、他消失在我们眼前，以及这种消失在我们身上造成的痛苦等，已经使其成为我们生命中不可分割的组成部分。这种死亡不可能没有个别性，在我看来其意义是"如此深刻以至于它在本质

上属于我的个人体验而非属于'常人'",这是兰兹伯格借用海德格尔的说法。(Landsberg 1936: 35)

兰兹伯格说,在讨论别人之死的时候,好像不经意地说出这个事件"把我们的灵魂带入一个未知之地,带进一个新维度。我们发现自己的存在成为联系两个世界的桥梁"。(Landsberg 1936: 35)设想一种跨越这座大桥的方式是兰兹伯格在书中为自己设定的任务,因此,这样打开的"新维度"成为兰兹伯格最新颖别致的贡献之一。他开始正面批判海德格尔:死亡不可能是个人实现的形式,一种真实性生活的方式。他说,死亡不是"一种内在地属于个人的体验,属于此在本身的可能性"。人类个体"在本质上不是向死存在"。死亡中有某种深刻而怪异的东西。"死亡来自异域,表现为对我们的存在的外部闯入。"濒临死亡或许是我们生物学意义上的生命的组成部分,但我们不仅仅是生物体。这就是为什么死亡并非我们结构框架的组成部分。

或者,不该如此,因为兰兹伯格的文本在描述性和规定性模式之间摇摆不定。他谈到战胜死亡是我们的确必须实现的任务:"在精神上适应死亡是每个人的决定性任务……个人的个体存在不是宿命;其任务是要改造个人的必死宿命而实现自由。"定义我们的不是海德格尔想让我们相信的那种必死性,而是我们对绝对性的渴望。如果进一步深入挖掘人的生存条件,我们遭遇的不是虚无而是超越自我的原始冲动。这种确认自我的行为构成了我们的生存条件,它总是强迫我们超越自身的局限性。在每个意识到自己独特性的人那里,我们都能找到对这种"寻求自我实现的独特元素"的确认,这种确认"涉及到突破时间边界的趋势"。(Landsberg 1936: 41—43)

整个要点是不把死亡看作终结,而是看作走向自我实现道路上的一个阶段。在本质上,人类个体"是要走向自我实现,走向永恒"。它朝着"自身的完美性"前进,虽然这意味着"穿过身体死亡所代表的古老的、令人伤心的磨盘"。人类个体不能改变"**其本体论的外在性,除非把这种死亡变成其自我实现的工具**"。(Landsberg 1936: 41; 作者的强调)如果说蒙田认为要让死亡变得不那么野蛮,我们就必须让死亡变成我们的客人;海德格尔的看法,即我们远非死神的主人,实际上是死神的人质;那么兰兹伯格则把死神的拜访看作我们最大的机会。死神的到来不过是把我们带往其他地方而已。

*

这就是哲学的入口。因为哲学思辨在任何一个自我实现过程中都发挥重要的作用。如果死亡是石磨,我们绕着石磨转,从而获得进入"新维度"的机会,那么哲学就是石磨调节器:它可以把我们磨成细粉,也可以把我们磨成粗糙廉价的货色。显然用了海德格尔的术语,兰兹伯格说:"**形而上学的来源并不是揭示出的虚无而是其存在,从本质上说,哲学爱欲就参与其中**"。(Landsberg 1936: 41—42; 作者的强调)像海德格尔这样以死亡为中心的哲学并没有给你了解任何东西的机会。虽然他没有使用"虚无主义"这个词,但兰兹伯格近乎称这种哲学是"虚无主义"。他说:"死亡被看作终极性的东西,身体死亡被看作对我们存在的全盘否定,"这简直就是"对让人绝望的背叛的反思,是个人对自我的全盘否定"。(Landsberg 1936: 43)

这种哲学陷入内在性和形体性而不能自拔。在这些哲学家看来,人类个体就是"依靠活着的身体这个响当当的、坚固的现实得以维持生命之火的烟雾",仅此而已。在说到提供某种安慰方面,它们毫无希望。这种哲学不是帮助我们进入另一个"维度",而是抛下我们扬长而去,听任我们变成无情的"死亡焦虑"来吞噬的猎物。相反,自柏拉图以来一直存在着一种"精神哲学家"的传统[①],在他们看来,死亡带有"一种似乎能独立于肉体生命之外而存在的力量"。(Landsberg 1936: 57—59)兰兹伯格称这种体验为"狂喜",它不一定与宗教有关,而是泛指任何"强大的精神力量"。

柏拉图本人在此传统中发挥了重要的作用。他开启了一种哲学实践,其中战胜死亡是至高无上的使命。在柏拉图主义提议的"哲学狂喜"中,人类能够看到"肉体死亡是他不屑一顾的东西,既无力量也无价值"。(Landsberg 1936: 60)柏拉图的"哲学思辨就是实践死亡"观念在兰兹伯格看来就可以被翻译成一种邀请,即"离开这个形象世界,离开这个阴影洞穴,前往另一个世界,一个真正存在的世界,因为那个世界是永恒的"。如果说到帮助我们超越自身的必然死亡并获得"希望战胜死亡的胜利"的话,柏拉图主义的确有种种优点,但它也有某些"本质上的局限性"。(Landsberg 1936: 73)这种评价同样适用于兰兹伯格密切关注的另一个学派——斯多葛主义。实际上,所有前基督教哲学、宗教和宗教崇拜都依然处于"未完成"阶段。如果它们拥有任何可靠的见解,那不过是因为它们是基督教的序幕而已。基督教是唯一能够给我们提供"彻底战胜死亡的希望"的哲学宗教。

当兰兹伯格讨论"基督教的死亡体验"时,他用神秘体验的方式谈及这个话题。在他看来,基督教不仅仅是一堆教义、一套道德规范或一套礼仪制度,而且是一种神秘主义,即与神相遇的方式,其中死亡发挥

[①] 历史学家余英时的区分:"静观的人生"和"行动的人生",柏拉图和亚里士多德都以"静观冥想"为人生的最高境界。余英时:《士与中国文化》,上海:上海人民出版社,2003年,第4页。——译注

了核心作用。在兰兹伯格的解读中,这种核心作用使得基督教不仅仅是人们传统认为的那种生命宗教,还是死亡宗教,因为死亡被看作是永生之门。

上帝造成肉身促成了人类学的突变。"基督的到来和基督案例所造就的人类条件的真正转变"的终极意义是我们参与到"人格神的永恒性"之中。所有这一切的关键就是死亡,它是"优越于肉体诞生的诞生形式"。如果有"一种生命,其本质是死亡;那么就有一种死亡,其本质是生命"。在此,基督教代表了多个世纪以来的哲学愿望和弥赛亚梦想的实现。耶稣基督

> 实现了神秘主义和柏拉图主义的预告,它依靠的是揭示神秘莫测的死亡的精神领域,这是人类可以参与其中的领域。在这个新宗教中,人能转变和超越自己的必死性,因为在死亡之外还有一种配得上"生命"这个名称的可能性,因为永生是其条件。(Landsberg 1936: 84—88)

因此,兰兹伯格的主要见解——人的内心存在着一种走向永生的冲动——构成一个完整的循环。生命不是由死亡来定义的,而更多是被生命——被永恒的生命定义的;人的首要冲动不是死去而是永生。只有遵循这个本能,我们才能返回真正的家园:"接近人格神,如此接近它以至于人类个体参与神圣性的构建过程。"[①] 我们不想等到死亡来临时才能

[①] 在《忏悔录》中,圣奥古斯丁给出这个观念最佳的文学形式:"主啊,你为自己创造了我们,我们的心如不在你怀中,便不会安宁。"并不令人吃惊的是,兰兹伯格引用和讨论了奥古斯丁的这个段落。

享受永生：基督的信息中所蕴含的内容是实现自我永生的窍门。通过适当的练习，我们中的某些人能够在逝世之前就开始自我永生的过程。兰兹伯格说，"经验性死亡"能够开启"生命中的羞愧感，所使用的方法能在一定程度上将灵魂与肉体分割开来"。其结果是惊人的。上帝的恩惠通过某些人让永生"能够在某种程度上呈现在尘世中"，（Landsberg 1936: 85—89）这些人拥有了双重的公民身份：他们似乎生活在这个世界，即我们中间；但同时也生活在别处，即上帝的王国。可他们究竟是谁呢？

他们是神秘主义者，在兰兹伯格的文章中占据特权地位。神秘主义者是上帝的二道贩子：他们定期走私部分永恒性进入腐败的世界，也可以说将其拿来支持永生。濒临死亡是他们谋生的手段。兰兹伯格说，"神秘主义者拥有的上帝体验也包括了某种死亡体验"。（Landsberg 1936: 90）在世时痴迷于濒临死亡的状态，他们依靠死亡活着，因为只有通过死亡他们才能窥一窥自己真正的归属之地：他们的"死亡之爱源于某种切身体验，一种类似于死亡的体验"。这种体验就是"**对死亡狂喜的预期**"。（Landsberg 1936: 97；作者的强调）无论有多么恐怖，对神秘主义者来说，死亡本身是最没有痛苦之事。在死亡中，"获得新生的甜蜜"在他们看来"比告别这个尘世时的痛苦要强烈不知多少倍"。与天堂生活的幸福强度相比，尘世生活简直就是一种影子而已。圣特雷莎修女说，她经历的尘世生活是一种梦。神秘主义者有一切理由去热爱死亡，因为对他们来说，死亡意味着告别非真实的阴影世界和梦想世界，进入真正的世界：

> 真正热爱死亡只能是一种对上帝的爱。死亡于是成为上帝与灵魂神秘结合的最终完成。死亡为灵魂提供了一种共同体，热爱永生是其永远的状态。它为灵魂提供了一种共同体，仍然活着的人却

要放弃生命……（Landsberg 1936: 100—101）

神秘主义者不死，他们只是苏醒过来。

幕间剧——你必须有信仰

现在可能到了我们醒来的时候。兰兹伯格有关死亡的西方精神性演化的目的论视角以及他对死亡作为神秘入会仪式的理解在无信仰的情况下是无法想象的。他在文章的若干地方不连贯地提到了信仰，但为了保障叙述的流畅性，之前笔者都将这些内容删掉了。在谈及灵魂不灭时，他使用了圣保罗的信仰定义"所望之事的实底"，（Hebrews 11:1）接着继续说希望"构成了我们生活的意义"。他似乎还通过将信仰与"确认自我"绑在一起而将信仰"自然化"，因为确认自我是我们的本体论。他说，"对个人生存的信仰"不仅仅是"给人安慰的承诺，而且是这种本体论因素的实现"。（Landsberg 1936: 43）当然只有在你信仰它的时候，它才是真实的。

信仰令人困惑。对那些有信仰的人来说，它比数学证据更有说服力，但是对没有信仰的人来说，甚至数学推理也令人怀疑。"所望之事"对有信仰者来说压倒一切，但是对无信仰者来说不可思议，无论你施加多么大的压力。完整的《圣经》原文是这样的："因为信就是所望之事的实底，是未见之事的确据。"（Hebrews 11:1）但是对付未见之事并不是在黑屋子里抓黑老鼠——其实，总是意识到那里也可能根本就没有老鼠。"没有听说过"的事是孩子们的游戏，可以被比作"未见之事"。当"没有听说过"的事发生之后，其新颖性或许最初让你震惊，但是这种惊讶很快就会过去，一切回归正常。相反，未见之事仍然存在；它们萦绕在你的心头，让你感到困惑，破坏你的生活，甚至把你整个吞噬。在处理这些东西时，哲学最接近巫术。难怪哲学家有时候成为政治搜捕的对象。

在塞万提斯有关信仰的最好著作之一《堂吉诃德》的第四章，堂吉诃德偶然碰到要去穆尔西亚买丝绸的托莱多商人。不等他们开口，这位身着铠甲手执长矛的骑士威风凛凛地站在他们面前，清楚地表明要阻拦他们通过，除非他们承认普天之下"没有哪个女人"能够美过他的心上人托博索的杜尔西内娅。在意识到他们遇到的是什么人之后，他们当中的一位喜欢热闹而又颇为机灵的托莱多人问堂吉诃德："骑士先生，我们不知道您提及的那位杰出女士是什么人，请给我们引见一下，假如她果真像您说的那么美，无需您多费唇舌，我们一定心甘情愿地承认您要我们承认的事实。"[1] 骑士的答案在神学上与教会牧师的回答一模一样。堂吉诃德说："如果为你们引见了，还有什么必要让你们承认一个那么明显的事实？就是要你们没有见到就得相信、承认、维护、效忠和捍卫她的姿容。"[2]（Cervantes Saavedra 1981: 35）

西班牙作家乌纳穆诺开玩笑地称堂吉诃德是"信仰骑士"不是没有道理的。因为这恰恰是信仰的内容：在没有看见、没有证据和没有保证人的时候就相信。[3] 作为"未见之事的证据"的信仰是不可能的艺术。那些东西既非存在也非不存在，既不在这里也不在那

---

[1] 塞万提斯：《堂吉诃德》，张广森译，上海：上海译文出版社，2007年，第26页。——译注

[2] 同上。

[3] 西蒙·克里奇利说："没有保证或者安全。"（Critchley 2012: 18）

里。从本体论上看,他们是噩梦的内容。从逻辑上看,它们可能逼你发疯。从修辞上看,它们构成最伟大的故事。不然的话,天堂和精神病院将人满为患。

 ## 生死游戏

在讨论了古代"精神哲学家"如柏拉图和塞涅卡之后,在谈论"基督教的死亡体验"之前,兰兹伯格有点儿怪异地插入了一个被称为"有关斗牛的幕间剧"章节。这是整本书中最引人注目的部分之一,单独挑出来也是一篇精彩的随笔。从时间先后顺序来看,该章与前后各章都没有关系,但在主题上非常吻合,因为它标志着一种转变,从没有神恩帮助的自我永生尝试,到预设上帝的积极存在的自我永生尝试。

兰兹伯格的开头非常突然,"不信上帝者的人生是个悲剧"。他的幕间剧是对在不相信上帝的世界遭遇死亡者的悲惨描述。为了帮助我们更好地领会该悲剧的含义,兰兹伯格使用了斗牛这个比喻,他认为这是古代神秘主义者被伪装起来的生存方式。

> 公牛进入场地的时候根本不知道等待它的是什么。它欢快地冲出隐蔽的地牢,对年轻斗牛士的威猛活力兴奋不已。突然置身于灯光之下,它俨然成为封闭的斗牛场的主人,这是它的世界,在它看来依然是一望无际的大草原。它用力地踢起路上的沙土,东奔西跑,尽情地享受充沛的生命活力。这是婴儿离开母体时的方式,很快就要开始光天化日下的纵横驰骋,却对自己的命运和面临的危险一无所知。(Landsberg 1936: 75—76)

我们就是那头公牛。时间还早，现在是早晨，但别搞错了：很快我们就将亲眼看到死亡，开始遭受打击。到了一天尽头时，就好像我们根本没有存在过似的。不管我们的搏斗多么努力，我们的舞蹈多么优美，我们的姿势多么大胆，结局总是一样的：彻底被消灭。在整篇文章中，兰兹伯格似乎立场坚定，他是个拥有虔诚信仰之人，但他的信仰不是传统模式的：不断遭遇"所望之事"和"未见之事"，这意味着信仰带有很大程度的怀疑。兰兹伯格的幕间剧中特别动人之处，是除了自我确认和坚定信念等光鲜外表之外，它在很大程度上暴露出内心的挣扎和痛苦。即使从笔者引用的一小段中，诸位都可以感受到他对那些无信仰的死者的同情。其实，在此幕间剧中，我们看到了整本书中最漂亮的文字，它进一步证明了对此话题的讨论是多么发自肺腑。我们从其信仰大厦中辨认出一些微小的裂缝。虽然小，但仍然是裂缝。[①] 不过，所有这些裂缝不仅没有减弱其光辉的形象，反而让兰兹伯格成为更复杂、更令人着迷的人物。

他说"第一拨的对手到来了"，他继续讲述故事。人们就这样遭遇了死亡。他问："你是谁？"死神说："我是死神。"那人问："你找我吗？"说老实话，公牛并没有真的与斗牛士对话。但是这个对话不是我胡编乱造的，它是真的。对话引自英格玛·伯格曼的电影《第七封印》。（*Det*

[①] 他们也可以在其他地方看得见。比如，当他讨论神秘主义者的体验时，他觉得不得不加上一句，作为哲学家，他"在这个例外的体验领域没有权威，你根本无法证明任何东西"。（Landsberg 1936: 84） *sjunde inseglet*, 1957）①兰兹伯格在幕间剧中就像伯格曼在电影中一样谈到本质上相同之事：人与死亡的遭遇、人的逐渐萎缩以及最后不可避免的失败。伯格曼不大可能读过兰兹伯格的书，但两者的共同点令人印象深刻：在毁灭他之前，死神与人"玩"了一会儿。在伯格曼的电影中是下棋，在兰兹伯格的文章中是斗牛；人全力以赴，一再希望他能有赢的机会，但一个又一个回合过去了，他一次次地更加接近最终的结局。每个回合都包括一系列"动作"；两种游戏都有预期、准备、决策；而最终死神都取得压倒性胜利。兰兹伯格和伯格曼的叙述在本质上是从两个角度描述同一个故事。而且，一个故事丰富了另一个故事。为了更好地理解兰兹伯格的斗牛，我们需要留心看看伯格曼的象棋游戏。伯格曼的电影不仅诠释了兰兹伯格的幕间剧，而且更清楚地阐明了哲学家欲言又止的想法。

所以"第一拨的对手到了。仍然是场游戏，因为斗牛是天性。搏斗使其更强烈地感觉到自己的活力和力量"。（Landsberg 1936: 76）死神问他："准备好了吗？"另外一个"信仰骑士"安东尼斯·布莱克说："我的身体在颤抖，我还没有准备好。"好像布莱克的身体和布莱克本人完全是两码事。接着，就在死神准备抓他的时候，布莱克说："请等一下。你下棋吗？"现在还早，还是早晨，世界很新鲜，骑士对自己的力量充满信心，觉得胆子够大可以向死神发起挑战下一盘棋。（这里，伯格曼的脚本注意到冷冰冰的态度："死神的眼睛中露出一丝兴趣。"）似乎死

---

① 研究伯格曼的学者彼得·科威对这个场景评论说："死神突然地、静悄悄地、神秘莫测地出现了。伯格曼取消了所有噪音，在这个关键时刻甚至消除了流水声。它构成了所有电影院最富戏剧性的'入口'；若在另一个导演的手中，该场景将变得荒唐可笑，但在《第七封印》的这个时刻，观众中没有人笑"。（Cowie 1982: 142）

神被搞了个措手不及。死神说:"好的,事实上我是个不错的棋手。"对此,骑士或许带着一种过分夸张的口吻回答说:"但你不可能比我还好。"对骑士来说,战斗是天性:他刚刚从十字军东征后返回。①

甚至在他拍摄了电影很多年之后,伯格曼仍然对自己的大胆感到吃惊:"我当时既鲁莽又大胆地做了现在不敢做的事。骑士做了早祈祷。当他准备摆棋盘的时候,回头一看,死神就站在旁边"。(Bergman 1990: 236)与死神下棋并不是伯格曼的发明。瑞典画家阿贝都斯·皮克托(约1440—约1507)②在一幅作品中描绘了这个游戏,这给导演留下了深刻的印象。③不过,即使与死神下棋不是他发明的,但伯格曼为此场景赋予了一种几乎神圣的地位。(图 2.3)依靠技巧和训练,我们能够做一些事来阻止不可避免之事的出现。单单是这个观念本身就具有内在之美并传递了一种伟大的承诺意识。因为参加与死神下棋的游戏,至少在理论上相信有赢得胜利的可能性。虽然困难,但胜利并非绝对不可能。你所需要的只是死神同意下棋而已。如果他同意,游戏规则就会限制其采取某些行为。后来,在下棋过程中,当死神试图加快速度时,骑士让他平静下来:"我知道你有很多事要做,但你不能犯规。下棋需要时间。"④死神屈服了。游戏使得人人平等:在游戏中没有主人和奴隶,只有高手和蹩

---

① "布莱克和琼斯都是战士;因此,象棋及其作为骑士象征的地位是合适的。象棋是对手之间的游戏(一种思维模式),如果对手过于强大,其战略应该是像生命骑士那样保持距离,直到他觉得可以赢的时候再提出挑战。"(Kalin 2003: 66)

② 科威说,阿尔伯特·皮克托"是瑞典中世纪教会画家中最优秀的。在他的壁画以及其他不知名的画家的壁画中,死亡主题无所不在"。(Cowie 1982: 137)

③ 这部电影之前有一部戏剧,是导演自己的写的,题目是《木刻画》。

④ 彼得·科威这样评论布莱克与死神的对话:"死神与骑士之间的对话等于是在棋盘上手执词汇武器对决;每句话都寻求侧翼包抄和机智取胜。"(Cowie 1982: 149)

脚之辈的差别。无论死神多么可怕，一旦他同意下棋，就不再能随心所欲；他必须遵从游戏规则并接受比赛结果。

死神同意之后，安东尼斯·布莱克不失时机地提出具体要求："条件是只要我还能坚持，就得活着。如果我赢了，你就得放过我。同意吗？"然而，布莱克是个聪明人，他知道从长远看，根本不可能赢。他需要的不过是赢得时间而已。他渴望的不过是将必然之事稍稍往后推迟一下而已。

安东尼斯·布莱克到底是谁呢？我们在兰兹伯格中找到对布莱克的最准确和最简练的描述：布莱克是"不信上帝的人"，他的生活是一场"悲剧"，兰兹伯格在他的幕间剧中讲述了此人的故事。① 布莱克"不相信上帝"，因而只能依靠自己独立面对死亡，毫无希望或幻想。但是他也"与上帝同在"，因为他常常受到信仰问题的折磨。

图 2.3　英格玛·伯格曼的电影《第七封印》（1957）中的本特·埃切罗特和马克斯·冯·赛多

---

① 伯格曼会说："《第七封印》像森林大火一样席卷整个世界。我遭遇到民众的强烈反应，他们觉得电影恰恰击中了他们内心深处的怀疑和痛苦。"（Bergman 1990: 242）

伯格曼喜欢引用剧作家尤金·奥涅尔的话:"不处理人与上帝关系的剧本是没有任何意义的。"(Bergman 1970: 177)在整部电影中,骑士不仅受到死亡的困扰也受到上帝的困扰,更准确地说是受到上帝沉默的困扰。观众很快意识到,他与死神下棋不是为了"他的人生",而是希望在此过程中或许了解上帝的一些信息。他问死神有关上帝的秘密。死神说:"我没有秘密。"他说,"既然你什么都不知道","我也无可奉告"。① 当骑士发现在此问题上死神像上帝本人一样沉默不语时,他毫不犹豫地转向魔鬼去寻求答案。在年轻的巫婆泰安被烧死之前,他走近她:"他们说你与魔鬼沆瀣一气。"泰安问:"为什么问这个?""不是出于好奇,而是因为个人原因。我自己也想见见他。""为什么?""我想问他有关上帝之事?如果有人知道,那肯定是他。"

布莱克不仅是兰兹伯格描绘的在人生斗牛场上必须独自面对死亡的人的形象,兰兹伯格本人似乎也感到苦恼的信仰问题,他似乎也有话要说。② 因为骑士的信仰也是深为怀疑所困。作为充满戏剧性的和痛苦的过程,布莱克的信仰全部是有关"所望之事"和"未见之事"的。他一直渴望与死神进行神学对话。这并非因为后者是个很好的谈话对象,而是因为死神的沉默在某种程度上刺激了骑士的自言自语。布莱克"渴望

---

① "伯格曼对死亡的概念令人好奇;他听任自己获得知识分子的施虐狂凝视,不仅害怕而且缺乏感情。死亡常常出人意外地从这边或从那边溜进框架内。"(Cowie 1982: 151)

② 正如一个研究伯格曼的学者所说,布莱克"有禁欲特征。他的痛苦纠结不是关于艺术或爱情的,而是关于信仰本身的本质"。(Macnab 2009: 97)

了解"，① 他想通过感官认识上帝，看到他，触摸他。"无法用感官抓住上帝不是难以想象地残忍吗？"死神懒得回答他，他就自己继续说下去：

> 当我们对自己都没有信心时，又怎么能相信那些信徒呢？我们中的那些愿意相信却无法相信的人，会发生什么情况呢？那些既不愿意相信也不能相信上帝的人又该怎么办呢？

即使他刚刚从十字军东征返回，但说到上帝，这个骑士仍然觉得教会没有任何用途："我想得到知识而不是信仰，也不是假设。我渴望上帝张开双臂拥抱我，与我说说话，吐露他的心声。"上帝的沉默不语有时候让人难以忍受。"我向黑暗中的他呼唤，但那里似乎没有人。"对此，死神嘲笑地说，"或许那里没有人"。布莱克接着表达了一种可能直接来自兰兹伯格著作中的观点："那么，人生就是赤裸裸的恐怖。没有人能活着面对死亡，明明知道一切都是虚无。"信仰与怀疑交叉混合越来越深地进入布莱克的头脑："在恐惧之中，我们制造了一个形象，我

---

① 在一本论述伯格曼的深邃著作《英格玛·伯格曼的激情》中，弗兰克·加多这样说布莱克："或许受到浮士德的启发（他在1958年的作品《马尔默的真浮士德》常常被比作《第七封印》），他介绍骑士不惜一切代价获得知识的决心是关键因素，为了更加突出骑士的智慧主义，他从《堂吉诃德》借用了准则，让侍从成为追求尘世享受的快乐论者。（Gado 1986: 198）麦克纳布简单描述了影响力的轮廓："伯格曼在采访和著作中引用的影响力包括卡尔·奥夫的合唱作品《布朗尼之歌》以及毕加索和丢勒的作品等。历史学家已经注意到导演卡尔·德莱叶的《神谴之日》、阿瑟·米勒的《炼狱》、斯特宁伯格的剧本，甚至伯格曼的某些早期剧本和电影等节点。（Macnab 2009: 99）

们称这个形象为上帝。"

与此同时，人生的斗牛场仍然继续。无论搏斗是多么无望，人们还是尽可能勇敢地继续斗下去。这不一定很容易，因为这种搏斗是令人感到羞辱的体验。正如兰兹伯格注意到的，"渐渐地出现了某种令人气恼的东西。游戏被人操纵，对手过于狡猾"。（Landsberg 1936: 76）这是布莱克在教会的遭遇。骑士进去忏悔时，死神伪装成牧师，耍花招使其透露自己要采取的策略："你准备在下棋时如何战胜死神呢？"他只得回答说："我采用他还没有发现的一种将主教和骑士结合起来的策略。在下一回合中我将毁掉他的侧翼。"骑士表现出骑士精神。死神则狞笑道，"我会记住的"，一边随手扯下面具。

但是，时间还早，"公牛还强壮得很"。（Landsberg 1936: 77）安东尼斯·布莱克也是如此。虽然被死神玩了一把，但他并没有不讲道德。事实上，在这最后的时光，他发现了新版的生活之乐。单单是活着就

图 2.4　英格玛·伯格曼的电影《第七封印》（1957）中的马克斯·冯·赛多

给他带来无限的快乐。布莱克看看他的手,摸摸手,动动手,获得了启示:"这是我的手。我的手还能动,我还能感觉到血脉的流动。太阳高照,我安东尼斯·布莱克正在与死神下棋。"(图 2.4)后来,当他加入约瑟夫、米娅、迈克尔的"神圣家族"并主持与他们的世俗沟通时,他再次谈到双手:"我应该记住这个时刻。这种沉默、这个黄昏、草莓和牛奶的记忆、夜幕下的脸庞……我要把这种记忆带在手上。"在棋盘上,布莱克的手就是困住死神并给予他喘息时间的东西。手再次成为人生及其显现的超浓缩表现。所有庆祝人生的姿势都源于手。

与此同时,斗牛仍在继续。"一头优秀的公牛仍然保持尊严,直到最后仍然是个斗士。"(Landsberg 1936: 76)骑士也是如此。他与死神下棋不是为了获得永生,而是赢得时间。这种"缓期执行"使他有机会"安排紧迫之事"。布莱克仍然有些未完成的工作需要处理。他的人生一直在"徒劳地追求,一直在流浪,一直在说一些无意义的话",现在他想使用这个缓刑期做"一件有意义的事"。在讲究经济效益的电影叙事中,"有意义的事"似乎是帮助"神圣家族"从死神的大网中逃出,而这个使命被布莱克故意转移开了。多数电影评论家赞同这个观点。[①] 但是,他们真的"逃走"了么?谁能逃避死亡呢?布莱克并没有真正"挽救"他们,只不过推迟了他们的死亡。其行为很难说是"有意义的事"。

对此,笔者有不同的解读。"有意义的行为"是剧本本身,是反对死亡的姿态本身;"紧迫之事"与完成工作的意识有关。与死神下棋是

[①] 这就是比如彼得·科威对这个场景的解读方式:"死亡受到干扰,约瑟夫和妻子米娅逃跑。死神告诉布莱克在下一个回合中他将彻底失败。但是布莱克不在乎,他已经完成了使命"。(Cowie 1982: 150)

目的本身：它赋予生命以一种可救赎的意义。当然，我们仍然会被毁灭，但要点不在于回避死亡而是当死亡来临之时我们并没有恐惧和羞辱地活着。要死得适当，你就需要学会如何死——还有什么比与死神本身下棋更好的学习方式呢？到了下棋结束之时，你已经今非昔比了。① 这里轮到兰兹伯格来阐述伯格曼的电影了。这位哲学家说，每次与死神的战斗都"注定要输掉"。"这种战斗的意义不在于结果，而只在于行为本身的尊严。"（Landsberg 1936: 80）向死神挑战下一盘棋，玩一场游戏，勇敢地面对各种花招并体面地输掉，这不仅大胆而且聪明。这是西西弗斯的智慧。没完没了地推石头上山的情景荒谬之极，无法逃脱的事实和结果的必然出现，所有这些最后都不重要。重要的是行为本身。这个行为就是最好的奖励。②

在两个案例中，结局都是迅速完成的，几乎完全沉默。公牛在斗牛场上被刺死，斗牛士给了它迅速而致命的一击：

> 它庞大的身躯带着剑，如同它的最后一声吼叫，骄傲而绝望。有几秒钟的时间它似乎仍然在坚持。但是死亡已经完成，早就呈现在这里的死亡与剑合为一体，与死亡之源和握剑的斗牛士合为一

---

① 在某种程度上，拍摄《第七封印》对伯格曼产生了类似的影响。他说，这部电影"是关于死亡恐惧的。它让我自己从死亡恐惧中解放出来"。（Bergman 1970: 117）

② 在某整个时刻，弗兰克·加多比较隐晦地暗示了类似解释："通过要求'只要我坚持与你对抗就能活着'，比赛就变成了生活本身的隐喻：虽然布莱克知道他最终必定输，但他希望与命运抗衡或许揭示某种令努力变得有价值的东西。"（Gado 1986: 201）但最后，他似乎返回到更加传统的解释上："他的有意义行动的输入是在他作为个体死亡后'月光下的虚空'之外的东西。人类共同体的未来象征迈克尔将成为他的继承人，用说话的方式就是他的'复活'。"（Gado 1986: 209）

体。牛的尸体则被像物品一样抬走。(Landsberg 1936: 80)

骑士连同其他人在城堡中被杀。这次死神不是来下棋的,只是完成其工作。受害者一个一个自我介绍。骑士说:"早上好,尊贵的主。"卡琳说:"我是卡琳,骑士的妻子。"人人都礼貌驯服、举止得体。只有扈从琼斯仍然像从前一样桀骜不驯,但这时候已经不重要了。有几秒钟的时间,骑士似乎还在坚持,但这也不重要了。卡琳赶紧发出嘘声:"安静,安静。"琼斯做出了最后一次微弱的哲学思辨尝试,然后一切就位。这个场景的最后一句话是一个在此之前从来没有说话的无名姑娘所说:"剧终"。这也是瑞典语圣经读者听到的耶稣基督在十字架上说的临终遗言("成了"——《约翰福音》第19章第30节),这让伯格曼的电影结论既大胆(接近于亵渎上帝)又具开放性。①

死者被抬走。最高的讽刺大师死神看到这些可怜的家伙安详离去,心有不甘。他要举办喧闹的聚会,要求人人来跳舞庆贺:死亡之舞。在电影的最后画面(图 2.5)中,死亡之舞主导了地平线。就好像死神抓在手中的不仅是城堡中的那些人,而是整个世界。

*

到现在为止,笔者考察了哲学家遭遇死亡的第一个层次:抽象的、

---

① 评论家往往假设伯格曼已经变成了一个典型的无神论者,但是他与宗教的关系非常复杂。他受到宗教的启发,也排斥宗教,不过他对宗教一直很感兴趣。彼得·科威甚至谈到伯格曼的宗教痴迷:"正统宗教流淌在伯格曼的血液中。正如巴赫在每部作品最后签的名字一样,他常常在脚本签名的时候使用名字的首字母 S.D.G.('Soli Deo Gloria'给唯一的荣耀上帝)。他喜欢引用尤金·奥涅尔的名言,任何戏剧艺术如果不处理人与上帝的关系都是没有价值的。"(Cowie 1982: 137)

崇高的领域，死亡在此仅仅是个话题而已。

图 2.5　英格玛·伯格曼的电影《第七封印》（1957）中的死亡之舞

但是还有另外一个层次，在具体的层次上，死亡有时候如此鲜活，你可能感受到它的呼吸就在你脖子周围。在死亡的这两个层次之间是肉体。而进入具体层次的道路需要穿过哲学家的身体。这个领域以其神出鬼没般滑溜而臭名昭著，但是若要理解"为理念而死"意味着什么的话，就必须跨过这个领域。下一章的任务就是刻画出不知不觉地陷入极限困境的哲学家的肉体轮廓。

3

身体哲学

　　世界的美丽是迷宫的入口。缺乏警惕性的个人在进来后没走上几步很快就找不到出口了。他疲惫不堪，没有吃的也没有喝的，走啊走啊，既不知道路在何方也不抱任何希望。但是这个困境如果与他面临的危险相比根本就算不了什么。因为如果他没有失去勇气，不停地走下去，绝对可以肯定，他将来到迷宫的中心。上帝在那里等着吃掉他。后来，他将再走出去，不过他会变成另一个人，在被上帝吃掉和消化之后，他就彻底变了。

西蒙娜·薇依

 论身体和哲学家

当死神出人意外地出现,并将安东尼斯·布莱克用大镰刀掠走时,还不失优雅地先问了一句:"你准备好了吗?"骑士说:"我的身体有些害怕,但我不怕。"在面对死亡时,我们发现自己是两者的集合体:一方面是惊恐不安的身体,另一方面是我们自己。面对突然被毁灭的前景,我的身体向我呈现为他者,而我不是他者。实际上,它有一种趋势要接管我的常规形象。无论我碰巧有什么样的死亡观,我的身体似乎都是由其心思所组成:竭尽全力求生。1971 年被红色高棉掠走,并被带领进入他认为必死无疑之所的弗朗索瓦·比佐,记得他的身体"处于极度慌乱之中"。身体本能地排斥死亡,这使他能用毫不含糊的术语描述所感受到的变化:"即将被处决的沉重意识在我的血脉中跳动。""我对此情形理解得越少,它进展得似乎越多。我仍然惊恐万状,不仅很难表达希望或绝望,而且连呼吸都变得越来越困难。"(Bizot 2012: 22—24)

"为理念而死"的哲学家不仅"封存"了濒临死亡的身体,更重要的是,他们还必须把身体变成哲学思辨的工具。他们的肉体成为其哲学的活生生的见证(道成肉身)。在某种意义上,这种说法一点儿都不激进。长期以来,哲学家、认知科学家、心理学家都把思维同身体联系在一起。他们说,根本不存在脱离了身体的理性这回事。我们作为"具体化的生物"对我们思想方式的塑造是实质性的、意义深远的。正如乔治·莱柯夫和马克·约翰逊指出的那样,"理性的结构本身来自我们化身的细节"。(Lakoff & Johnson 1999: 4)神经科学的最新发现证实了现象学家海德格尔和莫里斯·梅洛-庞蒂等人的直觉,即思想和身体并非如

柏拉图或后来的笛卡尔所认为的那样是分开的实体。思想不是像柏拉图认为的那样负责驯服身体狂野本性的"驾车人",也不是像笛卡尔认为的那样是技巧娴熟地操纵和控制笨重迟缓的身体大船的"驾驶员"。相反,思想和身体紧密地融合在一起成为复杂的整体,正是这个整体决定了我们现在的样子。事实上,这个整体的工作方式也是它在任何特定时刻和具体背景下的功能。神经科学家安东尼奥·达马西欧说:"你的思想出现的任何变化都是在与你的身体所处的时间点和所占据空间位置相关的时空背景下发生的。"(Damasio 1999: 145)

身体不仅在我们认识自我的时候发挥了根本作用,而且在认识周围世界时也是如此。身体存在于心智活动现场,并为心智活动提供了框架结构。甚至像概念化这样抽象的东西也是由身体决定的:我们"只能通过身体形成概念"。我们获得的有关"世界、自我和他人的任何见解都只能是在身体塑造的概念框架下完成"。(Lakoff & Johnson 1999: 555)思考不是某种抽象的"功能",而是预设了身体积极存在的化身过程。[①]为理性即杰出的哲学潜力是"由身体的特殊性、大脑神经结构的特殊细节和我们在世界上的日常行为等具体性"塑造而成的(Lakoff & Johnson 1999: 4),哲学思辨不可能在没有身体的情况下进行。因此,正如莱柯夫和约翰逊影响巨大的著作标题所说,任何哲学都是"身体哲学"。

至少三个独特却相互补充的思路可以被用来说明身体对哲学的相关

[①] 莱柯夫和约翰逊认为我们从西方哲学传统中继承下来的"官能心理学"是错误的。"没有所谓的充分自主的理性器官,也没有完全分开或独立于感知和移动等身体功能。相反有证据支持进化论的观点,即理性使用和成长于这些身体功能,理性从根本上说是具身化的。"(Lakoff & Johnson 1999: 17)

意义。首先，是与海德格尔和莫里斯·梅洛-庞蒂有关的"现象学"主张，即认为谈论心智生活在一个重要方面就预设了我们的"在世存在"作为具身化的行动者。其次，是吉尔伯特·赖尔和路德维希·维特根斯坦等思想家的"哲学行为主义者"主张，即任何对诸如"思想"或"感觉"等术语的分析都涉及到具体的或潜在的行为，而这预设了身体的存在。最后一种观念是个人的心智状态最终依靠他对身体生活的承认。当我们描述心智时使用了隐喻性的术语，而它们源于描述物质世界时的字面意义。莱柯夫和约翰逊的著作（Lakoff & Johnson 1980）在这方面是很好的例子。①

殉道者哲学家的新鲜之处在于他们把"身体哲学"的观念提高到一个新水平。为了理解其姿态的意义，借用身体现象学的见解当然非常有帮助。比如，梅洛-庞蒂指出了正确的方向，他说："人对其身体的使用不仅仅是把身体当作生物学实体或用手势改变身体的外表，还有一种超验性的关系"。（Merleau-Ponty 2002: 229）不过，他没有走上那条道路。因为这种激进的身体哲学并不是我身体本身，而是濒临死亡的身体为其前提的。殉道者哲学家不知不觉进入的极限困境是要求他们与身体过不去，而非正常情况下的依靠身体思考。因为我们体塑化的自我旨在维持和保存生命，"为理念而死"的哲学家如果成功的话就必须超越其体塑化②。其身体现在不是用来生活的而是用来征服的，并在此过程中将其重塑和摧毁。这就是为什么要理解殉道者哲学家经历的过程，我们需要的不是将其行为与其他体塑化的自我的常规行为相比较，而是与启动

---

① 笔者特别感谢大卫·库柏对本段简要阐述的身体在哲学中的重要性的评论。
② 冯晓虎：《论莱柯夫术语"Embodiment"译名》，载《同济大学学报》（社会科学版），2010年第1期。——译注

类似工程的人如宗教殉道者、"绝食致死者"、自焚者和自杀式炸弹袭击者的行为进行对比。

尼采喜欢把自己看作"拿着锤子进行哲学思辨"的人,这在我们看来是对哲学家工作的非同寻常的描述。打破偶像当然不是软心肠者所为;献身于这种工程的人已经将自身存在的稳定性置于危险境地,尼采自己备受折磨的生活就是证据。打破偶像固然危险,但还有比这更危险的事:那就是毁灭自己。殉道者哲学家最引人注目之处在于手里空空如也:他们进行哲学思辨时除了濒临死亡的身体外,什么也没有。无论其姿态获得了什么样的意义,源头总是他们对濒临死亡的身体的运用。尼采的观念投射出一种采取积极立场的形象。他的反偶像崇拜哲学家显然在"负责",他用暴力方式对付这个世界,使其受到最后的审判并宣布其有罪。与此相反,"为理念而死"的哲学家在我们看来则毫无抵抗能力。不是他在审判这个世界,而是相反。不是对世界施加重刑,而是遭受世界的打击。但是,恰恰是这种遭受毁灭的过程帮助她实现了哲学工程并表达了他的最终信息。从遭到毁灭中获得的东西远比破坏偶像中获得的东西多得多,虽然遭到毁灭可能更痛苦,蒙受的耻辱也更多。西蒙娜·薇依恰当地指出,"人性就是这样的,毁灭者什么感觉也没有,只有被毁灭者才会感受到发生的变化"。(McLellan 1990: 93)

毁灭

希帕提娅(古希腊女哲学家)的著作并没有留下来,虽然她在哲学、天文学和数学方面的造诣都很高。作为富有人格魅力的老师,她的学生慕名来到亚历山大听她讲课。作为异教徒柏拉图主义者(她是该市柏拉图学院的领导），希帕提娅有普世主义思想，主张宽容，这一点可以从其追随者的多样性上看出，里面既有异教徒也有基督教徒，既有希腊人也有外国人。比如，她的学生之一辛奈西斯（约373—约414）是基督徒，并在410年成为托勒密的主教。我们不知道她的哲学观点到底是什么，但有证据表明她的学识、实际智慧和演讲方式使其成为亚历山大举足轻重的人物，她有机会结识包括罗马总督俄瑞斯忒斯在内的高层人物。希帕提娅的同代人基督教史学家所奎德被认为是了解希帕提娅的可靠来源，他在《教会史》中这样描述她："因为良好的教育而熟练掌握的高超技能和直言不讳的坦率态度，她维持着与该市精英不失尊严的交往，因为人人都非常尊重她，并钦佩她的节制。"（Dzielska 1995: 41）

从希帕提娅的公开形象中能看出她的性格有一些特别不受约束的东西。正如编年史家提到的那样，她的精神是自由的、独立的，总能坦率说出自己的想法。她与任何中意的人交往，想去哪儿就去哪儿，社会规范对她来说没有任何约束力。希帕提娅年轻、漂亮，却从来没有过多考虑女性的魅力。作为柏拉图主义者，她肯定清楚地意识到包括美貌在内一切有生命的东西是多么不可靠。根据另一个消息来源，希帕提娅的学生达玛斯西尤斯（约458—538）疯狂地爱上了她。因为难以压制这种情感，他就向她表白了。希帕提娅耐心地听他说完，掏出她的卫生巾并连同应用形而上学的课堂讲义一起交给他："你真正爱的东西是这些，年轻人。不过不要仅仅因为美貌就爱上美人。"（Dzielska 1995: 50）[1] 显

---

[1] 波兰历史学家玛丽亚·泽丝卡对此场景评论道："因为这个年轻人虽然是她的学生却显示了完全的无知，她在心理上侮辱了他（苏格拉底则只是嘲笑阿尔西比德斯的愚蠢而已）以便让他明白美不可能认同于具体物体（这里就是希帕提娅的身体）。"（Dzielska 1995: 51）

然,她终身保持贞洁,像当时哲学家的流行做法,她过着禁欲的生活。

她对肉体的蔑视是她与基督徒的共同点,但共同之处也仅此而已。在公元5世纪的亚历山大,像她这样坦率、自主、特立独行的女人注定要与该城的基督教独裁领袖西里尔(约376—444)发生冲突。他肯定把希帕提娅视为他赢得这个城市的象征性力量的竞争对手。她与罗马总督俄瑞斯忒斯是好朋友的事实也没有阻止他下毒手。① 在此情况下通常会先礼后兵,希帕提娅肯定受到了不显山不露水的警告和威胁,可她依然我行我素。这肯定令西里尔大发雷霆,也给他提供了动手的理由。其实,他只是煽动类似民兵组织的基督教兄弟会信徒去修理希帕提娅罢了。该兄弟会最初是慈善群体,但却充当了西里尔的"暴徒",哪里需要采取严厉行动,他们就会被派到哪里。② 他们卷入希帕提娅致死案,揭露了兄弟会有时候为主教效力的事实。

公元415年3月(霍诺留斯第10次和狄奥多西乌斯二世第六次担任罗马执政官的"大斋节"期间),希帕提娅突然被一群兄弟会的亡命徒抓起来。基督教史学家索奎德对该事件的描述如下:

> 他们把她从马车里拉出来拖到名为西赛隆的教堂。他们剥光她的衣服,用尖利的砖瓦片把她杀死,并将四肢拆解,然后把尸体带到一个名叫辛那隆的地方放火焚烧。(Dzielska 1995: 17—18)

---

① "他无法心甘情愿地接受自己影响力的可能衰落。通过希帕提娅,俄瑞斯忒斯在亚历山大的精英中发挥领袖作用。西里尔野心受挫,被沮丧和嫉妒缠身,变成了危险人物。"(Dzielska 1995: 97—98)

② 正如泽丝卡注意到的,"来源显示他们也充当了亚历山大主教的军事武装,在多个地方和场合实施了打击对手的行动"。(Dzielska 1995: 96)

这篇报告传达的是被彻底毁灭的形象。对一帮热血奔腾的狂热暴徒来说，亡命徒的行为极其彻底。他们将哲学家的肉体置于缓慢而讲究方法的毁灭过程中。希帕提娅被拖拉、肢解、撕成碎片、放火焚烧，这在字面意义上被还原为零。他们要确保其肉体不剩下一丁点儿存在于世上。这里潜藏的意识非常可怕，即这种出口——通过肢解尸体的方式离开世界，非常合适希帕提娅这位柏拉图主义哲学家，虽然这种说法残忍得令人发指。对那些将女性之美与月经流血联系起来的人来说，肉体肯定是令人讨厌和沮丧的，是非常不愿接近的肮脏之所，是灵魂的坟墓。这或许解释了为什么希帕提娅完全没有任何抵抗——编年史没有提到她有一丝一毫的反抗行为。为什么要反抗你的解放者呢？

乔尔丹诺·布鲁诺的结局呈现出不同的形式。像之前的苏格拉底一样，他也是在法院受审，基本上遵循了适当的审判程序。现代历史学家无法真正找到审判行为中的瑕疵或不规矩之处。[1] 其实，宗教裁判所非常不情愿地执行了死刑；他们一直渴望布鲁诺最终承认自己的错误，并公开悔改，这样就可以免于一死。在此过程的最后阶段负责此案的首席审判官，也是著名耶稣会神学家的罗伯特·贝拉明[2]，非常清楚地意识到，给予布鲁诺焚烧的火焰实际上就是为他送上实质性的大礼包：殉道者的

---

[1] 正如英格丽德·罗兰所说，在其"调查中，检察官遵循了严格的程序；除非有两个证人支持某个指控，否则不予立案"。（Rowland 2008: 230）类似的，意大利历史学家鲁奇·费波说，"Nessuno vorrà negare alla Chiesa cattolica che il processo fu condotto secondo il respetto della piú stretta legalità"。（Firpo 1998: 112）

[2] 按照罗兰的说法，枢机主教贝拉明"被所有报告说是即将过去的16世纪最深刻的神学家"。（Rowland 2008: 252）

地位。经过一拖再拖的程序，过了很多年后，贝拉明最终把布鲁诺的异端观点归结为八大"命题"，并强迫他无条件地发誓放弃。其中包括布鲁诺的多个世界及其永恒性的观点、否认基督的神圣性（圣母玛利亚的童贞）、有关魔力的积极观点、否认圣餐变体论、相信灵魂转世等。①

检察官希望布鲁诺承认错误和公开认错不是没有根据的。在他 8 年监狱生活的大部分时间里，布鲁诺已经显出相当的灵活性。曾经有一次，就在他被捕之后的几个月，仍然被关押在威尼斯的时候，布鲁诺做出了丢脸的忏悔，承认所有指控的罪名，跪在检察官面前祈求原谅。这是布鲁诺最谦卑的场景，的确很罕见：

> 我悔恨和厌恶到今天为止所犯下的种种错误，这些错误与天主教生活和我的职业有关。我也对拥有的异端邪说和对天主教信仰及罗马教廷确立之事所持的怀疑感到悔恨。我祈求神圣的法庭念及我年老多病恩准我成为罗马教廷的信徒，给予我适当的治疗，对我仁慈为怀。（Firpo 1998: 32）

但这并没有为他赢得自由，他很快被押解到罗马。在那里，他似乎仍然愿意"妥协"，若坚持某个观点，就在他处让步，今天屈服了，明天却又固执己见。为自己辩护。他利用因多明我会训练而娴熟掌握的辩证法和微妙的概念差异等。每当方便的时候，他就会划定教义问题与哲学问题的界限，前者是教会有权确立的东西，后者则给他运用哲学自由的空

---

① 对布鲁诺的审判进行最详细讨论的是鲁奇·费波的《审判布鲁诺》（Firpo 1998）。梅尔卡蒂的书《布鲁诺审判》（Mercati 1942）非常宝贵，但是他对布鲁诺的辱骂是十分不确定的。就英文文献而言，英格丽德·罗兰的书提供了对布鲁诺审判的精彩描述。

间。要么他与审判官进行没完没了的哲学－宇宙学辩论，要么提交书面辩护状要求读给教皇本人听；要么要求面对面会晤这位教皇，要么简单地保持沉默。

但是，曾经有个时期布鲁诺认识到这样做没有任何效果。贝拉明不是那么容易上当受骗的人。最后，正如上文所说，这位精明的主检察官归纳了若干具体要点要求布鲁诺必须宣誓放弃，否则就要承担后果。这里肯定也涉及到心理因素：布鲁诺是个非常要强的人，他对教会神学家和神职人员只有蔑视，他认为这些家伙都是迂腐的傻瓜蛋。他一个都不愿意放过，他嘲笑每个人，认为自己比谁都聪明。比如在《灰土的灰土》（1584）中，他把哥白尼本人当作只受过简单训练的大兵，是"向不在现场的上尉报告战况的乡巴佬"之一。（Bruno 1977: 85）你可能猜到了，在别处奔忙的上尉就是指诺拉的乔尔丹诺·布鲁诺大人。在同一本书中，他自我介绍说，他是长着翅膀的天才，"已经在飞行中找到上天之路，用罗盘测量星星的周长，把太空的凸曲面背在身上"。（Bruno 1977: 88）[①] 说布鲁诺不够谦虚有点儿太客气了。在他"集魔法、哲学和诗歌于一体的传奇文笔风格中"，（Yates 1991: 240）布鲁诺毫不犹豫地把自己描绘成新先知、半人半神、特异功能者和新精神世界的缔造者："依靠其感觉和理性之光，他打开了真理的宝库；揭露了隐藏起来的大自然奥秘，为鼹鼠安上眼睛，给盲人带来光明；让哑巴张口说话，让跛脚者正常走路。"（Bruno 1977: 90）现在他被抓起来遭到羞辱，不得不奉承讨好那些迂腐的傻瓜蛋，并与他们辩论。到了1599年初的某个时

[①] "布鲁诺完成了诺斯替教地位上升，拥有神秘体验，因而也变成了神，内心有力量。"(Yates 1991: 239)

候，布鲁诺却突然大幅改变立场：他用明确无疑的言辞让检察官明白他们没有审判他的权力。这基本上注定了他的命运。

在停止与检察官协商之后，布鲁诺开始了殉道者工程：不是公开悔过，而是现在就死。正如他所说，他要作为殉道者愉快地死去。虽然他讨厌耶稣基督（在威尼斯监狱他还咒骂耶稣），但在布鲁诺准备慷慨赴死之时却发现自己与这个拿撒勒人的相似之处越来越多。英格丽德·罗兰写道："在罗马教廷的监狱里，乔尔丹诺·布鲁诺找到了自己的客西马尼①。"（Rowland 2008: 265）布鲁诺一直在哲学著作中自比为神，如今真的要像上帝一样死去了。

为了适应虚位以待的神，布鲁诺在审判期间的大部分时间里保持沉默；在等待被尊奉为圣之时，肯定不能大吵大闹。亲眼目睹布鲁诺受审和处决的卡斯帕·索帕在给朋友的信中描述了这个过程：

> 布鲁诺被带到宗教裁判所的大厅；在那里，他双膝跪地，聆听对他做出的宣判。判决书叙述了他的生平、研究和主张。宣判之后，他说了下面这句简短和气势逼人的话："你们在宣判我时肯定比我接受时更加害怕。"（Bassi 1996: 35）

1600年2月17日是他被尊奉为圣的日子。对于一个不仅写剧本而且往往把整个世界看作不断上演的剧本的人来说②，火刑就安排在剧场门前实在非常合适。在同一封信中，索帕告诉朋友布鲁诺在鲜花广场"在大庭

---

① 《圣经》中耶稣蒙难之地。——译注
② 米歇尔·西里伯特有关布鲁诺的精彩传记的标题是 *Giordano Bruno. Il teatro della vita*。(Ciliberto 2007)

广众下,在庞培剧场前""被活活烧死"。在他被带往火刑架的路上,布鲁诺用雄辩的话语告别将其处决的宗教:"当有人将钉死在十字架上的基督塑像举到他面前做临终祈祷时,他充满鄙夷地转过脸去。"只要你还能转过脸不看某种东西,你就还拥有所需要的自由。

在火刑架上被烧死是一种旨在羞辱死者的惩罚。当时仅仅看到这种场景就一定是极其恐怖之事,因为人们忍不住会想到这就是地狱生活的彩排。这种死亡本身缓慢、残酷、疼痛难忍、羞耻之极。公众的凝视——庸俗的、放肆的、贪婪的眼神——肯定令一切都变得忍无可忍。行刑结束之后,不需要掩埋什么,灰烬会被当作垃圾一样清理掉。的确,把人变成垃圾就是这种惩罚形式的本质。在火刑架上被烧死者不仅被毁灭、被羞辱而且变得令人厌恶、被冲洗得干干净净(布鲁诺被烧剩下的一切都被扔进台伯河中)。这种惩罚当然痛苦,但它主要不是肉体的惩罚,而是人们所说的本体论惩罚。即该受害者不仅要被杀掉,而且要被推到人性的边界之外。

但是,如果有一种离开这个世界的方式与布鲁诺的哲学吻合,那就是被烧死。在布鲁诺的世界里,"死亡"这个词并不合适,因为人并没有真死,不过是换了另外一种形式——你不会从圆形剧场消失,只不过戴上了另外一副面具而已。作为无限的上帝看得见的代表,宇宙无边无垠。生命永不停歇,永远处在循环之中,死亡不过是生命无限循环的一个时刻而已。按照布鲁诺的哲学,死亡并不能消灭他,只是改变了他的本体论地位:火只是把他融化在以太中。[①] 实际上,布鲁诺的宇宙并没

[①] 罗兰注意到,"如果他真的相信自己的哲学",布鲁诺的"死就成为永恒的宇宙生命的微不足道的部分"。(Rowland 2008: 266)

有与上帝脱离关系，而是充满了上帝的影子——上帝无处不在，你根本无法摆脱他。在《灰土的灰土》中，他谈到"这个神，这个在子宫内孕育我们，并用她的脊背养育我们的母亲（地球），永远准备着再次迎接我们回去"。（Bruno 1977: 90），当布鲁诺被绑在火刑架上的时候，他被剥去了世俗的一切，赤条条的，一丝不挂。人们就是要用这种方式羞辱他，但这个场景更像是为重生做准备。

如果布鲁诺消失在稀薄的空气中，雅恩·帕托什卡的死亡方式就平淡多了。他 1977 年 3 月 13 日死于布拉格医院，刚刚过完 70 岁生日不久。他的死因是"在警察审讯中发生急性脑溢血。此前的两个月，他已经被反复审讯过多次，最后一次审讯持续了 11 个小时"。（Kohak 1989: 3）而他之所以遭受审讯是因为他是前一年发生的"七七宪章"运动的领导人（发言人）之一。该运动的倡议者之一，瓦茨拉夫·哈维尔和其他异议者一起直接参与了邀请帕托什卡加入宪章运动的活动，他们从一开始就认识到他"比其他任何人都更能为宪章运动增添道德感召力"。（Havel 1990: 135）他们在这位哲学家身上找到了一个赢得所有人尊敬的、不容置疑的道德领袖。

在此之前，帕托什卡的公共形象一直是彻底远离政治的。哈维尔说，他"之前从未直接参与政治，从来没有与当权者发生直接和尖锐的冲突。在此问题上，他是不情愿的、腼腆的、克制的"。他对付官方政治的战略非常类似"战争中的战壕战略"。他试图"尽可能在不妥协的情况下坚持，但绝不会更进一步去攻击自己"。帕托什卡几乎全身心地扑在哲学研究上，"从不修正他的观点，但尽量回避可能导致其丢掉工作的活动"。但也有一种意识认为，帕托什卡只是把参与异议者活动的决定向后推迟了，因为他很清楚如果参与，就是彻底参与，没有任何保留也不留后路,哈维尔说:"就像他全身心投入哲学研究一样地彻底参与,不给自己留下任何紧急出口。"(Havel 1990: 135)

帕托什卡哲学的核心观点之一是著名的"关爱灵魂"。在《柏拉图与欧洲》(死后出版的地下演讲文集)中,他把这个观念视为欧洲哲学的基础。多亏了它,我们才有了克服终有一死的命运和本能的对死亡恐惧的好手段。关爱灵魂是让人成为人的东西:道德、思想、文化、历史。它是我们身上最神圣的东西,依靠它们,我们与永恒联系起来,但无需离开这个世界:它是"在时间内,在个人的存在范围内,体现永恒的尝试,同时努力抗衡时间的风暴吹袭,坚定地面对随之而来的一切危险"。(Patočka 2002: 87)帕托什卡的观念没有任何个人主义的或反社会的特征,相反,关爱灵魂具有独特的政治维度:正如他在其他地方说过的,"关爱灵魂的适当地方"是城邦,而城邦是"历史的适当地方"。(Patočka 1996: 103)事实上,灵魂生活若不考虑灵魂所在的生命共同体的生活将是不可思议的;关爱自己的人会做一切可能之事帮助同胞实现自我和"生活在真实中"。关爱自我是关爱别人的另一种形式。

如果不想背叛自己,关爱自我的灵魂就必须不惜任何代价地做到这一点。最好的例子还是苏格拉底,帕托什卡一再称赞苏格拉底关爱灵魂超过关爱包括自身生命在内的一切。苏格拉底教导雅典同胞"没有经过审视的人生是不值得过的",虽然有时候这个审视过程让反省者成为全城人的敌人。最终,他的存在成为"对城市的挑衅",也使他成为全民公敌。这是关爱灵魂令实践者陷入危险之中的案例之一:"在无法无天的城市,关爱灵魂让人处于危险之中……也让城市处于危险之中。城市据此这样对待它完全符合逻辑。"在类似的段落中,帕托什卡不仅谈到苏格拉底和雅典城,而且间接地谈到自己和他所在的"无法无天的城市"——即胡萨克当政时的捷克斯洛伐克。他甚至进一步把自己的哲学工程作为"苏格拉底遗产"的一部分，其中哲学家不管自己的历史境遇如何糟糕，都要把自己置于帮助别人的位置：

> 处于这样悲惨境地的哲学家用什么方式帮助别人呢？用哲学的方式，在城市的轮廓中进行哲学思考。哲学家能够在此生活，关爱灵魂者也能在此生活……创造这样的城市就是苏格拉底后人的工作。（Patočka 2002: 87—88）

帕托什卡的生命中肯定有某个时刻使他认识到，他的学术论文、他的地下演讲和讨论发言，无论在内容的颠覆性上是多么大胆，在教化影响上是多么重要，都不足以改变现实世界。他肯定已经意识到，无论他的哲学探索多么细腻、深刻和真实，这些思考本身并不等于体现在苏格拉底身上的不仅积极而且达到自我牺牲那种程度的关爱灵魂。他很清楚仍然缺少了某些东西。他公开承认哲学作为纯粹的理论练习可能导致的僵局。他说哲学已经到了一个临界点，他"除非成功地作出决定，否则将难有更大的进步"。（Kriseová 1993: 108）越过这个门槛就要同时完成两件事：其哲学受到检验，并使其哲学与生活相关。哈维尔也注意到帕托什卡越来越清楚决定性的时刻到来了，他"必须通过行动检验自己的思想，他不能回避也不能永远往后推迟，因为那样的话最终将使其整个哲学处于令人怀疑的境地"。（Havel 1990: 135）那个时刻就在他卷入宪章运动时到来了。

当帕托什卡决定采取这一步骤时，他非常清楚自己在做什么：他要步苏格拉底的后尘。这使他公开与政权对抗，遭遇政治迫害和类似苏格拉底的死亡。① 他的存在性的和包含政治色彩的姿态的理论基础是早在他让自己的哲学工程成为"苏格拉底遗产"的一部分时就已经确定下来了。像苏格拉底一样,帕托什卡的公民参与不仅与其哲学一致,而且代表了哲学的最高峰和难以逃避的结局。② 就像苏格拉底向法庭明确阐明他的思想以便不背叛其哲学工程一样,帕托什卡也不得不参与到"七七宪章"运动中,以向自己、学生和每个人证明其哲学是值得认真对待的。如果帕托什卡没有做出这个姿态,他就永远不能说他的哲学"行得通"。实际上,他的无所作为将"证明"其哲学的虚妄:如果一种哲学不能为阻止野蛮行径做出任何贡献,它就没有权利说任何反对的话。③ 反过来,因为行动,用保罗·利科的话,帕托什卡成为"现代哲学家中最具苏格拉底色彩的一位"。(Kohak 1989: 8) 帕托什卡采纳了苏格拉底对哲学家使命的理解,从而为自己赢得了苏格拉底式的结局。④

---

① "当帕托什卡在《七七宪章》上签名,同意作为其发言人并为其起草文件时,这实际上是邀请胡萨克政权来迫害他。"(Tucker 2000: 86)

② 艾维尔泽·塔克尔注意到了同样的事:"帕托什卡的形而上学伦理体系充分揭示了他为什么卷入七七宪章运动。"(Tucker 2000: 43)也可参阅芭芭拉·福尔克在这个话题上的观点。比如,她说,"在宪章上签名是帕托什卡一贯作为的自然延伸,无论是作为胡塞尔的学生,还是在夸美纽斯档案馆做职员,或者地下研讨会的讲师。"像苏格拉底一样,他的任务是积极地"践行"哲学,而不是在政治和哲学之间做出被迫的或虚假的选择。要点不是为了政治而投身于政治,而是在逻辑上遵循苏格拉底的指教,在追求善的过程中讨论真理和理性。(Falk 2003: 246)

③ 帕托什卡的女儿番恩卡·索克洛娃在回忆录中回忆父亲临死前的情景:"你身体不好,你躺下来。你谈及哲学家的生活。接着你突然说'你知道,当荷兰国王奥兰治的威廉派人杀了那个西班牙人后,没有人说话。斯宾诺莎走过去在门上写了 Ultimi barbarorum(最糟糕的野蛮人)。'"(Kriseová 1993: 130)

④ 正如一个评论家有创造性地指出的,帕托什卡的哲学历程"开始于苏格拉底式的问题,在警察总部的审讯室里找到苏格拉底式的结局"。(Kohak 1989: 8)

帕托什卡的政治生涯并没有因为死亡而终结。这位哲学家死后，在政治上他比活着时更加令人不安，这表现在当局在其葬礼上部署的令人印象深刻的庞大警力，用以控制葬礼参加者的人数。单单警方在场本身就说明他们承认帕托什卡之死具有独特的政治含义，他的尸体虽然已经没有了生命，却仍然携带了重要信息。当局现在肯定已经意识到了他们与帕托什卡的斗争所取得的胜利非常短命。更可怕的是，已经死掉的帕托什卡不可思议地比活着的帕托什卡更强大、更具影响力，对他们来说也更加危险。他们有权力把他变成一具尸体，可是现在，这具尸体却不可思议地嘲笑他们。他们曾动用权力所能做的一切防止帕托什卡启动死后的政治生命："警方的摄像机甚至在坟墓边对在场所有人拍摄和记录。宗教仪式被打断，牧师的葬礼布道被淹没在头顶上盘旋的军用直升机和附近公路上警察的摩托车的呼啸声中。"（Keane 1999: 253—254）但是，他们的所有努力都是徒劳，尸体最终战胜了他们。

*

这里我不可避免地从外人的视角主要考察了三位哲学家希帕提娅、布鲁诺和帕托什卡的死亡。使这个外在视角显得更加遥远的是，这些殉道者哲学家并没有留下文本或者其他个人证言之类，以便辨认出他们到底是如何应对即将到来的死亡的。我们的凝视不可避免地围绕在他们被摧毁的戏剧性结局上。我们通过考察其在世界上的濒临死亡的身体"运行"来试图理解他们。所有这些殉道者哲学家都不由自主地来到了自己选择的必然处境。让我们来更仔细地考察这个选择。

 **选择死亡**

首先,这种选择包括早年所采用的某种思想和道德的存在方式。接着,有时候经过了很长时间之后,这些哲学家在人生的某个特定时刻不知不觉地处于必须做出决定的境地,他们必须在两条完全不同的道路中做出选择:要么放弃自己的观点,"修改其生活方式"并表示悔改,要么必须死掉。前者不一定意味着生活的自由,但后者必然意味着死亡。最后,我们在这里看到的是:选择死亡。

为了理解这种选择的意义,看看陀思妥耶夫斯基的《群魔》中的自杀式人物基利洛夫,或许不无帮助。应该承认,基利洛夫从来不是有血有肉的真实存在,但这并不妨碍他成为19世纪优秀的哲学家。基利洛夫常常被认为是疯子,但他远非疯子,而是对我们理解死亡的含义做出重大贡献的深刻思想家。他的核心远见之一是我们对死亡的恐惧与神圣体验绑在一起。从无神论者的视角来看,这种远见并非没有反讽的意味,不过这恰恰让基利洛夫的观点更加强大。这里"神圣"是一种人生体验及其品质。更准确地说,它代表了自我超越的姿态。无论你是否相信上帝,基利洛夫的论证都说得通:如果试图消除死亡恐惧,你就必须跨过重要的本体论门槛。在某种意义上,你不再是人了。把我们绑在地球上的东西,让我们处于存在性从属性状态的东西不是外来力量,而是我们随身携带的东西:即我们对死亡的恐惧。要摆脱死亡恐惧,就应该彻底超越人性。基里洛夫说:

> 我极度不高兴是因为我极度恐惧。恐惧是人的诅咒……但是

> 我要称赞自我意志……对我的神圣性做出贡献的是自我意志。就这么回事,据此我可以显示我的不服从和新获得的令人害怕的自由。我杀掉自己是要显示我的不服从和新获得的令人害怕的自由。
> (Dostoevsky 1995: 619)

通过克服个人天生的死亡恐惧——往往通过自愿死亡的承诺而实现——人们能够跨越门槛,从而进入一个完全不同的新空间观念。这个观点对我们理解殉道者非常重要。殉道者的存在模式"神圣性"也唤醒世人见证其死亡时的社会"神圣性"。这是一种极具深刻破坏性的社会体验。因为人被预先设计出害怕死亡的程序;人类生活就建立在死亡恐惧之上,或者说正是因为死亡恐惧而成为可能。我们的整个本体论的、生物学的和心理的构造就建立在自我保护的基础之上。这就是为什么当有人在我们面前表演了自愿死亡的行为之后,我们会陷入深刻的不安中:我们会本能地感到威胁,感到此人与我们完全不同。从理论上说,我们能够理解她在做什么或即将要做什么,但正是因为我们理解它才不愿意与它有任何关系。我们尽一切可能地保护自己的安全,远离这种姿态渗透出的令人目瞪口呆的气息。此人的行为动摇了我们的存在稳定性,破坏我们对这个世界的归属感和对日常生活的根本假设。

让我们设想一个自焚者的形象,自焚行为开始前的几分钟。这就是他:一手拿着火柴,一手拿着汽油瓶。他拧开盖子,扔在地上,把可燃液体浇在身上。他做这一切都很缓慢,有条不紊,就好像所有这些都是多年来已经习惯了的常规动作。接着他没有向四周张望,点燃了火柴。此刻,世界上任何东西都不能沟通自焚者与我们其他人的隔阂。他对生存和自我保护的反叛,他决心把人人视为最宝贵的东西踩在脚底下,以及他了结自己生命的从容和镇静——所有这一切都让我们感到不可思议,也使其处在人类社会之外。他现在已经处于我们多数人都觉得无法居住的地方。

但是,从他所在的位置开始,他常常让我们无法忍受。因为我们发现自己不仅感到厌恶,而且内心悄悄地被这种姿态所吸引。我们对自焚者的感受实际上是既恐惧又钦佩,既厌恶又痴迷,可以说是五味杂陈。这种体验如此强烈是因为它在结构上就被嵌入到人类心理之中。自焚唤醒了我们最古老层次的存在,引发了瞬间的"神圣"体验,即使在没有上帝观念的情况下。这里的"神圣性"与具体的宗教信仰无关而是返回到 sacer 的最初含义上:即彻底隔开或被"切断"。在此意义上,圣人是靠一种他与普通人的本体论差异来定义的。在《神圣概念》中,鲁道夫·奥托(Otto 1958)认为,圣人恰恰是"彻底的他者",人们对他的感受是既恐怖又痴迷。某个圣人的突然出现造成人类宇宙的重大破裂:它颠覆了结构稳定性,嘲笑了确定性,破坏了常规性。神圣体验就是让人看到存在质地上的裂缝。

*

我们的神圣体验中有些根本性的模糊之处。正如一位学者所说,"圣物"是某种"庄严设计的、被分开的、拥有神奇功效的"东西:圣物意味着"既被祝福又遭诅咒,既为人带来福音又给人带来祸害"。(Barton 2002: 32)这是它的独特之处。当它突然出现在我们的生活中——它可能随时出现——它的存在确定无疑,它的影响持续不断,它的记忆萦绕在脑海中,挥之不去。如果一个社会成员违背赖以维系生命的求生本能,其姿态就会被视为从属于另外一种现实秩序。因为这种姿态受到双重的控诉,不仅有积极的(祝福),而且有消极的(诅咒),行动者因而被赋予几乎非人的独特光环。

1969年1月，当扬·帕拉赫在布拉格文塞斯劳斯广场自焚以抗议苏联军队开进捷克斯洛伐克，当抗议民众为之欢呼雀跃时，熊熊的火焰不仅吞噬了他，而且把他永远地与社会其他人彻底隔开。那些赞同他事业的人称赞其行为"意义重大"，但他们肯定也感受到深刻的不安，因为他们再清楚不过，自己绝对不会模仿这种行为。帕拉赫坟墓前的鲜花永远无法填充他与他的同胞之间根本无法逾越的鸿沟，只不过表明鸿沟的存在而已。这种结构上的模糊性被保存在描述这个行为所使用的语言上。比如，当我们说帕拉赫"牺牲"了自我时，死亡与神圣性之间的联系就特别强烈，因为表示牺牲的拉丁语词汇 *sacrificare* 的字面意思就是"使之具有神圣性"。正是帕拉赫的"牺牲"使其与众不同，切断了他自己与普通的"不圣洁的"人性间的联系。

乍一看，似乎做出这种姿态的人处于最虚弱的、受害者的地位，但是我们已经越界进入普通逻辑被颠倒过来的领域：在这里，受害者有时候比加害者更强大。受害者控制了加害者，依靠的是引导其注意力，影响其行为，更重要的是为他安上加害者的恶名。依靠选择死亡，受害者置身于普通人难以企及的位置，而且拥有巨大的力量——这是因为接近死亡而获得的怪异力量。矛盾的是，死亡并没有使其变弱，反而使其更强大。古罗马有一个很好的例子。这里，受害者远非占据一个谦卑的位置，而是都处于"引人注目的核心地位，而且非常积极"。无论对异教徒还是基督徒来说，

> 自愿行为越积极，牺牲的效果就越显著。牺牲提升了受害者的地位，并使其具有神圣性。对罗马人来说，牺牲仍然强调其根

源意义"成圣"。罗马词汇如 sacrificare（牺牲）、sacramentum（圣事）、exsecrare（诅咒）、devovere（献身）等都强调了积极而不是消极的成圣行为。（Barton 2002: 30）

这的确是一切都颠倒过来的地方，这里适用的是不同的法则。在这种地方，生命并非"最高价值"。其实，它可以"随时被牺牲掉"。在此，人们愿意死去是生命活力的体现，其牺牲是隐蔽的生命赞歌，死亡本身是对生存的庆祝。"死之快乐"不过是"生之快乐"的另外一种形式。在这个被颠倒的逻辑中，自我毁灭是"最高级的慷慨，是慷慨赠予和剥夺相结合的最极端形式"。（Barton 2002: 27）在对早期基督教殉道者的某些描述中，人们发现"贪婪的死亡欲望"之类说法，就像后来什叶派穆斯林中，有人有时候将殉道者与"渴望死亡"联系起来一样。对于一心投身这种激进工程的人来说，"死亡比生命更有价值"。（Todorov 1996: 10）殉道者是自我设置的艺术鉴赏家，是死亡艺术家，死亡在其手中不再是灾难事件而是变成了自我超越的工具。

这种死亡艺术特别体现在将荣誉与自我牺牲联系起来的社会里。这里，卡琳·巴顿看到，自我牺牲潜能是赢得或维持强大的个人荣誉感的关键。个人荣誉与其失去在别人看来最宝贵的东西的意愿成反比，你失去的宝贵东西越多，你得到的荣誉也就越多。你通过表现出对大部分人极为珍视的东西的蔑视而赢得荣誉、重新赢得荣誉或维持荣誉。那些"不惜一切代价保命"之人是"吝啬鬼"，什么荣誉都剩不下，也不值得别人的尊重。相反，巴顿说，"有意选择的、自愿的和慷慨的死亡"成为对"珍视生命"的"最极端的放弃"。正是这种放弃放大了生命，"抬高了放弃物的价值"，赋予"放弃者、放弃物或相关价值观"以力量。

（Barton 2002: 26）

*

这不大可能是"为理念而死"的哲学家必须采取行动的场所。他们的同行不再是学者、作家、诡辩家，而是殉道者、自焚者和"绝食至死者"。谁会想到呢？他们一生都在接受训练，为的是不同的表演和不同的领地。不过，再次强调一番，哲学人生若无反讽的味道，就什么也不是了。

幕间剧——哲学家表演消失行为

1943年春天，伦敦托特纳姆法院路上的米德赛克斯医院的医生碰到了一件让人好奇的案例。4月15日，一名34岁的女病人患高热感冒住院，不久被诊断出两个肺上都有肺结核。虽然情况不佳，但医生预测如果病人彻底休息，正常饮食应该能够康复。但就在这里开始出现麻烦：她不愿意吃任何东西。她的头脑中出现了一个怪异的想法，她没有权利比纳粹占领下的法国人吃得更多，她来自沦陷区。而且，那里的食品配额刚刚又下调了。

在很多方面，这位女士都有些与这个世界格格不入。她甚至不接受私密的医院病房，因为她觉得这是额外优待；经过几天的协商后，只是在得知自己得了传染病才勉强答应搬进去。从医疗的角度看，遇见这种病人是一场噩梦，她的医生后来说，这位是他们见过的最糟糕的病人。

8月17日，让医生护士们感到心安的是，这位病人被转移到肯特郡阿什福德疗养院。在进入分配给她的房间时，她说的第一句话是"这是多么美的死亡房间啊"。一周之后，她的确死了。验尸报告提到的死因是"这位逝者确实是因为拒绝吃东西而丧命的,同时她的心智平衡被打乱"。(McLellan 1990: 266)当地报纸《周二快报》刊登了头版报道,题目是"法国教授活活饿死"。《肯特新闻》的标题有些类似,不过更多愁善感:"饿死:法国教授令人好奇的牺牲"。葬礼上只有若干朋友到场。15年后,坟墓仍然没有任何独特之处;当地人认为这里埋的可能是个乞丐。① 最后有人在那里立了墓碑之后,人们才发现上面写着:

西蒙娜·薇依

1909年2月3日

-1943年8月24日

1943年的时候很少有人知道西蒙娜·薇依是谁。她在法国有朋友和崇拜者,但是因为书还没有出版,她的名声还得不到承认。她的文学和哲学著作虽然精彩,但只是发表在一些期刊上,有些期刊还默默无闻。只是到了战后,当她的手稿、笔记和书信出版并被翻译成各国文字之后,薇依才声名鹊起,成为20世纪最重要的哲学家之一。阿尔贝·加缪常常说她是"我们时代最伟大的思想家"。今天,即使她不像几十年前那么时髦了,但有关她的学术研究仍然很多,每年献给她的文章就有数百篇。

虽然有关她的文章很多②,但在她死亡70年后我们真的不能说

---

① 有关薇依的住院、死亡和葬礼等情况的信息主要源于 Simone Pétrement (Pétrement 1976) 和 David McLellan (McLellan 1990) 有关西蒙娜·薇依的精彩传记。

② 弗朗辛·杜·普莱西克斯·格雷在西蒙娜·薇依的传记中说,"她一直受到称赞、谴责、评论、注释、解释、脚注,几乎没有任何遗漏"。(Du Plessix Gray 2001: 229)

知道西蒙娜·薇依到底是谁。人们似乎很难轻易给她分类、贴标签或划范畴。① 她是哲学家也是神秘主义者；是社会主义者，但与此同时，毫无畏惧地批评发生在社会主义故乡苏联的事情；是犹太人，但也往往有反犹主义观点；受到天主教会的吸引，但也参加反天主教异端运动，如卡特里派（纯洁派）的活动；她一连几个小时在教会祈祷，但拒绝接受洗礼；与耶稣基督有非常亲密的私人关系，但忍不住把他看作众多神圣化身之一；是和平主义者，但也报名参加西班牙内战；是虚弱的、病恹恹的、笨拙之人，但总是试图从事艰苦的体力劳动，她认为劳动是福气；毕业于法国最优秀的大学巴黎高等师范学校，但渴望被聘用为无技术的工厂工人（她最终确实是这样）。无论做任何事还是成为任何人，她总是保持自己的个性，她就是西蒙娜·薇依。

自1943年以来，西蒙娜·薇依的死亡方式一直引起激烈的辩论。有人认为是纯粹的自杀，有人则在其死后诊断出她患有厌食症。人们发现很难接受她拒绝吃东西的理由：一种与法国被占领土上的民众共同抗战的团结意识，她觉得这些人因为低食物配额而忍饥挨饿。但任何熟悉薇依生活的人都明白，我们不能简单地抛弃她的解释。她的最突出特征之一就是对遭受形形色色的不公和剥削的受害者发自内心的同情。这种同情不仅弥漫在她的社会和宗教思想中，如《压迫与自由》，而且表现在她的生平故事中。在第一次世界大战期间，薇依还是个孩子，在得知前线士兵没有足够食物时，她就拒绝吃巧克力。后来，她将自己的工资捐给失业者，拒

---

① 大卫·麦克莱伦说得好，"她仍然是难以归类的，因而永远令人着迷"。(McLellan 1990: 2)

绝为自己的房间供热，因为她认为工人们付不起为自己房间供热的钱。① 在她看来，绝食作为与受压迫者团结的方式是一种忠于信念的行为，根本不考虑后果如何。其实，她肯定从中得到超级解放的快感。她在《压迫与自由》中说，真正的自由"不是被欲望及其满足之间的关系所定义，而是被思想和行为之间的关系所定义"。（Weil 1958: 85）

但是，薇依绝食至死的意义不仅在于此。她的著作的一个突出特点是将其思想、精神、神秘生活都置于食物、营养、饥饿、营养缺乏等术语的框架之内。比如她说"我只阅读此刻让我感到饥饿、让我有胃口吃的东西，接着就不读书了，吃东西"。（Weil 1973: 69）。这不仅适用于书，而且适用于灵魂需要的任何东西。甚至宗教也是"一种营养"。为了决定某种宗教是不是对你有好处，你就需要把它放在嘴里尝一尝味道，否则你就不敢肯定它是否适合你，因为"从来没有吃过的东西的味道和价值是很难欣赏的"。（Weil 1973: 183）。在薇依看来，吃的行为本身只是对发生在体内的更具实质性的营养吸收过程的拙劣模仿，事实上，在精神层面，情况可能与他们通常的看法正好相反。比如，最需要的和让我们活着的，不是吃饱喝足，而是忍饥挨饿。薇依说，灵魂的永恒部分是"靠饥饿来支撑的"：

> 在我们不吃东西时，身体器官消费自己的肌肉并将其转变为能量。灵魂也一样。不吃东西的灵魂消费自己。永恒部分消费灵魂

---

① 麦克莱伦谈到薇依的思想与其生活的深刻连贯性，注意到她"令人吃惊地迅速将其原则用在实践中"。（McLellan 1990: 1）

的现世部分，并将其改造。灵魂的饥饿很难忍受，但除此之外我们没有别的办法治愈疾病。(Weil 1970: 286)

在更深的层次上，对灵魂最好的东西或许既不是吃饱也不是挨饿，而是完全不同的东西：等待被吃掉，被上帝吞噬。在一篇被收录进《等待上帝》的文章中，薇依谈到世界的美丽外表可能是上帝设置的"陷阱"以便捕获被它诱惑之人。她说，"世界的美丽就是迷宫的入口。"受诱惑者走进去，刚走几步很快就迷路了，就疲惫不堪，找不到"出口"。那只是开始：

因为如果他没有失去勇气，不停地走下去，绝对可以肯定他将来到迷宫的中心。上帝就在那里等着将他吃掉。后来，他将再走出去，不过他会变成另外一个人，在被上帝吃掉和消化之后，他就彻底变了。(Weil 1973: 163—164)

这种想法传递给我们一种意识，即薇依是多么严肃地看待与食物有关的一切。吃、饿、被吃等隐喻对她来说不仅仅是修辞主题，即在文本表面使用的手段，它们还代表了精神体验和自我超越的模式。

但是，理解薇依绝食至死的终极意义的关键或许并不能在这里找到，而是要到其更深层次的神学著作中去寻找，她试图在那里重新阐述死亡观念。在某种意义上，濒临死亡是薇依几乎一直在做的事，只要她活着。① 她把死亡置于生活的核心：她接受了在工厂当非技术工人的工作，作为死亡的彩排，她经常性地禁欲苦行。薇依痴迷于这种终结的原因可能与弥漫在她思想中的"本体论羞耻感"有关。她似乎认为我们的存在本身就是一种羞耻：活着就是傲慢自大的表现。我们就是篡位者，因为活着，我们非法占据了并不属于我们的地方。薇依说，"我们的罪过在于渴望活着"，它打破了事物的秩序。作为补偿，我们应该"渴望停止存在"。（Weil 1970: 218）

《重负与神恩》是西蒙娜·薇依详细阐述这种见解的著作之一。她在该书中说，上帝给了我们存在，因此"放弃成为任何东西"。作为对上帝慷慨的回应，我们应该做的是"放弃成为某物"。我们来到人世就已经欠了债务："上帝让我有秩序地存在，我应该回报他以秩序。"我们只有参与一系列与上帝的本体论交易，才可以恢复秩序，终结因为我们出生而造成的混乱："我们的存在不过是上帝在等待我们接受不存在的过程而已。他一直在要求我们将他所给予的存在返还回去。他把存在给了我们，就是要再从我们那里要回去。"偿还本体论债务就是我们的人生课题；没有比这更重要的事了。"除了摧毁'我'之外，绝对没有其他自由的行为需要我们来完成了。"（Weil 1997: 71—79）

请不要误会：薇依的哲学不是要为自杀辩护。薇依从来没有试图自杀，她公开反对自杀。相反，这是一个要求极高的存在工

---

① 麦克莱伦说，"她一生一直在自杀。"（McLellan 1990: 263）帕利·尤格拉也说，"可以说西蒙娜·薇依生来就是要去死的。"（Yourgrau 2011: 9）

程，需要活力、投入和技能。薇依的工程被置于神秘主义传统之内，其中"我"之毁灭非常重要。其核心目标是"清除我们身上的生物性特征"。我们应该穷尽一切可能的力量来消除身上的"被造性"[1]，将房间打扫干净再请创造者进来做客。薇依使用的术语是"去创造性"，该词被她定义为让"被造物变成非创造物"。"去创造性"在本质上是建设性工程，它与"破坏"相反，因为破坏是"让被造物变成虚无"。(Weil 1997: 78)

只要我们存在，我们的肉体即世俗性就会遮蔽上帝的观点。在值得牢记的一篇文章中，薇依想象了上帝"喜爱那个创造视角，这个视角只能从我所在的位置看到"。但是她意识到她位于上帝的方向。她说"我充当了屏幕，我必须撤退以便上帝看见它"。(Weil 1997: 88) 这样的文章让人想起薇依对认识她的人产生的个人影响力。古斯塔夫·西本[2]写道："我有一种印象，自己就站在绝对透明的灵魂面前，它准备好被重新吸收进初始之光内。"(Perrin & Thibon 2003: 120) 西蒙娜·薇依崇拜清洁派教徒不应令我们感到吃惊，这些中世纪异教徒认为这个世界和我们每个人都是两个神永远在作战的战场：一个是好神，是光明和精神之神，一个是坏神，是黑暗和物质之神，或肉体和性欲之神。从存在角度看，薇依是清洁派教徒，或许是最后一位清洁派教徒。她对任何形式的身体接触都有一种深刻的厌恶，她实行极端形式的禁欲，其身体受到修道院严格禁欲的约束。如果从她特别欣赏的清洁派神学的视角看，她的

---

[1] 这个说法借自林慈信"神学导论讲义"中的"芝加哥圣经无误宣言"。——译注
[2] 西本是薇依最好的朋友之一。他出版了她的部分著作如《负重与神恩》。

去物质化工程得到完美的诠释。若从新柏拉图主义的观点看，普罗提诺也对自己的身体感到羞耻。如此说来，薇依的消失行为是在寻找光明的、有意识的自我超越姿态。她似乎一直受到其物质条件、塑体化、单纯存在的压迫，这可以从她令人恐怖的祈祷中看出：

> 愿所有这些（情感、智慧）都从我身上剥去，愿上帝将我吞噬，转变成基督的物质，作为食物送给那些身体和灵魂都缺乏营养的受伤害者。愿上帝把我变成瘫子——瞎子、聋子、傻子和老妪。
（Pétrement 1976: 486）

 "为上帝而死"与"为理念而死"

苏格拉底、希帕提娅、布鲁诺和其他"为理念而死"的哲学家常常被称为"思想殉道者"。这些为哲学而死的人被看作类似于为信仰而死的殉道者。事实上，有时候这些哲学家之死就是殉道者普遍历史的组成部分，可以与宗教殉道者放在一起讨论，托马斯·莫尔就是这样的例子。这就是为什么即使匆匆浏览一下狭隘意义上的殉道者现象（为上帝而死），也将对我们理解哲学殉道者（为理念而死）有所帮助。①

从词源学上看，"殉道者"（martyr）源自希腊语的证人（*mártys*）

---

① 基督教殉道者的文献有很多。任何参考文献都无法列举一直在出现的众多书目。除了笔者引用的一些书之外，笔者在写本章的时候参考的书还有：Daniel Boyarin 的 *Dying for God* (Boyarin 1999); Elisabeth Castelli 的 *Martyrdom and Memory* (Castelli 2004); Sarah Covington 的 *The Trail of Martyrdom* (Covington 2003); Geoffrey de Ste. Croix 的 **Christian Persecution, Martyrdom, and Orthodoxy** (Croix 2006)。

一词。它意味着拥有第一手知识的人，他亲眼目睹了事情的经过，能够对它进行描述[（动词（martyrein））就是作证的意思］。在《七十贤士译本》①中，殉道者被作为法律术语使用；在《旧约全书》（马太福音18:16节和马可福音14:63节）中，它被用来表示最初的意思"证人"，描述这些使徒是见证耶稣基督行为之人。因为在迫害施虐的时期，充当这样的证人就足以让人在法律面前变成嫌疑人，该词的意义渐渐发生改变，最后它被用来专指因为信仰而被杀的人。这种新含义就体现在《使徒行传》22:20节和《启示录》2:13节和13:6节。在伊斯兰教中，为信仰而死也与"作证"有关。后来在《古兰经》中表示殉道的词 shahadat 也是"见证"的意思。如果提到为安拉而死，《古兰经》的用词是"为了真主的事业被杀"（II: 154）或者"为真主的事业奋斗"（IV: 74）；（Khosrokhavar 2005: 11）"真主的事业"这个词最初表达了后来"殉道者"所指的含义。②

为殉道定义并不总是容易的。该词可以指一切，从自焚到发表政治声明到自杀式人肉炸弹再到尽可能杀死更多的人等无所不包。正如乔里昂·米切尔最近注意到的，一个群体中的殉道者在另一群体中可能被视为"恐怖分子"；一个人眼中的"殉道行为"在另一个人看来却是"自杀式炸弹袭击"。（Mitchell 2012: 2）简·威廉·范亨顿和弗里德里希·艾夫玛丽利用犹太教和基督教传统，提出的殉道者的"功能性定义"似乎

---

① 《旧约圣经》最早的希腊文译本。——译注

② 法国籍伊朗学者霍斯罗哈瓦尔这样区分两种宗教中的殉道者的意义："在一个根本的方面，穆斯林的舍希德确实不同于基督教殉道者。在基督教中，死亡源于基督徒拒绝遵从把自己的宗教强加于人的强势人物的意志。基督徒不寻求将希望他放弃信仰的罗马异教徒杀死。而在伊斯兰，殉道是在与安拉的宗教敌人做斗争时造成的死亡。"（Khosrokhavar 2005: 11）

比较切题和足够宽泛。在他们看来，殉道者就是"在极端敌对的情况下更愿意暴死而不愿意听命于当局（通常是异教徒）的人"。(Van Henten & Avemarie 2002: 3) 其他学者试图辨认出某些正式的标准来确定自愿死亡是否符合殉道者的行为。如亚瑟·德罗格和詹姆斯·塔伯提出了五个综合性标准。首先，有"压迫和迫害"的背景；其次，选择死亡被死者认为是"必要的、高贵的和勇敢的"；第三，这些人"渴望死"；第四，有一种"从他们的痛苦和死亡中能产生间接利益"的意识；最后，"死亡之外的证明和奖励"的意识在很多情况下是"他们选择死亡的最主要动机"。(Droge & Tabor 1992: 75)

这些是非常笼统的标准。具体到个别的宗教，殉道者显然表现出具体的特征。人们不是简单地为信仰而死，殉道有不同的方式，殉道文化各不相同。比如，在基督教中，殉道在结构上与福音书中表达的耶稣基督的生死绑在一起。[①] 在若干地方，耶稣是作为殉道支持者出现的。[②] 比如，他不是在加利利等待被捕，而是"执意去耶路撒冷"。(Luke 9:51) 在《约翰福音》中，他表现出自我牺牲的清醒认识："没有人夺我的命去，是我自己舍的。我有权柄舍了，也有权柄取回来。"(John 10:18) 有学者（Droge & Tabor 1992: 118）显示，第四部福音书在这方面特别有

[①] 当然，历史上的耶稣和福音书中我们了解的耶稣应该有所区分。两个耶稣殉道的途径不同。"拿撒勒的耶稣自称是弥赛亚王，永远不会死。路加福音中的耶稣实际上诱惑罗马人杀死他。它与其说是历史上的耶稣倒不如说是早期基督徒想象的耶稣，我们这里对这些人很感兴趣。显然，他们明白他的死不是对罪犯的处决而是成圣的事件：先知已经预言的和耶稣本人主动要求的死亡。"(Droge & Tabor 1992: 116)

[②] "福音书的作者创作了一个耶稣，他成为基督教殉道者的原型。"(Droge & Tabor 1992: 126)

趣,因为它决定性地表现了耶稣渴望成为基督教殉道者的形成过程。在《约翰福音》中,耶稣是作为看得见的"负责人"出现的,完全控制事件。他表现出冷静、安详、克制和死的渴望,这些都是殉道者需要的特征。在某种意义上,像之前的苏格拉底一样,这个耶稣几乎"筹划"了他的殉道过程。

耶稣以其亲身经历现身说法,为追随者提供了死亡"方法"和升天路线图。对早期基督徒来说,基督之死是他们信仰的核心。殉道者最渴望的是最光荣但也最难实现之事——模仿基督:像基督那样死去。罗宾·雷恩·福克斯写道"在每次殉道背后,都有耶稣本人的自我牺牲"。(Fox 1986: 441)教父安提阿的伊格那修(约35—约107)就是一个完美的例子。在他被押往罗马喂动物的途中撰写的《致罗马人书》中,伊格那修使用他接近死亡的机会建立起与耶稣基督的亲密联系:"如果我死了,我要成为耶稣基督的自由民,我要在他那里再次获得自由。"他很早的时候就是基督徒,后来成为主教。但是在某种意义上,正是因为他的殉道才使他成为真正的基督徒。只有彻底摧毁他的身体,他才能自称是耶稣的追随者:"当这个世界再也看不到我的身体时,我就真正成为耶稣基督的弟子了。"

从本质上说,殉道是去物质化的工程。接下来要讲的内容在21世纪的读者看来几乎是不可思议的:伊格那修在前往聚会的时候开始了他自己的缓慢毁灭的过程。他沉溺在遭遇可怕死亡的前景中:"愿熊熊大火焚烧、钉在十字架上、成群的野兽撕咬、骨头散落一地、四肢被砍掉、躯体被撕成碎片、恶魔的残暴惩罚等统统降临到我身上来吧,只有这样我才能到达耶稣基督那里。"(Van Henten & Avemarie 2002: 109—110)你自己可能意识到,只有到了那个程度你才不再是这个世界上的物理存在。你被毁灭得越残酷，成为神的机会就越大。

显然，在其他宗教中，为神而死表现出不同的形式。比如，与先知穆罕默德的传记特征和伊斯兰教创立的事实相吻合的特征是：先知没有因殉道而死，这个新宗教必须在敌对的环境中生存下来。这种信念塑造了穆斯林的殉道概念。在伊斯兰教中，殉道者是"在与异教徒作战的战场上死去"的人，"在来生注定要获得巨大回报"的人。（Khosrokhavar 2005: 11）最初，"异教徒"指的是新宗教反对的异教徒，即阿拉伯部落。后来指任何非伊斯兰宗教成员，虽然还区分了"书的宗教"（犹太教和基督教）和"偶像崇拜"宗教（如印度教），穆斯林对前者表现出尊重和宽容，但是对后者则允许采取暴力行动。新宗教创立后几个世纪的快速扩张以及逊尼派和什叶派伊斯兰的早期分裂，都意味着穆斯林殉道者的数量很大。他们得到特别的尊敬。法赫德·霍斯罗哈瓦尔说，他们不被视为圣徒，但因为他们拥抱神圣的死亡，可以"被比作圣人，可以成为他们在天堂的伴侣"。他们被视为杰出的英雄人物，虽然其"英勇行为不是世俗的那种"。他们的承诺是"高尚的宗教事业，受制于在来世得到回报的逻辑"。（Khosrokhavar 2005: 4）[①]

学者在两种殉道者之间做出了区分。第一种所谓的"防御性殉道"非常类似于基督教概念的殉道。其目标不是发动"反对异教徒或压迫者的暴力斗争"，而是这个词最初的含义，简单地"做见证——即使死到临头也采取非暴力的反抗态度反对异教徒和压迫者，这是为了事业的正

[①] 霍斯罗哈瓦尔还指出逊尼派和什叶派伊斯兰的殉道文化之间的差异："逊尼派殉道者是通过参加圣战而'在真主道路上'死的人。在什叶派伊斯兰，殉道者与我们在东南欧发现的悲剧圣徒有些相似之处，这可能由于类似的历史原因。什叶派穆斯林社会常常遭到迫害，一直认为自己是受逊尼派迫害的人，这一点很重要。"（Khosrokhavar 2005: 4）

义性"。第二种是"攻击性殉道",它涉及主动的、"必要的话甚至暴力斗争来反对信徒眼中的压迫者和异教徒"。(Khosrokhavar 2005: 5)

*

虽然宗教殉道者对理解哲学殉道很重要,但两者之间存在着重要的差异。首先,即使殉道者哲学家往往因为死亡而得到尊重,但他们没有得到像宗教"殉道者"那样的崇拜。其次,这些哲学家的确往往成为学派创始人,但是他们创立的并非精心设计的组织结构(如宗教殉道者创建新宗教或新派别、新教会或新教派)。相反,殉道者哲学家依靠死亡奠定了哲学生活方式或更广泛的思想运动的基础。第三,对他们的纪念很少强调死亡过程,如容貌变化和恐怖细节等,而在宗教殉道者的纪念中,这个过程的重新实施是必须的(如基督教中的《基督受难记》或什叶派穆斯林的阿舒拉等)。最后,哲学殉道者要比宗教殉道者少得多。而且,他们的个别化特征非常明显。在宗教中,迫害和殉道更常见,通常具有集体性特征。

但是,最重要的差异与动机有关。宗教殉道者是为了先验性的存在而死。他的死是救世神学场景的组成部分,是他获得奖赏的终局。他死的时候相信有一个人格化的上帝看到了他的行为以及他承受的痛苦,相信上帝会确保他的自我牺牲必定得到补偿。宗教殉道者在经历这个过程时很清楚其行为"在上帝的眼中是令人愉悦的"——这是他们的心理支柱,并为他们带来满足感。这里肯定有一种类似"殉道协议"的东西,虽然有时候可能比较隐蔽:如果我因为信仰而死,在某种程度上上帝有义务为我留出一个位置作为他选中的子民。他不可能不这样做。相反,除了少数为信仰而死的哲学家(如托马斯·莫尔)之外,殉道者哲学家并不期待在来世得到回报。他们的动机全部来自当下这个世界。有些人或许是明确的无神论者。有些人或许相信（比如布鲁诺）某种形式的神圣原则，但这与他的死无关，因为这不影响他的死亡动机。如果他们认为自己死后享受某种生命形式，那不过是因为他们死了（人人都如此）而不是因为他们为某个事业献身了。

殉道者哲学家选择死亡的原因有很多。他们之所以选择死亡是因为他们相信哲学应该被展现出来，它不能与哲学家分开，如果你本人都不践行自己的哲学，那谁还愿意呢？或者因为他们觉得被迫放弃自己的观点，将会成为第一个破坏其哲学声誉的人，如果哲学家本人都不能坚持自己的观点，那么谁还能呢？或者因为他们是很骄傲的人，对指控者和法官只有蔑视，认为屈服于这些家伙比死亡更糟糕；或者因为他们知道殉道者之死会抬高其声望；或者因为他们担心如果后悔了，耻辱感会让他们痛不欲生；或者仅仅因为他们没有其他选择。

所有这些案例都给人一种强烈的意识，即这些人的行为是自我奖赏，因为他们得不到其他形式的奖赏。他们的死是纯粹的世俗殉道，并不会在其他世界产生任何回响。这赋予这些哲学家的姿态一种朴素意义上的崇高。为上帝而死固然伟大，但为非上帝而死可能更加伟大。

饥饿艺术

当我们研究把死亡当作哲学思辨组成部分的哲学家的姿态时，宗教殉道者发挥了重要作用。但是还存在其他范畴的人，他们也为某种事业而死，他们的死对我们理解殉道者哲学家的行为也有些启发。这些人的行为可以被称为"政治殉道"，因为它涉及到把自己濒临死亡的身体当作政治工具来使用。

通常，政治是活着的人的事务——人体的组合和分配，饥饿或餍足、移民或适应。没有人体的世界将不会有政治，也没有必要搞政治。但是，非同寻常的情况下，一具濒临死亡的肉体可能发挥活人都梦想不到的政治功能。在此情况下死亡行为本身就能在见证死亡的人群中产生敬畏、厌恶、痴迷等情绪的奇怪组合，笔者上文已谈到过，这些源于一种力量。多亏了死者主动求死的愿望，这种我们很少人愿意做到的坚定志向，这些死亡表演者为自己包裹上了一层神秘的光环，他们是被选中的子民，具有超验性。从此他们就支配了别人的想象力，赢得了民众的支持，有时候甚至塑造了民众的政治生活。笔者将简要谈论三种具有较大政治意义的自愿死亡：绝食至死、自焚和自杀式炸弹袭击。

在基督教之前的爱尔兰，有一种习俗（被称为 *Troscadh* 或者 *Cealachan*），即在敌人的家门口绝食来羞辱他，来抗议自己遭受的委屈或要求还债。这样做产生的威力当然自相矛盾：你战胜对手的方式不是杀掉他们而是决心杀掉自己。你的行为越消极，打击的力量就越大。爱尔兰人在 20 世纪反对英国统治时使用的绝食抗议可能就受到这种习俗的启发。其他任何地方的绝食抗议或许保存了爱尔兰人发现和最常使用的东西，即摧毁自我的决心所产生的威力。这是明显处于劣势者所选择的武器，你没有任何战斗的本钱，但你仍然可以靠使用和"消耗"自我作战。你可以打败对手，所做的一切不是针对敌人而是朝向自己，这恰恰是弱者最终战胜强者的地方。

把"饥饿艺术"发挥到极致者不是来自欧洲，而是来自印度。莫罕达斯·甘地（1869—1948）把"绝食至死"变成其非暴力抗议工程的主要组成部分。比如在战场中，冲锋陷阵不惜牺牲自己的身体已经够勇敢的了。但是，最勇敢的事是什么也不做。把你濒临死亡的肉体变成更有效的象征性武器:"用剑战斗不需要勇敢。死亡比杀人所需要的勇气更大"。(Johnson 2006: 105)不用说,这种勇敢并不容易;它违背了人性和求生本能。这种死亡艺术是非常困难的技巧,它需要时间、痛苦和耐心。①

对甘地来说,对身体的非暴力使用以实现某种政治变革是其辩证方法的一部分,可以被称为"对立面反转"。一旦发现自己处于二元论术语的背景下,即卷入到正面与负面对决的状况,甘地总是寻求转变立场。他拯救弱者、卑贱者、被边缘化者,同时他却质疑强者、自命不凡者和主流观点。在笔者刚刚引用的片段中,他发现承受暴力的痛苦所需要的英雄主义和勇敢比施加暴力所需的更多,这种观点破坏了"用剑杀敌"的传统理想。在其他地方,他曾说"贫困比富有更有福气","贫困的用途比财富的用途更甜蜜得多"。他还在别的地方用同样的模式谈及失败的积极作用:"我的每次失败都是成功的垫脚石。"(Fisher 1983: 439)

甘地对待政治和社会的整个途径都是围绕本世纪后来所熟知的"无权者的权力"而展开的。这正是"绝食至死"的合适入口。他重新连接上了中世纪的爱尔兰传统(以及古代印度的类似风俗),在此,这样一种姿态可能扭转局面,让无权者变得强大,表现出通常的转败为胜。绝食至死因而成为一种有效的政治行动;饥饿不是削弱你的力量,实际上是增强了你的力量。甘地系统性地使用"绝食至死"作为政治策略。甘地拥有精明的政治头脑,他非常清楚打动人心的方式各有不同,而单靠

---

① "正如人们肯定了在暴力培训中学到杀人艺术,人们在非暴力培训中肯定学到死亡艺术"(Pandey 1998: 52)。

死板的语言交流往往是不够的。要动员民众参加到改变社会的工程中,就必须动之以情而不仅仅是晓之以理。他曾经说过,"我们现在已经到了话语资源被消耗殆尽的地步,光让耳朵享受已经不够,还需要让心灵遭到触动,让手脚活动起来。"(Fisher 1983: 134)他认为"绝食至死"能够做到这一点。他说:"我的话做不到的事,我的绝食能做到。"说过的话稍纵即逝,真正持久的是个人榜样的强大力量,能打动人的良心的姿态会激发起埋藏在民众心底的深层情感。甘地说,"影响民众的想法不能通过演讲或者写作,而是要通过民众最容易理解的东西即痛苦,而最容易接受的方法是绝食。"(Smith 1997: 293)

甘地在政治生涯的关键时刻进行绝食的策略产生了效果。多亏了电台和报纸,整个国家都开始关注他挨饿的身体。[①] 他的绝食让印度人觉得做某些事或不做某些事成为耻辱[②],也令英国当局关注或者改变其政策。现代历史上从来没有一个挨饿的身体会拥有比此刻的甘地更大的政治能量。但是他的"绝食至死"绝不仅仅是政治。这也反映了扎根于印度思想的对待世界的某种哲学态度。在甘地的一生中,他一直在与身体的要求做斗争,他说肉体是"累赘"。他过着一种独特的禁欲生活,常常试图靠纯洁化身体而改善自己。他的绝食不仅仅是出于政治原因,而且是个人精神修炼工程的组成部分。他曾经在一次政治挫折之后说:"我必

[①] 甘地的传记作家路易·费舍尔注意到他绝食的时候"甘地的身体状况的每一个变化,任何一个见过他的人说的每一句话,谈判者的每次行程都会被传播到国家的每一个角落"。(Fisher 1983: 318)

[②] "改革、告解、自我纯洁化的精神席卷整个国家(作为甘地绝食的结果)。在六天的绝食期间,大部分印度教徒不去看电影、看戏、也不下馆子吃饭。婚期也被推迟。"(Fisher 1983: 319)

须开始个人清洗。我必须变成仪表安装工,能记录有关我的道德氛围的最微妙变化。"(Fisher 1983: 198)他绝食了五天。

这是甘地接近西蒙娜·薇依之处。她把饥饿与精神生活联系起来,认为绝食是一种自我超越的手段。这正是甘地所做之事:"我从来没有比为了精神而绝食更高兴的时候。这种绝食行为带给我空前的快乐。"(Fisher 1983: 499)令人印象深刻的是,薇依和甘地在吃的行为(或者绝食)与看的行为之间建立起一种联系。他们得出了不同的结论,但是他们在相互不知对方的情况下独自做出这种联系本身就令人惊讶。薇依在《重负与神恩》中说,我们的"最大苦难"是"看和吃是两个不同行为,永远的祝福是处于看就是吃的状态"。(Weil 1997: 153)甘地认为他的绝食是他的为人的亲密部分,他说:"眼睛是为了看外面的世界,绝食是为了看内心的世界。"最后,他也从饥饿中看到了让我们更接近上帝的一种自我否定模式,虽然不像薇依那么极端。他说:"不管什么动机促使你绝食,在这个宝贵的时间,想想造物主,想想你与他和他的其他创造物的关系,你就会有一些做梦都想不到的发现。"(Fisher 1983: 233—234)饥饿最终揭示的是我们的"被造性",而它的承诺则是自我超越。

烧死

甘地的"绝食至死"虽然充满理想主义,但它也是实用主义的政治策略。它是一种自戕行为,非常崇高的自戕行为,但仍然旨在服务于具体的政治议程;每当目标达到之后,甘地就会恢复进食。正如我将在下文显示的,在从高贵到单个光谱的另一端,人体炸弹自始至终都是死亡

（包括自身）及其产生的恐惧。而在这两个极端之间是自焚者。他表现出的被动性模式，他为了理念烧死自己，为了事业全身投入的意识——都让自焚者接近为自己的哲学而死的哲学家。

自焚者结合了甘地方法中自我毁灭的"纯粹性"和人体炸弹使用的"爆炸"形象，同时既无前者的"实用主义"也无后者行为中的杀人企图。因此，自焚者的逼人形象是无私的牺牲表演，这种牺牲令人消除敌意，因为它慷慨、无私、超越个人私利的算计。不管自焚者出现在哪里，他们都不会拉人垫背：他们的死亡非常惨烈，足以引人围观，但仍然完全是自己的行为。虽然这种姿态中伴随着"爆炸性"，但描述自焚者一点一点消失的最好方法是"内爆"：就好像由于受不了过分的羞辱，他们所渴望的就是回到虚无而已。①

自焚者姿态中最独特之处是他们震耳欲聋的沉默，这绝非偶然。这些人与喋喋不休者正好相反，他们在死之前从不说话，没有留下任何"临终遗言"。即使说了话，人们也不会注意，这是非常有意思的情况。（记忆总是有选择性的，它总以自己的方式赋予事物新的意义。）比如，1963年6月因抗议南越吴庭艳政权迫害佛教徒而自焚的越南佛教僧人释广德法师，最惨烈的自焚行为被人们牢记的是广场上离奇的寂静：他慢慢地盘腿而坐，没说一句话，没有多余的手势，随后就消失在汹汹烈火之中（见图3.1）。碰巧目睹这一幕的《纽约时报》记者大卫·哈伯斯塔姆所描述的事件过程如下：

---

① 自焚与自杀没有多大关系。迈克尔·比格斯说，"自杀的倾向几乎从来不可能导致自焚"。（Biggs 2005: 201）自焚是有意识地下定决心的痛苦的个人抗议的表现形式。在某种情况下，个体自焚者的姿态足以点燃大规模的社会抗议运动的怒火。

烈焰从人的身体上燃起，他的身体慢慢萎缩干枯，头被熏黑和炭化。空气中弥漫着人体被烧焦的气味，人体焚烧的速度快得惊人。我听见身后聚集的越南人的啜泣。在他被焚烧时，他没有动一下肌肉，没有发出一声响声，他的镇静外表和周围人的嚎啕痛哭形成鲜明的对比。(Halberstam 1965: 211)

图 3.1　释广德法师自焚（1963 年 6 月）

类似的，我们不知道扬·帕拉赫说了什么；同样，突尼斯小菜贩默罕默德·布阿齐兹也没有留下说了什么话的记录，虽然有人认为他在 2010 年 12 月的自焚，引发了整个北非空前的政治动荡。自焚行为伴随着沉默最合适不过，因为任何别的东西都是不可原谅的噪音。

但是，自焚者保持沉默并不意味着他们的行为不被传播或他们的勇敢不被宣扬。相反,越是寂静无声,邀请叙述的成分就越发强烈。自焚或许是最安静的表演,但它最容易成为被广泛传播的故事。

激发这些故事的首先是火的因素。很少东西能像火一样激发人们的想象力。就好像火是人类、世界和圣灵所做一切的根源。在某种方式上,火的形象影响了我们对世界的体验和认识。由于它激发的丰富象征,火获得了一种特权地位。在《火的心理分析》中,法国哲学家加斯东·巴什拉尔描述了这种普遍的吸引力:

> 火是可以解释一切的特权现象。火是超人的力量。它与人关系亲密而且无处不在。它活在我们的心中,它也活在天上。它来自物质的深处,奉献了自己却给人爱的温暖。它在天堂燃烧,也在地狱燃烧。它是温柔体贴也是痛苦折磨,它是烹调术也是启示录。
> (Bachelard 1964: 7)

难怪在某些文化中"被火烧死"并非视作正常死亡而是新生的开始,是进入更高生存阶段的大门。比如,据说古希腊哲学家恩培多克勒(公元前495—公元前435)决定以跳进活火山的方式证明他的不朽。大乘佛教也允许自焚。比如在《妙法莲花经》中有一个药王菩萨烧身供佛的故事。正是这种描述不仅激发了(或直接或间接)广德法师和越南其他僧人在越南战争期间自焚,而且在印度也出现了一些自焚的情况。

从技术上说,即使两个案例用了同样的方法(火),但自焚与在火刑架上烧死是不一样的,如果不是相反的话。这里起作用的是一个辩证的过程,它源于火本身的复杂象征。没有什么比给自己身上点火更勇敢的了,也没有什么比放火更卑鄙的了。当你选择烧死自己的时候,你塑造的形象比人更伟大,但是当火在你身上燃烧的时候,你已经不再是人了。你就像垃圾被倒入火中。

所有这些使得自焚(作为政治抗议方式的)特别容易"神秘化"。而"淹死"者从来没有同样的意义。自焚者不仅舍弃了身体与生命,而且以此帮助了他人:烧掉他们肉体的烈火让人类同胞能够更清楚地看到自己的生活方式。自焚总是出现在"黑暗时期";自焚者把身体变成了照亮别人的蜡烛,帮助别人找到正确的道路。在这方面,非常有意义的是扬·帕拉赫的自杀留言只是简单的"火把一号",上面并没有自己的名字。自焚者的行为几乎类似于把贱金属变成金银的炼金术:他从肉体变成光亮,从物质变成精神。结果,虽然他或许最初是个无名小卒,但现在却处于威力强大无比的位置:他成为道路开拓者、缔造者,一个众望所归的希望之星。就在扬·帕拉赫的葬礼上,参加者意识到"我们生活的是什么样的国家啊。未来的唯一希望竟然是一个年轻人燃烧的身体"。(Sabatos 2009: 193)。

自焚要成为具有政治意义的事件,就必须有人讲述自焚者的故事。如果没有故事,这种行为就什么也不是。有很多人白白地死掉了(如印度的农民),因为他们的自焚没有找到讲故事者。扬·帕拉赫死后不久就开始了作为文学人物的第二次生命,其故事出现在数不清的剧本、诗歌、小说和随笔中。从皮埃尔·保罗·帕索里尼到阿根廷作家埃内托斯·萨瓦托,从哈维尔到米兰·昆德拉,东欧和西欧作家都撰写了大量有关帕拉赫自焚及其意义的文章。最近,穆罕默德·布阿齐兹自焚的故事可以说就展现在我们眼前。①

　　除了讲故事者，要想具有政治影响力，自焚还需要遭遇让人良心不安的背景。没有什么比这更容易塑造殉道者的故事了。殉道（包括政治上的殉道者）与其说是殉道者个人的行为，倒不如说是事件见证人的行为。如果没有愿意关注和凝视的目光，自焚者的死无论多么壮烈，仍然没有任何意义。也就是说，除非自焚出现在被内疚的思想和感情折磨得痛苦不堪的群体中，否则就没有任何价值。这种内疚可能来自若干因素：对不公正的习惯性容忍、集体的懦弱、道德冷漠麻木、在政治压迫面前消极被动，或在一种被视为不可战胜却又缺乏正当性的力量（极权政府或外国军事占领等）面前的普遍挫败感。

　　自焚者的行为其实非常简单：他们打破了外壳，这正是系统开始崩溃所需要的推动力。结果，他们被当作"拯救者"和"赎身者"而受爱戴。事实上有时候，正如布阿齐兹案例那样，他们只是碰巧点燃了社会紧张关系已经达到临界点的爆炸引信而已。围观者的拥抱力量与集体内疚感的强烈程度成正比，如果自焚者给他们以救赎的话，那就是把他们从受压迫的情感中解放出来。

　　在此情况下，自焚者都成为所在共同体的核心人物。他们的暴死、他们成功塑造的完全无私形象以及事件的极端惨烈性，所有这些都让他们成为公众心中神话般的英雄。但是，很难说自焚是一种统一的现象。自焚者确实性格刚烈，但自焚却不能被简化为边界清晰的单一模式。而且，他们"成功"的方式也因为背景和文化而各有不同。布阿齐兹的行

---

① 布阿齐兹自焚中新鲜的地方是社交媒体发挥的作用。殉道者的故事第一次不是由个体作者创造出来而是通过一种新的叙述者：集体的、看不见的、分不清面孔的人，但是他们又无处不在、威力强大。

为在几个星期之内就让北非政治世界陷入熊熊烈火之中。但是,帕拉赫的牺牲虽然对自己国家的政治文化产生了决定性影响,但非常缓慢。他花费了整整 20 年的时间才产生了导致政权更迭的变化。① 而且,有很多其他的例子说明自焚并没有带来任何变化。释广德法师,帕拉赫或布阿齐兹是幸运的:他们选择的时机恰到好处,而讲故事者正好准备就绪。

自焚虽然看起来令人恐惧和逼人,由此得出只要自焚发生就会产生重大的政治后果的结论却是错误的。② 让自焚式之死具有政治影响力的因素是它有潜力变成共同体的社会生活焦点。在此意义上,自焚的"成功"已经不再是自焚者的问题,而是产生自焚者的群体的问题。

为杀人而死

人体炸弹也是使用濒临死亡的身体达到政治目的的,不过其姿态没有任何被动性。他的行动旨在造成他人的伤亡,虽然自己在行动中也会死。但是,其终极目标不是受害者的人数多少,而是人体炸弹在此过程中投射出来的东西:一个不怕死的个人(其中之一)的可怕形象,他为了事业毫不犹豫地毁掉自己和他人的生命。这些人要传递的信息是他们超越了生死,他们的出现就像天灾:残酷无情、难以避免、不分对象。正是这种精心推导的认识才是最重要的。对人体炸弹来说,他们非常清楚自己不可能赢得任何严格军事意义上的胜利。他们的首要目标不是被

---

① 历史学家认为捷克斯洛伐克政权的"终结的开端"就是 1989 年 1 月的"帕拉赫周",当局试图压制对帕拉赫死亡的纪念活动,因而启动了几个月后导致天鹅绒革命的过程。

② 社会学家迈克尔·比格斯估计,自 1963 年以来的 40 多年里共发生了大约 800 到 3000 起自焚事件。但是,只有少数自焚事件产生了政治影响。(Biggs 2005: 174)

他们杀死的人,通常是在他们采取行动时碰巧在场的人。他们这么做就好像是在舞台上表演:他们留下了视频资料,包括所有的彩排、详细的场面调度、标准的台词背诵;随后还有展出的海报。这是人体炸弹相关内容的核心,它比杀人行为本身更重要。

但是,不管宣传机器多么先进,人体炸弹姿态的核心中有某种东西阻止了它产生卓有成效的建设性社会能量,如释广德法师的自焚那样。后者的力量源于他引起的伤害仅仅针对自身;在此过程中其他任何人不会受伤,至少没有打算殃及他人。释广德法师处理的只是自己的身体。自焚在社会上产生的变化并非给社会成员带来身体上的压力,而是这个在公开场合引人注目的无私行为留在他们心中的强烈印象。相反,人体炸弹试图产生的变化从定义上说就是他要造成对他人身体的伤害。这种姿态不可能不引起注意:事件喧嚣、混乱和血腥,屠杀带来难以忍受的创伤和痛苦,这种恐怖是真真切切的。这正是人体炸弹希望的结果。其意义在屠杀阶段已经消耗殆尽,无论是在公共汽车上还是在地铁站或咖啡馆。这种姿态里没有任何超越自身的东西,不会引起更大群体的真正同情。社会受到惊吓,但绝不会被感动。这就是为什么自杀式人体炸弹注定只能局限于游击队战斗的范围内。正如鲁思文注意到的,这些行动远非某种象征性价值观即被某种更高尚的东西塑造而成,仍然是"现实政治与绝望相结合"的产物。(Ruthven 2002: 101)

从甘地"对立面反转"方法的视角来看,人们或许说人体炸弹最终之所以没有力量,恰恰是因为他们在外表上显得如此威力巨大。他们最终的无能源于其行为的攻击性本质。你不能用实际的武器又把自己的身体变成象征性武器,因为前者抵消了后者。人体炸弹最终无效恰恰是因为它被精心设计要产生效果。他们得不到更多的意义恰恰是因为其彻底的实用主义目标。而且,甘地很可能说过,靠伤害他人来引起社会变革不是勇敢的证明,而是懦夫的表现。

人体炸弹的灵感可能来自日本的神风敢死队飞行员。在二战将近结束时,日本战败的迹象已经变得非常明显,这些年轻人愿意驾驶飞机攻击敌人目标,在此过程中有意识地引人注目地自杀。他们确实这样做了,就像当今自杀的年轻穆斯林,因为他们想显示自己不怕死,或者他们已经被洗脑或者两者兼有。① 但是,此处一个重要的修正是日本飞行员仅仅针对军事目标,而当今人体炸弹则是不加辨别地发动袭击。事实上,在大部分时候军事目标往往在人们够不着的地方,人体炸弹最终袭击的往往是毫无防御能力的平民,这更使其行为完全失去效力。

与无私的、没有利益纠葛的牺牲联系起来的象征性力量来自人们对其行为的认可,但人体炸弹根本不可能从旨在摧毁的目标那里获得认可。而被摧毁者不可能承认任何人。

*

身体会说话,常常很有说服力,但濒临死亡的身体说的话影响力更大,因为它是在最困难的情景下进行的表演。面对演讲者,即使最吸引人的演讲者,你永远能够视而不见听而不闻,但是你不可能不去关注一个濒临死亡的人会说些什么。笔者在这里试图做的是简要刻画一种能够厘清这种独特修辞的阐释学:濒临死亡的身体修辞。为此,笔者将殉道者哲学家放在本就归属的群体之中,即那些为了比自身更大的东西如上帝、政治理想、虚妄的幻想(有时候比上帝本身更真实、更苛求)而死

---

① 有关这个话题的精彩讨论,请参阅大贯惠美子的两本书:*Kamikaze, Cherry Blossoms, and Nationalisms*(Ohnuki-Tierney 2002)和 *Kamikaze Diaries*(*Ohnuki-Tierney* 2006)。

的人。笔者仔细考察了哲学家在消失过程中的身体，试图阐明它想说什么。笔者看懂了其姿势的含义，并把信息写了下来，同时也聆听了它的沉默尤其是被迫闭嘴的无奈。笔者还刻画了位于两层死亡之间的肉体。在做完这些之后，我们现在就可以更好地走近第二层死亡了。

第二层

这个世界大监狱(我认为)的典狱长是上帝。这个监狱建造得如此牢固和巧妙以至于虽然它在任何一边都是开放的,世界上没有任何围墙,但奇怪的是我们从来都不可能走出这个世界,也不可能发现外出之道。所以他既不需要抓住我们的衣领,也不需要把我们圈起来以防逃跑。因为,从实际上说,这个世界就是我们每个人的监狱。我们在监狱内搞建筑。我们用金子装饰监狱,让它看起来金光闪闪;在监狱里做买卖,在监狱中争吵和斥责,在监狱里一起跑步和战斗;在监狱赌博;在监狱打牌;在监狱吸毒和狂欢;在监狱跳舞和唱歌。

托马斯·莫尔

 **某些具体的东西**

当这个吃力不讨好的职业实践让哲学家与社会发生碰撞时,就没有什么好玩的了。因为顽固不化是哲学家的典型特征之一,几乎算是职业病。西方把第一位哲学家因为顽固不化而处死,不仅是说明问题的,而且是合适的。自从苏格拉底死后,顽固不化成为西方哲学史不可分割的特征。顽固不化也让哲学家成为故事中的好人物,使其陷入麻烦,令故事情节动了起来,并预兆了高潮和良好的结局。

死亡是有层次的,你可能记得——虚无的层次。第一层是抽象的、非物质的层次:这里死亡只是一个话题,一个想法,而不是其他任何东西。笔者透过蒙田、海德格尔和兰兹伯格等既幼稚又复杂的思考谈及死亡的表象。但是,一旦身体发挥作用,一切就都变了。现在死亡不再是个话题,里面没有任何抽象内容。相反,这个层次的死亡与肉体纠缠在一起;它一寸一寸地侵入活着的身体,偷偷进入内脏和噩梦中;死亡侵入你的凝视目光中;伴随着巨大的残酷性、疼痛和痛苦。这是濒临死亡的动物画面。

以这种形式到来的死亡是任何人生命中的灾难。它的无边无际和不可思议的本质让人难以理解,死亡恐怖令人的头脑停止思考;死亡的独特性和不可重复性让人根本无法做准备;死亡常常促成虚无主义的出现。从哲学上看,这种死亡不是需要思考而是需要体验的东西。但是,即使在此极端情况下,仍然可以有一些空间用来自我掌握和自我创造。事实上,当人们把哲学定义为"为死亡做准备"时,正如苏格拉底所做的那样,人们注定要正面对待死亡,不管它多么丑陋。更重要的是,只有在面对死亡时,治疗哲学才能显出经受住生活考验的英雄本色。如果哲学家不能克服自身的恐惧,像其他人一样在即刻到来的死亡面前惶恐不安,他的哲学即便按照自己的标准也是没有多大作用的。如果说上文考察了哲学家如何看待死亡的;那么现在让我们看看死亡是如何看待哲学家的吧。这就是本章的任务。

*

当死神问他准备好了没有时,骑士说"我的身体吓坏了,我还没有准备好"。接着他开始做肉体的准备——通过与提问者下象棋来进行自我塑造的工作。哲学或许是与死神下棋的另外一种方式。

笔者要讨论两个思想家,他们在面对死亡的前景时不得不振作起来投入哲学研究中。他们把哲学思辨变成了一种行动,一种针对自己的行动。在所有这些方面,其顽固不化被证明极其重要。哲学就像守护神天使,手牵着手带领人们经历这个过程。苏格拉底在雅典陪审团面前的表演是这条戏剧性道路的第一个里程碑,它是从柏拉图和色诺芬的著作中重新构造而成。几个世纪后,在同一条路上,我们遇见了托马斯·莫尔。在被囚禁在伦敦塔内等待处决期间,莫尔写了《关于苦难之慰藉的对话》。笔者在本章中将谈到这本书以及在类似情景下写出的《哲学的慰藉》。

 ## 隐藏在字里行间的死亡

柏拉图在《斐多篇》中所描述的苏格拉底之死已经成为我们了解这种死亡的必要组成部分。它被看作是柏拉图文学天赋的突出贡献和展示文学重新塑造生活的威力的证明。文章写得如此令人信服以至于我们常

常忘记了自己所阅读的东西本质上是虚构的。作为柏拉图的"中期"著作之一,《斐多篇》的写作时间不仅在它旨在描述的事件之后很久,而且在此阶段,柏拉图已经开始明确提出自己的观点,虽然他可能把这些话放到恩师的口中。

这就是笔者建议采取另外一条途径的原因,即通过柏拉图的《申辩篇》来认识真正的苏格拉底。在这里,我们将看到真实的苏格拉底,他在法庭上听到自己的死刑判决,明白自己很快就要被处决却不得不掩盖自己的愤怒,竭力控制受到惊吓的身体。不仅因为《申辩篇》是他最早的作品之一,写作时间离事实相对更近一些,而且因为它可以在一定程度上得到苏格拉底的另一个学生色诺芬写的另一审判记录的确认。[①] 在色诺芬的《申辩篇》中,他似乎稍微有些批评地提到柏拉图的文本,但没有说到底有多么不准确。柏拉图《申辩篇》的文笔要比色诺芬的好得多,叙述更全面也更详细。但是,若平行阅读的话,人们希望拼合出苏格拉底那天在法庭上到底说了什么,重新建构他在听到死亡即将到来后作出的反应。当然,像任何重构一样,大部分真理存在于"亲眼目睹者的眼中"。

在柏拉图的《申辩篇》中,"死亡"、"濒临死亡"、"死亡恐惧"在文本中出现得相对靠后些。在苏格拉底对陪审团的第一演说中只是偶尔出现。但是,一旦出现后,这些词被使用的频率就越来越高,这暴露出苏格拉底一定程度的不安。他继续向听众保证——更是向他自己——没有理由害怕死亡。他说,我们不应该害怕死亡,因为"怕死不过是不聪

[①] 柏拉图和色诺芬的《申辩篇》是硕果仅存的有关苏格拉底审判的描述。古代学者提到过其他的"苏格拉底申辩",但这些文献都遗失了。

明而以为自己聪明；不知道而自以为知道的另一种形式"（Plato 1961: 15 [29a–b, trans. H. Tredennick]）。[1] 因为我们没有对死亡积极了解，我们不应该真的害怕死亡。要害怕死亡，你就必须首先知道死亡是什么。而实际上，无论死亡是什么，都没有什么好害怕的：

> 死亡无非就是两种情况之一。它或者是一种湮灭，毫无知觉；或者如有人所说，死亡是一种真正的转变——灵魂从一处移居到另一处。如果人死时毫无知觉，而只是进入无梦的睡眠，那么死亡真是一种奇妙的收获……另一方面，如果死亡就是灵魂从一处迁往另一处，如果我们听到的这个说法是真实的，如果所有死去的人都在那里，那么我们到哪里还能找到比死亡更大的幸福呢？
> ——《申辩篇》（《柏拉图全集》第一卷，王晓朝译，人民出版社，2002年）

从技术上说，苏格拉底可能是正确的。死亡或许真的是人们可能获得的最伟大祝福，或者至少是个没有终结的无梦睡眠，这也不坏啊。但不安恰恰就来自对死亡到底是什么的这种不确定性。他暗示的这两种可能性的任何一种都同样是可接受的，但我们不知道哪一种是真相。对于苏格拉底这样的知识分子来说，人们作恶只是出于无知。他一直认为如果人们知道什么是善，什么可以让他们幸福并拥有美德，那他们一定会痛苦地承认，他们并不知道死亡确切的意思。死亡要么是这样要么是那

---

[1] 以下在提到柏拉图的《申辩篇》（特来屯尼克 Tredennick 的英译文）时，我使用的都是斯特方（Stephanus）版本的页码。

样，两者同样都可接受，但是在更喜欢概念边界清晰和定义完美对应的人看来，死亡的这种本质模糊性肯定让人感受到深刻的羞辱。从苏格拉底的角度看，不明白死亡是怎么回事肯定是哲学上的重大挫败。

你肯定微笑着问自己，"苏格拉底这时候真的害怕死亡吗？"他当然怕了。他肯定怕。他已经70岁，寿命已经不短了，长寿到足以了解一些事物了。人生是很容易上瘾的毒药：活得寿命越长，对活着的依赖感就越强。越是年轻的时候，死亡就越容易，当然也越发令人感到悲伤。这就是为什么殉道者总是年轻人——那是还没有过分深刻地依恋这个世界的灵魂所做出的决定。二三十岁的时候，你更容易成为殉道者：你还没有足够的时间去理解生活给了你什么，所以并没有充分了解你会留下什么，未来还剩下什么。① 但是，当你像苏格拉底一样活到70岁，你肯定怕死。或许可以这样说，人生就是一个不停嵌入、确认和修正的渐进过程。伴随着每次新的人生体验，你会越来越深地扎根于这个世界，而这个世界也越来越深地进入你的身体中。到了一定年龄后，任何突然的分离都不可能不痛苦，所以苏格拉底有很好的理由感到害怕。

但是，有时候临死之前感受到的痛苦或许是看透死亡的最佳角度。

幕间剧——恐惧和勇气其实是亲密的合作伙伴

勇气和恐惧虽然似乎正好相反，但是实际上两者有秘密的关系；一方预设了另一方，如果没有其中一方，另一方就什么也不是了。常常出现的情况是：极端的英雄主义恰恰诞生于极端的痛苦，

---

① 这里我应该也提及濒临死亡的年轻人有时候产生的吸引力。彼得·法兰西讨论了"罗曼蒂克的事物格局"，"早早就悲惨地死去视为被上帝拣选的标志"。(France 2000: 11)

最令人钦佩的勇气往往来源于最大的恐惧。瓦茨拉夫·哈维尔在《扰断和平》中做的忏悔非常说明问题。这个冒着生命和失去自由的危险反对国家独裁政权的勇敢者承认,他的"所谓勇气和耐力都源于恐惧"。也就是由于对自己良心的恐惧,"从因为真正的和想象的失败而折磨自己的过程中得到快感。"让人感到欣慰的是,他承认他"在监狱服刑的英雄时刻"是"一长串的焦虑、恐惧和害怕"。他回顾了自己是多么"像吓坏了的孩子一样恐惧、害怕,在这个世界上感到困惑,害怕生活,永远在怀疑自己处于世界秩序中的错误位置"。他并不认为自己比其他人有更大的勇气,他在监狱中的表现远非崇拜者想象的那样了不起。"每当我在大厅中听到熟悉的欢呼声'哈维尔'时,我就感到恐慌。"有一次,"听到有人这样叫我的名字,我不假思索地从床上跳起来,脑袋瓜竟然碰到了窗户上"。(Havel 1990:204—205)恐惧和勇气就好像绑在一起的两个囚犯。这是它们的存在方式,也是向世界展示的方式。如果一方朝着某个方向走,另一方必然紧紧跟上。

 **驯服死亡**

一个从来感觉不到死亡恐惧的大无畏的苏格拉底当然令人钦佩。这将是超越了生物学范畴和肉体局限的像神一样的苏格拉底。但是,一个挣扎着克服死亡恐惧并在深刻的痛苦中找到勇气的苏格拉底则更加令人钦佩。在柏拉图和色诺芬的《申辩篇》中,我们都看到一个并没有被即将到来的死亡前景所打垮并顽强地挺过来的人。事实上,与检察官周旋,在审判期间讽刺挖苦,并哄骗同胞公民激发他在这样的场合将自己

最伟大的演说天赋淋漓尽致地展现出来,所有这些都是笔者即将讨论的内容。

苏格拉底的第一次演说的整个最后一部分是驯服死亡的复杂途径。多亏了柏拉图的精彩叙述,我们在这里见证了一步步走近死亡的苏格拉底,他谨慎地绕着它走,看一看它,再走近一些,再看一看,再走近一些,逐渐适应死亡。苏格拉底已经在之前与死亡有过接触。作为一个老兵,他过去不止一次准备好牺牲在战场上。他经历过瘟疫、战争与和平,以及雅典最近的政治风暴。① 但是这次不同:死亡不再是个风险而是个越来越明显的必然结局。作为风险的死亡和近在眼前的死亡是两种不同的概念。

那天在法庭上,苏格拉底不得不清除自己从哲学中获得的死亡认识以便学习如何更好地对付非常具体的、量身定做的死亡——自己的死亡。我们这里将描述一个让自己熟悉死亡的苏格拉底——他像熟悉家人一样去熟悉死亡。

苏格拉底曾经说:"我想让你们知道,如果你们处死了我,你们所受的损失要比我受的大。"随后接着说,"我从不会由于怕死而违心地屈服于任何权威,即使以生命为代价也在所不惜。""我再度不用语言而用我的行动来说明:死对我来说实在不算什么。这不是夸张,对我来说,最重要的就是不做错事或者坏事"。在所有这些声明中,苏格拉底一再坚持不害怕死亡,但这不由得引起我们的关注和怀疑。不害怕死亡的人不大可能花这么多时间谈论死亡。但这种坚持具有表演的作用:苏

---

① "虽然传统上我们的焦点集中在审判和死亡上,但实际上他是个幸存者。到公元前399年,雅典的许多人已经被毁灭或者已经成为从前自我的影子。"(Hughes 2011: 358)

格拉底不是企图说服陪审团他不害怕死亡而是试图说服自己。通过这些话语，他把自己越来越近地拉向死亡，把死亡变成一个熟悉的存在。这是最紧迫的自我塑造哲学。

但与此同时，苏格拉底要确保他没有向陪审团送出模糊的信号。不管他是多么害怕死亡，他更害怕过一种卑鄙的、非苏格拉底式的生活。他不止一次地告诉听众无论审判的结果如何，他都不会改变自己的生活方式。意识到法官在他停止哲学思考的条件下原谅他的这种可能性，苏格拉底先下手为强，清楚表明他不会接受这种条件。如果他们提出，他会拒绝："先生们，我是深爱你们恩惠的忠实仆人，但我更应该听命于神。"只要活着，只要还有能力，他就"决不能停止追求哲理的实践，我必须向我所遇到的每个人阐明真理"。这并不是赢得陪审团好感的最好办法。但是，苏格拉底绝对没有要讨好陪审团的意图。①

苏格拉底大部分时间都在讲话，虽然在柏拉图的《申辩篇》中，他的指控者之一米利图斯短暂现身，咕哝了几句话然后消失在乱哄哄的人群中。在我们浏览对审判的两篇叙述时，我们不停地纳闷陪审团听了苏格拉底讲话后会有什么反应。他们听懂笑话了吗？感受到讽刺、尖刻的语言、隐蔽的侮辱了吗？他们愤怒地拍案而起了吗？离场抗议了吗？柏拉图在文中基本上忽略了他们，我们无法从文中真正了解陪审团的反应是什么。他让他们变成哑巴和聋子，好像根本不存在似的。在色诺芬的《申辩篇》中，有时候我们能感受到陪审团的存在："当陪审团听到这些话，他们愤怒地叫嚣"或者"陪审团的喧闹声更大了"。（Xenophon

---

① 此节《申辩篇》的几处直接引语借用了王晓朝译《柏拉图全集》，北京：人民出版社，2002年。——译注

1996：12）文中提到他们的地方就这些。他们不是重点，几乎像不存在一样。

 ## 烧死哲学家

审判的转折点出现了，当陪审团的第一轮投票开始，多数人认定苏格拉底如指控者所说有罪。哲学家对雅典同胞的失望肯定十分强烈。虽然这只是确定是否有罪的投票，但多数陪审团成员认定他有罪的事实在苏格拉底看来就是一个标志，说明他不仅没有说服陪审团相信他的无辜，而且更重要的是他自己过去几十年在雅典的使命也是失败的。在他看来，这两者从来分不开。就在审判前不久，看到苏格拉底不怎么在乎审判，有人就问他："苏格拉底，难道你不考虑一下说些什么为自己辩护吗？"对此他回答说："难道我在你看来没有花时间关心我的辩护吗？"有人问："如何辩护？"苏格拉底回答说："在我的一生中，我没有做任何不公正之事，我认为这就是对我自己的最高的辩护。"（Xenophon 1996：9—10）因此，他没有能说服陪审团，现在在他看起来肯定是一个更大失败的镜像。

因为这么多、这么重大的失败，苏格拉底现在肯定觉得，他在这个城市的生活失去了意义。雅典人现在对他的论证充耳不闻（或者已经厌烦之极）[①]——他在第一次演说中使用的精彩修辞根本没有打动他们。苏格拉底肯定已经意识到了，无论推理还是演讲都无法说服他们。在他和雅典同胞之间显现出巨大的鸿沟。这是误解和怀疑的鸿沟，是感情受

[①] 正如一位传记作家所写，或许"到了公元前5世纪末，雅典人已经厌烦他了。曾经激动人心和宽厚纵容的苏格拉底如今已经变得脾气暴躁、招人咒骂"。（Hughes 2011：238）

到伤害和引发愤怒的鸿沟,是希望遭到背叛和记忆遭受污染的鸿沟。任何话语,无论多么聪明,都无法填补这个鸿沟。苏格拉底要做什么呢?陪审团多数的投票使其相信无论他再多说什么都不会打动他们的心智或头脑了。他的脑海里肯定出现了一个新的想法"如果有良好的死亡时机,此其时也"。色诺芬也说,苏格拉底相信"这甚至是他死去的绝佳机会"。(Xenophon 1996: 14—15)

苏格拉底发现自己只剩下一件事可做:结束自己的生命。通过他濒临死亡的身体,他必须"说"出他无法用精通的希腊语所说的话。面对麻木的雅典同胞,他现在能做的事只有通过其他手段,也就是通过他自己的身体,使其以一种引人注目的方式死去,这样谁都不可能不聆听了。他还能有什么其他选择呢?如果他有其他选择,显然就是:请求雅典人原谅,自己悔改,承诺不再做过去一直做的事。但是,这并非真的是个选择。他已经清楚说明什么也不会阻止他追求哲理。接受这个选择虽然可能挽救自己的生命,但也让他的人生成为一种嘲弄,是对其哲学的背叛。而拒绝这个选择就可以挽救自己的面子和哲学,虽然在此过程中将命丧黄泉。

因为生命是少数只能丢失一次的东西之一,知道如何做——如何从这次丧失中获取最大利益就成为一件非常微妙的事情:这是真正的"机会只有一次"的行动。因为可用的手段有限,苏格拉底在剩余的有限时间内必须将其死亡转变成其他东西——从哲学工程的角度看,这将是最好的办法。如果运作适当,该事件将带给他好处,不仅挽回面子和荣誉,而且成为青史留名的典范。① 这与自焚者的策略没有太大不同。你可

---

① 尼采可能会说,"快死的苏格拉底变成了希腊贵族青年从来没有见过的新理想"。(Ahrensdorf 1995: 2)

能含蓄地说，苏格拉底现在像自焚者一样已经没有了回头路可走。他已经处于和所在城市发生冲突的轨道上，就像已经点燃汽油，注定要毁灭的抗议者只能尽可能地让死亡变得意味深长。当所有其他劝说方式都已经失效之后，苏格拉底肯定希望他这个引人注目的"自焚"不仅打开雅典人的眼睛，而且净化他们的心灵。

这甚至连赌博都算不上，简直就是个简单的算术题：掂量掂量他现在死掉会给他什么，活着的话，未来将会给他什么，苏格拉底意识到前者是更有利的解决办法。苏格拉底的"精灵/神性"（daimonion）的真正天才在于这次它没有显现，正如我们在柏拉图的《申辩篇》中看到的："我非常明白我最好去死，我摆脱心神烦乱的时候已经到来了。这就是为什么没有征兆来阻止我的原因。"（王晓朝译本，第31页）色诺芬的《申辩篇》则更加直截了当。这里，不仅苏格拉底的人格神坚决反对更具妥协性的立场（"的确是这样，我曾有两次想着申辩之事，但我的守护神一直反对我这样做"），苏格拉底从容赴死的决心还被呈现为他在那个情景下能够做出的最理性决定。色诺芬让苏格拉底说出："如果我继续活下去，我知道老态龙钟是不可避免的：视力变坏了；听觉减弱了；学习也越来越困难了；而且学过的东西也记不住了。"（Xenophon 1996: 10）[①]

[①] 艾米丽·威尔逊把苏格拉底在身体仍然健康的年纪喝毒药而死的"干净利落"与他留在身后的良好形象联系起来，其子孙后代就是据此塑造其形象的："苏格拉底避免了与死亡有关的一切有失尊严的内容。他的威望如日中天，他的朋友看不到他被疼痛折磨得抽搐或扭曲的景象。他们无需为风烛残年的老人端屎倒尿，擦掉呕吐物或在病床前伺候。他在身后只留下美好的记忆。"（Wilson 2007: 12）该句译文出自：[古希腊] 色诺芬著，吴永泉译《回忆苏格拉底》，北京：商务印书馆，1984年，第189—196页。——译注

虽然柏拉图的《申辩篇》中苏格拉底愿意去死主要与上帝赋予他在雅典的使命有关，但是在色诺芬的叙述中，苏格拉底的决定有一个功利性因素，甚至是一种"算计"。在陪审团面前的演讲中，色诺芬的苏格拉底一直在考虑有关其死亡的最佳"安排"。令人奇怪的是，在某些时候你有一种印象，即发生在此人身上的最糟糕之事可能是，他的计划失败，因而没有死成。假如他得到法庭的无罪释放，"显然我的生命不会即刻终结，我可能寿终正寝，承受疾病和老年带来的痛苦，同时伴随着所有的困难和不快"。（Xenophon 1996: 11）对那些认为哲学首先是生活艺术和死亡艺术的人来说，那的确是非常糟糕的安排。苏格拉底说："我要选择死亡而不是靠祈求获得比死亡糟糕得多的苟活。"

他做出了选择。首先，苏格拉底必须确保他要得到死刑判决而不是其他。因为他可能最后处于灵泊，既不死也不生的流浪状态——在余生中面临苟且偷生的耻辱，祈求他蔑视的人的原谅，成为嘲笑的靶子。他使用的窍门非常巧妙。一旦他被判决有罪，正如人们所知的，指控者要提出处罚办法（他们会选择死刑判决）。苏格拉底反过来必须提出反建议。不是提出减轻惩罚，他说考虑到自己为这个城市做出的贡献，他真的应该得到报偿，要求雅典人为他提供免费的生活必需品，直到去世为止。因为没有"比享受国家的赡养更好的报偿了"。他比"奥林匹克的获胜者"更有资格得到国家的报偿。运动员不过是给他们"表面的成功"，而苏格拉底则给了他们"现实"的成功。他得出的结论是："如果由我来建议对我进行最符合正义的处罚，那么就让我享受国家的赡养吧"。

这是得到死刑判决最保险的办法。任何更轻的惩罚都会毁掉他的努力。似乎要确保他背水一战，苏格拉底在最后的演讲中破釜沉舟自断后路，说话比从前更加尖刻和犀利，"由于我相信我没有加害任何人，我也不能加害自己，我不认为我应该遭到恶报，也不想提什么惩罚自己的建议"。① 因为没有什么可失去的，苏格拉底现在最大胆。他在这里的话语或许可以说是"自杀式言论"：你在说服听众杀了你。色诺芬在《申辩》中确切地指出了这一点：他把苏格拉底的"夸夸其谈的言论"与其死亡的决定联系起来。（Xenophon 1996: 9）事实上，他不明白撰写判决书的其他人（包括柏拉图在内）怎么会不做出这种联系。

这里，苏格拉底现在成为最终说实话而且毫无畏惧的人，一个说真话者。要说出一切，再不隐瞒任何东西。他告诉听众，公共演讲有一个道德要求。如果你发现自己受到公开指控，你不能仅仅靠说话摆脱指控："法庭犹如战场，无论我还是他人都不应费尽心机去逃避死亡。"你必须永远说真话，无论付出什么样的代价："我不是因为没有尽力为自己辩护才被判决有罪，而是因为我没有厚颜无耻地进行表演，没有以取悦你们的方式向你们谄媚。"什么也阻止不了自杀的苏格拉底为雅典人启蒙，说出他对雅典人的看法。不是说他仍然希望教导他们如何生活，而是——现在在他看来肯定是这样了——这是结束自己生命的最好方式。他最后的演讲不是关于雅典或雅典人的，而是他对他们极端失望之情：

> 如果你们指望以置人于死地的方法制止人们公开谴责你们生平的过失，那你们就太不理智了。以这种方式逃避对自己的谴责既不可能也不光彩。最好的和易行的办法不是堵住别人的嘴，而是尽可能去做一个善良的人。②

---

① 王晓朝译《申辩篇》。——译注
② 王晓朝译《柏拉图全集》，北京：人民出版社，2002 年。——译注

当然，也有苏格拉底无可救药的傲慢。最近的一位传记作家说，"在这样的年纪通常应该比较温和了，但是苏格拉底在审判中似乎完全忘记了'谦恭'的意思"。（Hughes 2011: 335）。如果有那么一会儿，有个陪审团成员忘记了那天他坐在法庭做什么的话，苏格拉底的演讲起到了提醒他们的作用：来审判一个人，他在过去几十年里的主要作为似乎就是隔三差五地拦住无辜的行人羞辱般地审讯他们，只是为了证明他们有多么愚蠢。如果这就是哲学，我们不要也罢。

苏格拉底的计划取得了最佳效果。他如愿以偿地得到了死亡判决，几个星期后他令人印象深刻地在自我控制下死亡。从此以后，他就成为"最光荣的英雄和最神圣的殉道者之一"。（Ahrensdorf 1995: 22）他的死亡方式逐渐被认为是一种让哲学家的生活变得最有意义的死亡。多亏了它，多亏了柏拉图的描述，被理解为"为死亡做准备"的哲学已经成为西方哲学家自我表现的基本特征。苏格拉底之死已经成为哲学定义本身的组成部分。

幕间剧——时间停止了

有一天，一个身材矮小、手里提着购物袋的小个子，真的来到一列移动的坦克车队面前。没有人知道他是怎么到这里的，他自己也不知道。周围似乎没有人。其他所有人都溜走了，但他没有。他似乎忘记了要朝什么地方去，不知道为什么，他决定就停在那里，停在宽阔的空荡荡的大街中间，引人注目地站在前进的坦克车前。他还有时间逃跑或消失，但他没有。毫无疑问：他选择要和坦克车队对抗。在通常情况下，骑得飞快的自行车都可能把他吓坏，他会赶紧连连后退。但是现在不。不知怎么搞的，这个小矮子镇定地站在危险的庞然大物面前。就在撞上他的一瞬间,第一辆坦克车突然停了下来,列队中的其他坦克也都停下。有几秒钟,非常难熬的几秒钟,一动不动,似乎什么事也没有发生。一种震耳欲聋的巨大沉默笼罩了一切:这个广场、这个小矮子、坦克车留下的印痕和购物袋。但是,就在这几秒钟里一切都发生了改变:出现了某些不同寻常的东西,任何人都无法消除的东西,从此之后,这个世界再也不是从前的样子了。

伦敦塔中的哲学家

1534年4月,托马斯·莫尔爵士被要求对议会刚刚通过的《王位继承法》做效忠宣誓。宣誓中有关王位继承的条款并没有令他感到特别苦恼,但让他觉得麻烦的是,宣誓中他必须承认国王在宗教事务上拥有最高权力的条款。① 莫尔是个非常坚定的保守派罗马天主教徒。虽然他忠于王室,但他不能接受国王或任何国王成为"英国教会的最高首脑"的观点。在他看来,这种宣誓是出卖灵魂的严重事件:"因为我肯定,如果我对此宣誓就是严重背叛了我的良心。"(More 1961: 244)② 所以莫尔拒绝宣誓,而这被视为犯下"严重的叛国之罪",应该处死。随后他被

---

① 彼得·阿克罗伊德说:"在他仔细考虑和重新阅读这两份文件(《王位继承法》和《王位继承宣誓》)后,他意识到誓词本身远远超出了王位继承的问题。换句话说,它要求不仅遵守《王位继承法》而且遵守'本届议会开始以来通过的所有其他法案和规章'。这包括了《首岁教捐法案》、上诉法案、豁免法案、《教皇现金法案》。"(Ackroyd 1999: 364)

② "如果莫尔按照呈给他的誓词宣誓,就意味着他将同意强行剥夺教皇的司法权并造成英国教会事实上的分裂。这是他不能做的事,即便要付出生命的代价也不能。"(Ackroyd 1999: 364)

逮捕并被关进伦敦塔一年多。对他的审判和处决发生在 1535 年 7 月。莫尔在伦敦塔中的时间是其一生中最有决定意义的一段。无论他从前做错了什么,现在都有机会做出修改:在过去他没有仔细关注的重要议题再次回到他的身边,要求他做出决断。他的生命现在简化为最基本的生存需要,这意味着他可以花费大部分时间来思考死亡问题。

这么做其实一点儿也不新鲜——莫尔在成年时期就一直在思考死亡问题。他表现出我们所说的"怪异的情感",也曾多次探讨过这个话题。莫尔总是有丰富的想象力,当他撰写有关死亡的内容时想象力就愈发丰富。[①] 比如,他未完成的《四大归宿》(约 1522)的最初部分被称为"死亡记忆"。在谈到苏格拉底的哲学是"为死亡做准备"的观点后[②],莫尔触及了在他看来我们所能渴望的最容易的死亡:

> 我说,你看见了自我,如果你的死恰到好处,至少躺在床上,头部遭到射击,脊背疼痛,血脉跳动,心脏咚咚直跳,喉咙呼噜作响,肌肉在颤抖,嘴巴大喘气,鼻子受刺激而抽搐,腿在发抖,手指在乱摸,呼吸越来越短促,身上的力气在减弱,生命力在一点点地消失,死亡越来越近。(More 1931: I, 468)

如果这样的死亡算容易的话,人们可能知道对莫尔来说更困难的死亡会是什么样子?

[①] 正如理查德·马瑞斯所写:"莫尔的文笔在谈及死亡和我们很快就被忘记的方式时最具活力。"(Marius 1985: 356)

[②] "对从前的某些著名哲学家来说,当被询问搞哲学应该具有什么样的能力时,他们回答说,沉思默想或者死亡练习。"(More 1931: I, 468)

但是，在伦敦塔的牢房里，死亡对他来说具有了新的意义。死亡不再是你能轻松描述或幻想的东西，不再是显示你的聪明和智慧的学术话题，不再是想象力随意发挥和驰骋的领域。这是严肃的、近在眼前的死亡，它将发生在自己身上而不是任何抽象的人身上。为了在半道上截住死亡，莫尔强化了他通常的"禁欲苦行"：头戴发套、绝食和明显地自我鞭笞。按照他的第一位传记作家所说，每天晚上上床睡觉之前，"他都把自己包裹在亚麻床单中，就好像准备往坟墓里放的尸体"。（Ackroyd 1999: 369）他觉得自己的死亡已经近在眼前。在写给好朋友尼古拉斯·威尔逊医生的信中，莫尔坦承"自从我被关在伦敦塔以来，已经有一两次差点儿死去了。坦率地说，死掉的希望让我感到开心和高兴"。（More 1961: 233）年轻时，莫尔渴望成为修道士，渴望"为这个世界而死"。他的梦想最终似乎变成了现实，虽然这是字面意思而非隐喻的死亡。

但是，死亡绝非那么容易。濒临死亡从来都不容易。莫尔很快就要死了，但这不是普通的死亡。他的死亡方式应该是用来杀鸡儆猴的：它必须令人毛骨悚然，残忍得无以复加，而且不容易从人们的记忆中抹去。法律中有叛国者到底应该如何被处决的具体规定。因为莫尔是最熟悉这些东西的律师，他不会不知道法律对犯有严重叛国罪的规定是什么。

> 罪犯应该被套上绞索直到他失去意识，然后再让他苏醒过来以便能看着自己的阴茎被割下来塞进嘴里；然后他的肚子被豁开，肠子被挖出来扔进一锅沸腾的水中，这样临死之人能够闻到自己死亡的气息。接着，他冒着热气的心被从身体中摘下来举到他的面前。（Ackroyd 1999: 368）

而且，他也明白他可能随时遭受折磨以作为获取认可的手段。① 莫尔知道他的死近在眼前，但这不单单是死亡问题，还伴随着可怕的痛苦。单单抵抗疼痛就是个问题，因为莫尔亲身经历过这种痛苦。在给女儿玛格丽特·罗珀的信中，他坦率地承认"我在本质上是怕疼的人，一痛心就揪起来，所以连弹手指的声音都让我害怕"。他觉得自己脆弱、怯懦、不敢迎接挑战。他公开表现出被恐惧吓坏的样子，考虑到肉体的局限性，他不可能达到自己设定的基督徒标准，因而"注定要沦落为遭到上帝厌恶的人"。一个即将成为殉道者的人很少像他这样缺乏足够的思想准备。

这时候出现了《关于苦难之慰藉的对话》。莫尔在被关进伦敦塔之后不久开始写这本书。起初，他或许有书籍作为参考，也有可以用来写作的材料，但是当看管变得越来越严之后，他就不得不使用煤块儿来写作了。② 他一次或许写几页，并通过仆人悄悄送出去，或者在她女儿探望时直接口授给女儿。③ 这在文本中都有充分的表现。比较宽厚的传记作家如理查德·马瑞斯在读了《慰藉对话》后觉得它"从一个话题悠闲地漫游到另一个话题，就像搁浅在平静海面上的船，随着柔软的海浪波动"。（Marius 1985: 472）而要求更高的读者如该书的现代编辑之一勒兰·迈尔斯就忍不住指出其缺点（令人乏味的重复、糟糕的结构、错乱的开

---

① 他在 1535 年初写的一封信中警告说，"如果我不幸接受这个誓词（我相信主绝不会让我吃苦），你可以肯定那是屈打成招的结果，那是在胁迫和折磨下表达出来的，是意愿的扭曲"。（More 1961: 243）

② 正如该文本的一个现代编辑所说，"许多文学作品是否在更加不利的情况下写出来的说法令人怀疑"。（More 1965: xvi）

③ 这是勒兰·迈尔斯的暗示。（More 1965: xxx）

头），他们倾向于得出该书"不过是初稿"的结论。(More 1965: xxix)

但是，以普通文学标准来衡量《慰藉对话》可能没有说到点子上，因为该书并不是作为"文学著作"来写的。其标题应该从字面意义上去理解：莫尔写这本书就是为自己带来慰藉而已。就我们了解到的他的处境而言，他对疼痛的恐惧，他的痛苦，即将遭受酷刑的预期和随之而来的悲惨死亡，这一切都使他迫切需要慰藉。就像苏格拉底在雅典陪审团面前发表的演讲一样，莫尔的《慰藉对话》主要是作为一种行动方式，是对作者可怜的灵魂说出或写出的话。这种文本的最重要内容不是其形式，甚至不是其内容，而是写作本身给作者带来的影响。《慰藉对话》在这方面很好地实现了自己的目标。[1] 正如迈尔斯本人所说，这个"怕疼的人通过写作说服自己如何无所畏惧地面对疼痛"。在"文学史上我们还很少有如此实证性的证据来证明作家达到了他的目标，即使有的话"。(More 1965: xviii)[2] 本书的写作是哲学作为自我塑造的典型例子：哲学家不仅是"谈论"某个话题，而是促成生活的变化。

据说，为了保护英国天主教徒不受亨利八世的迫害，以及避免为自己带来更多的麻烦，莫尔在《慰藉对话》中把剧本的背景挪到一个很远的地方，从而改变了它的寓意。故事的背景是在布达佩斯，时间

---

[1] 马瑞斯注意到"《慰藉对话》中有太多谈论控制恐惧的内容。但我们没有发现惊慌，相反，我们看到的是安详和沉着镇静"。(Marius 1985: 472)

[2] 作为严格的文学作品《慰藉对话》是失败的，但作为旨在给作者带来安慰的练习，它又是成功的。这令人想起法国哲学家皮埃尔·阿多有关古代哲学著作的观点。在他描述的作为"人生艺术"的哲学传统中，一本书常常只是在世哲学家行为的大致记录而已："通常这项工作的开展与观念有关，但缺乏系统性和严谨性。它有开端有结束，有犹豫不决还有口语中的重复等。否则，在重新阅读了他写的东西后，作者会通过添加过度性的段落、不同于其他部分的绪论或结论等使其著作更系统更完整，虽然可能会有些牵强。"(Hadot 1995: 62)

是 1528 年。土耳其人持续发起战略进攻，他们随时可能包围这个城市。这时欧洲已经被包围，而莫尔当时的信仰正处于类似困境。莫尔化身为安东尼，一个风烛残年的病老头儿，害怕即将到来的灾难，害怕受到迫害和监禁，也害怕"非信徒"的胜利对他及其民众意味着什么。在对话中，他说话最多（对话实际上是独白），他的侄子文森特偶尔插一句嘴，先是为读者介绍故事背景，接着提出后续问题，或提醒或更新。国王亨利则被改为土耳其大汗苏莱曼，他残酷迫害安东尼/莫尔的信仰，镇压真正的基督徒，是最大的敌人和恶魔的使者。虽然采用这个手段主要是出于非文学的理由，但结果却增强了文本的戏剧性力量：就好像这已不再是莫尔的戏剧，而是更大的战斗，几乎可以说是宇宙之战。而且，使用这种寓言式手段对莫尔的自我理解和自我塑造或许有了更重大的隐含意义。对此，笔者将在下文中详细阐述。

另一个哲学家，另一座监狱

托马斯·莫尔在监狱牢房里等待被处决。他的政治生涯本来前程似锦，但在失去了国王的恩宠之后最终折戟沉沙，沦落到如此悲惨的境地。作为思想家，他需要弄清自己身上发生的事，他要寻找更高形式的"慰藉"，并求助于写作作为获得慰藉的手段。所有这些都让人想起一个非常类似的案例：安尼修斯·曼留斯·塞弗里努斯·波爱修斯（约480—524 或 525）是个杰出的罗马哲学家，常常被认为是"最后一位罗马人和最早一位经院哲学家"。显然，他的博学引起了东哥特国王狄奥多里克大帝的兴趣，波爱修斯曾经为他工作了一段时间，担任过若干重要职位（包括在 510 年担任顾问），但是最终波爱修斯被国王指控犯下叛国罪，于523年失去了权力。故事的细节现在还不清楚，但我们的确知道他在被拘押了一段时间之后就被残忍地处决了。

在被拘押期间，波爱修斯撰写了中世纪欧洲最有影响的一本书，显然仅次于圣经本身：《哲学的慰藉》。这本书的"情节"极其简单：在监狱牢房或者被软禁在家中（现在不清楚），哲学家被指控犯下死罪后觉得自己被打垮，遭到彻底失败，因而伤心之极。他对现状愤愤不平，加上最近遭遇的不幸以及最残酷之事——丧失自由，但这些不算什么，最令他感到困惑的是哲学议题：如果作为宇宙主宰的上帝是好的，为什么还存在罪恶？恶人为什么不受惩罚呢？为什么"恶棍当道，统治世界"，为什么"美德不仅得不到奖赏"，甚至还被"恶人打败并踩在脚下"呢？（Boethius 2012: 109）对这些问题，除了哲学本身之外还有谁能够给出更好的答案呢？

哲学女士来了，在波爱修斯的监狱牢房里她神奇地变成了真人。他描述哲学女士"有着圣洁的面孔，双眼熠熠生辉，能用超人的穿透力看穿你的心思"。"人们很难猜测她的年龄；她的面孔热情生动，容光焕发，但是她似乎历经沧桑而不属于这代人。"为了暗示他的客人或许是他自己备受困扰的心灵的产物，波爱修斯添加了她的身高"很难说"的细节。她可能显得像"任何一个普通人"，但有时候她似乎"用头上的王冠穿透云彩。实际上，当她把头抬得更高时，凡人就再也看不见她了"。（Boethius 2012: 5—6）与这样一个不确定的伙伴对话，接下来的对话很可能成为作者的独白。

一开始，波爱修斯坐立不安、自以为是、胆大妄为。他质问、指控、怨天尤人、推卸责任。他不断抱怨自己的困境和命运的乖戾与不公。他谴责人类的邪恶和存在的荒谬感，指责哲学女士本人把他带入这种状态。正是她要求哲学家卷入城市事务之中的：

> 难道不是你把柏拉图的话奉为圣旨，当他宣称如果爱智者统治的话或者统治者碰巧热爱智慧的话，理想国就会得到祝福和保佑？你就是使用此人的话来论证为什么智者必须参与公共事务，以防国家的权杖落入恶人或犯罪分子手中，他们可能毁灭或者破坏善。为此，我接受了这个建议走上仕途，把我从你那里学到的东西应用在公共事物上。（Boethius 2012: 16）

哲学女士仍然保持平静。她耐心地倾听并等待波爱修斯讲完他的长篇大论。接着，像在诊室那般严谨，她确认他病了。得病的原因是"你已经不知道你是什么人了"。（Boethius 2012: 28）这正是她前来看他的理由：让他"得到治愈，变成完整的人"。因而引出了该书最具说服力的观点：哲学是治疗。无知者是受苦之人，哲学是医生：良好、明智的论证是药品。其治疗方法是修辞——哲学通过劝说治愈疾病。因为至少从苏格拉底开始，哲学就常常被人拿来与药品相提并论，在《哲学的慰藉》中，波爱修斯最大限度地利用了这种联系。哲学女士治愈波爱修斯困境的途径是"医疗性的"。①

在波爱修斯开始治疗时，哲学女士向他显示，他的真正问题不是失去国王的恩宠，也不是丧失世俗的财富或自由。他的麻烦在于其思维方式。他看待世界的整个方式陷入了歧途：他想从中得到那些在本质上不

---

① 看到他身体状况的改善，她注意到在某个时候"我的论证药物已经开始在你身上起作用了"。（Boethius 2012: 46）

可能属于他的东西。哲学说，人们错误地相信某些东西（财富、荣誉、快乐，甚至健康等）能够给人带来幸福，但那些不是他们应该追求的东西。哲学女士继续一个又一个地分析所有那些世俗的追求目标，这些带给我们幸福的幻觉，却阻止我们追求唯一值得追求的幸福，即神恩和福气：

> 假设你试图积累财富？那你就得从已经拥有财富的人那里掠夺。你想获得绚烂的荣誉吗？你得付出代价给授予你荣誉的人。如果你渴望获得比他人更大的荣誉，你将因为蒙受沽名钓誉的耻辱而变得卑鄙。你想得到权力吗？你将置身于危险之中，有可能落入统治者设计的陷阱。你渴望光宗耀祖吗？那么你将不再有安全感，因为你会被拖到困难之路上去。你要过快乐的生活吗？但是谁不鄙视肉体的奴隶呢？这不是最可耻和最容易破碎的东西吗？……那就大胆地去享受吧，随心所欲地满足感官刺激吧，只是别忘了无论你渴求什么，都可能被一连三天的感冒糟蹋得一干二净。（Boethius 2012: 79—80）

在这些稍纵即逝的东西被证明不值得持久地追求后，哲学带领波爱修斯和我们去追求更可靠的东西。更重要的是，它让我们认识到这种追求是镶嵌在人性之中的本能：作为一种庇佑神恩，"对真善的渴望已经天生地植入到每个人的心中"。（Boethius 2012: 65）从本体论上说，我们存在只是为了参与善的创造过程，因此，"任何缺乏善的东西都停止存在"。在此安排中，罪恶和邪恶本不应该存在。恶人不可能幸福；相反，他们的生活真的很悲惨，是我们中病得最厉害的人。当我们看到其罪恶行为并没有受到惩罚时，应该同情他们，因为"恶人在实现自己的欲望时肯定比他们在没有得到想要的东西时更加不幸"。(Boethius 2012: 120—123) 因为伴随着远离善而来的本体论缺陷，做恶者失去了人性，听任自己堕落为禽兽。因此，哲学回答了波爱修斯有关仁慈的上帝为何听任恶人存在的大问题。他们并不真的存在，其行为就是对自己的惩罚。最终，善人"总是强大的，恶人总是绝望和无助。幸福总是降临在好人身上，不幸总是降临在坏人身上"。(Boethius 2012: 110)

在波爱修斯的书中渐渐出现的是带有强烈柏拉图灵感的哲学神秘主义。在我们听哲学女士的演讲并被她的推理说服时，我们的心思渐渐地跟上螺旋上升的节奏：我们升得越高，被我们留下的东西似乎就越小；眼光变得越来越开阔，思想也变得越来越清晰。任何东西都不能阻止我们开始自己的追求，因为我们的本性是不断进步直到最终进入神恩福气之境。在我们最接近善的时候，正如任何神秘主义之境，我们本人也变成了神："那是得到祝福的人可以被称为神"。(Boethius 2012: 119) 这是一切都豁然开朗的时刻。此时，我们可以从神的视角看到这个世界。

波爱修斯的作品中引人注目之处在于虽然它是在基督时代被基督徒所写①，但作者没有在任何地方要求我们朝着宗教信仰飞跃。哲学女士进行的苏格拉底式对话看起来就像数学运算一样严谨。从哲学上说，她的论证旨在自圆其说：正如波爱修斯所说，她的解释"不是从别处拿来的假设，而是相互支持和印证的天生的、自然的证据"。(Boethius 2012: 105)《哲学的慰藉》虽然提到基督教文本的典故，但是耶稣基督的名字并非在任何地方都出现。上帝扮演了重要角色，但是这个上帝不属于任

---

① 但是，最近的学术研究显示，这一点引起了争议。

何一个特定宗教。

波爱修斯的著作为我们带来一种独特的希望。我们可能仍然是脆弱的、失败的生物，但最终有某种东西可以将我们救赎。无论我们跌落到多么深的地方，无论我们的存在多么荒谬，我们仍然有能力积蓄所需要的力量，不失尊严地做完留在世界上的剩余之事。

哲学的"非慰藉"

在《哲学的慰藉》中，波爱修斯从哲学角度考察了他的生活和即将到来的死亡，将其有限性置于宇宙画面内并得出哲学结论。而在《关于苦难之慰藉的对话》中，莫尔则衡量了哲学的优劣并发现了它的缺陷。他的遭遇要求比哲学更大、更强和更重的东西。这就是为什么他决定从末世论角度探讨自己陷入的困境。其实，正是从末世论角度看待它，莫尔将其重新塑造，以至于他的不幸不再是个人传记中的偶然事件而成为更大故事的组成部分，该故事已经超越他的生平甚至超越他身处的历史背景。从末世论角度思考就是从"四末论"的立场考虑一切：死亡、审判、天堂、地狱。这正是莫尔在《慰藉对话》中所做之事。该书是个人末世论的练习。

在开头几页，文森特这个更年轻、更令人印象深刻的人物确定了口吻。他说这些是非同寻常的时代。在这种时代，死亡甚至比活着还好："这个世界苍白无力，巨大的风险似乎落在手边，在我看来人们能够得到的最大安慰是他或许看到自己很快就要上路了。"这个敌人看起来强大无比，因为他的邪恶不受任何限制。任何东西都不能阻止他：

阻止他的恶意和仇恨；阻止他的无比残忍——烧杀抢掠、大肆破坏，军队所到之处皆留下一片狼藉。接着，人们知道他杀人或者将人劫掠到远离家乡之地，使人妻离子散、家破人亡。为了取得胜利，有人遭受奴役，有人被关进监狱，还有人在他的面前惨遭折磨和杀害。（More 1965: 5—8）

在灾难的轮廓被初步刻画出来之后，作为莫尔代表的安东尼就该出场了。他发出了智慧的声音。虽然情况很糟糕，但我们应该学会如何超越灾难看待问题。因为如果我们将这些悲剧置于适当的视角下，它们就算不了什么了。我们需要将末世论的解读用在世界末日的发展中：土耳其大汗的恐怖或许非常强烈，但是若与"阴森可怕的地狱恐怖"相比根本就算不了什么。他或许让世界陷入战火之中，但是若将它与在这个世界之外等待我们的"愤怒的、永恒的地狱之火"相比就微不足道了，那是我们无法抗拒的。另一方面，无论土耳其人在这个世界给我们的伤害多么巨大，若与"天堂的幸福和希望"相比，这些牺牲也算不了什么。（More 1965: 10）置于这样的背景之下，《慰藉对话》的故事已经不再是伦敦塔中等待被处决的个人故事，而是有关更大事件——即《四大归宿》的故事。

传统哲学（其具体化为牢房中的波爱修斯）在莫尔所处的情景中显得无能为力。他使用波爱修斯的医学形象，但是把医生的角色归属于上帝本人，波爱修斯的医生——"自然哲学"如今则被降级，仅仅是个"药剂师"而已。"自然哲学家""因为缺乏必要的知识"没有丝毫的作用，一个特殊的要点是"不仅所有人的主要安慰所系，而且如果没有它，其他所有安慰也都没有了任何意义"。这个要点就是把上帝看作人类一切事务的总体参照系。我们已经远离波爱修斯而误入歧途。的确，在《慰藉对话》中，上帝扮演了核心角色；毕竟，哲学女士提供的是承认上帝存在的哲学公式。但是，正如帕斯卡所说，这是"哲学家和学者"的上帝，不是"亚伯拉罕和以撒"的上帝。这样抽象的上帝对莫尔来说没有任何用途。他需要的是一个活生生的上帝，一个能够帮助我们"移动、唤醒、引导我们前进"的上帝。（More 1965: 13）一个父亲般的人，虽然可能训诫和惩罚我们，但也包含着慈爱、宽恕、温情和照顾。

无所不在的末世恐惧从这些篇幅中悄悄地爬出来。莫尔放眼环顾四周，进入眼帘的只是罪孽和厄运的迹象，到处只看到无助和失败。他谈到"这个世界的悲惨、肉体的脆弱以及邪恶魔鬼的高超手腕"。（More 1965: 67）因此，现场出现了一张新面孔。就好像现在的情况还不够糟糕，由于原罪我们来到了这个带着基因疾病的世界（"遭天谴的致命疾病"），我们生活在战乱频发的世界。我们必须日复一日地与可怕的敌人作战。莫尔认为，恶魔并不能迫使我们做违背自身意志之事。但由于肉体的脆弱性，思想的贫乏无力和信仰的摇摆不定，可怜的灵魂常常陷入软弱无力的境地。因为时髦的潮流无数次地得逞，敌人使用形形色色的诱惑来战胜我们。[1] 莫尔只是列举了若干诱惑，但足以让我们意识到他心中的世界是什么样子：

> 他用这个世界诱惑我们；用肉体诱惑我们；用快乐诱惑我们；用疼痛诱惑我们；用敌人诱惑我们；用朋友诱惑我们；在亲属的幌

---

[1] "恶魔的训练有上千种隐蔽的方式，也有公开的战斗，有许多各色各样浸了毒的飞镖。"（More 1965: 83）

子下他多次将我们的下一个朋友变成最可怕的敌人。(More 1965: 83)

考虑到莫尔当时的处境,特别有趣的是迫害的诱惑,这是"恶魔在光天化日之下的侵略"。这种恶魔诱惑你放弃自己的信仰——如果你敢抵抗,迫害就接踵而至。人们因为信仰而遭袭击、遭践踏、遭侮辱甚至遭杀害。莫尔带着某种夫子自道的口吻说,"在他遇到的所有诱惑中,这种诱惑最具危险性,最锥心刺骨地痛苦,威力也最强大"。在更普通的诱惑中,恶魔"像狐狸一般偷偷地溜进来"。现在情况不同,恶魔和亨利八世展示出更加令人毛骨悚然的形象:"这个土耳其佬就像张牙舞爪的狮子吼叫着发起攻击那样对异教徒实施迫害"。(More 1965: 151—152)

有时候,莫尔的文本中表现出摩尼教二元论的独特口吻。自从创立之日起,基督教的神学想象中就潜伏着二元论:保罗派、波格米勒派和纯洁派(卡特里派)不过是最突出的死灰复燃而已。莫尔不是纯洁派信徒,但《慰藉对话》中的有些语言非常说明问题。他说,在这个世界,"应该说确立了一种摔跤游戏,其中上帝的人从一边进来"。在另外一边,"进来的是更强大的摔跤手和狡猾的骗子,即恶魔、受诅咒者、骄傲者和该死的精灵"。(More 1965: 83)这个世界其实就是一个战场。我们或许被裹挟着卷入其中,没有别的选择只能接受惨烈的冲突。以杰出的演讲天赋和修辞技巧而名闻天下的莫尔自然晓得他应该如何强调某个观点。他当然想吓唬读者,但要保证不至于把他们全吓跑了,这本书毕竟应该提供某种"慰藉"。所以他不失时机地返回到上帝是堡垒的形象,称赞他是防止恶魔攻击的可靠保护神。

我们是脆弱的生物，总是暴露在诱惑和罪恶面前，但还没有到一切都无可挽回的地步。我们需要保持自己的信仰：就在我们想着自己再也守不住信仰之时，上帝将会出现，令我们保持清醒：

> 上帝给予那些对他寄予厚望的虔诚信徒以神圣肩膀的影子，这个肩膀宽阔、巨大，足以令狂热者冷静下来，重新保持清醒。每当遭遇磨难，他都用结实的肩膀来保护我们。那么，在上帝的肩膀这个刀枪不入的盾牌总是立在中间保护我们的情况下，恶魔是靠什么武器对我们造成致命伤害的呢？（More 1965: 84—85）

莫尔显然开始了他的殉道者历程。

 作为典狱长的上帝

在《慰藉对话》中，莫尔的视角在大部分时间属于末世论，但并不总是如此。有时候，末世论者莫尔让位于哲学家莫尔，其口吻和风格突然大变，甚至连作品的神韵也发生变化，反讽和玩笑被信手拈来，在这方面莫尔果然名不虚传。这样一个时刻就出现在第三部分，他在此介绍了"世界是个监狱"的观念。这当然不是他自己被关在伦敦塔的亲身经历所致，该观念的灵感在他头脑中已经存在很久了。早在十多年前撰写《四大归宿》（约 1522）时，莫尔就已经在把玩这个观点了，"我们对此非常肯定，无论年老还是年少，无论男人还是女人，无论穷人还是富人，无论王子还是贫儿，我们都生活在囚犯组成的世界，这里绝对是个监狱，谁也无法逃脱"。（More 1931: I, 447）甚至在更早的时候，他

在《乌托邦》（1516）中描述的世界明确让读者意识到监狱感化院。从理想的城市背景和布局到市民受到严格管理的生活，到他们必须穿制服和旅行时必须携带通行证，到完全没有隐私和无处不在的监控，到与外部世界的最少接触和任何试图逃跑者都要遭受严厉惩罚等等，乌托邦中的一切都让人想起庞大监狱的形象。而且，该观念本身不一定是莫尔首创，它一直飘荡在至少自柏拉图以来的西方哲学史的上空。在柏拉图的哲学想象中，监狱、洞穴、坟墓等形式的隐喻发挥了重要作用。就柏拉图及其追随者而言，我们在世间的生活不过是坐牢。甚至在《哲学的慰藉》中，波爱修斯也谈到灵魂的"尘世监狱"。（Boethius 2012: 59）但是在《慰藉对话》中，莫尔把这个观念推向极端。结果是这个古老隐喻被重新塑造，从而获得新含义，监狱不再是个比喻，而成为哲学对人类生存条件的描述，虽然有些凄凉，但毕竟清晰可见。

这一话题的讨论在莫尔身上似乎产生了一种解放的效果：我们不止一次地感受到他不再是个吓坏了的囚犯，而是忙于工作的哲学家。像任何优秀的、充满想象力的哲学家一样，莫尔对他在周围看到的一切所做出的第一反应是大胆地重新解释：这个世界并非外表看起来的样子。接着，他的第二个姿态是制造世界行动：让我们建造一座监狱吧。他要在此建造一切。除了从前的变化，莫尔还为此话题添加了新成分：上帝是典狱长，一个确保此地运行顺畅和一直维持良好秩序的人。[1]在《慰藉对话》中，上帝戴着若干面具：医生、慈父，在某种程度上也是关心孩子

---

[1] 在评论《乌托邦》的时候，马瑞斯敏锐地指出："他想要秩序。他想让民众站好队，守纪律，相互团结，勤奋忙碌。他相信人类社会非常不靠谱，罪恶的人类要求包括一切的权威，否则这个世界将堕落到无法无天、混乱不堪的境地。"（Marius 1985: 290）

的老母鸡，但这个例子给人的印象最为深刻。在阅读这些篇章时，你会忍不住听见《乌托邦》作者在背景的某个地方几乎不加掩饰的嘲笑声。在此发挥作用的自然还是他作为当时最伟大的讽刺家的身份。莫尔现在似乎非常"舒服"，他放任自己偶尔做出以牙还牙的行为，如把亨利八世本人关进监狱。他说，即便"世界上最伟大的国王"也不能被原谅，也必须在"上帝的命令"下被迫关进监狱服刑，因为这个世界就是"谁也逃不出的"监狱。(More 1965: 200)

在莫尔的时代，监狱本身很少是一种惩罚。[①] 它最初是拘押人的地方，嫌犯在审判前或者等待惩罚前或长或短地在此被关上一段时间，这种惩罚通常是死罪，但也有小罪。当我们考虑莫尔的"世界是个大监狱"的观点时，应该牢记这一点。他的真正意思到底是什么？因为我们的原罪，在我们出生时就自动被判处了死刑。上帝宣判刑期（显然，莫尔的上帝有3个身份：法官、典狱长和刽子手）：人们"从母亲的子宫出来进入世界"后，上帝"马上根据自己的刑期要求依据他们随身携带的原罪判处其死刑，而原罪来自人类祖先亚当的堕落"。对现代人来说，这种人类条件的观点即便不是施虐狂，至少也够残忍的了，但在定义莫尔世界的边界的神学和哲学想象中，这个观点没有任何异常之处。

不过，除了原罪和地狱之外，还有重要的和无时间性的本能：我们生下来注定是要死的。今天我们说"人人都是要死的"，在我们看来，这没有什么特别残忍之处，但在莫尔看来，这不过是另外一种说法，即人"从第一天来到世间，死亡就盘旋在头顶，在俯瞰他，在等着他前往了"。(More 1965: 199—201) 无论你怎么看，人就要被执行死刑，迟早如此。

[①] 其实，莫尔是第一个现代作家，在《乌托邦》中就暗示监狱是一种惩罚形式。

你可能会说:"好啊,但我们为什么需要一个典狱长呢?监狱本身还不够糟糕吗,干嘛还要判处死刑呢?"莫尔回答说,典狱长到这里是要提供帮助的。他可以帮助我们,在路上给我们安慰,让我们的等待变得更容易忍受一些。上帝是"负责人",在莫尔看来,没有什么比一个无人负责的世界更糟糕的了。在这个惹人讨厌之地,我们没有依靠也不相信任何人,他建议我们去找典狱长求助。因为上帝"既不残忍也不贪婪,我曾经说过他是世界大监狱的典狱长"。这一点很重要,因为在执行死刑时,典狱长要充当刽子手,我们希望获得优待,死得稍微容易一些。

"这个世界大监狱的典狱长是上帝"的说法有一种怪异和恐怖之美。(More 1965: 201—204)我们必须承认莫尔的隐喻很有力,他的视野大胆而且令人难忘。当我们站在莫尔的同代人希罗尼穆斯·博斯(1450—1516)的画作前沉思时,它还突然令我们想起盯着我们看的这个疯狂世界。就像博斯一样,莫尔拥有一种能看透赤裸裸的残酷现实的天赋。他未必提出了某种新观点,只是重新表述了已经存在的东西:这儿单独挑出来一件,那儿特别强调另一件,在总体上破坏了它的严肃性——莫尔以此揭示世界是个荒谬的剧场(他的同代人常常注意到他的生活就好像是在舞台上表演)[①]。莫尔就是打算让我们感到震惊:无论是他被关进监狱还是被判处死刑都不能使其改变。他已经下定决心要笑着离开这个世界。

但是,这并非全是精湛的修辞表演。震惊过后,莫尔详细描述了他

[①] 这是当代编年史家爱德华·霍尔对他的描述:"我不知道该称他是愚蠢的聪明人还是聪明的傻子,因为毫无疑问,除了学问之外他还有伟大的智慧,但是这些智慧与讥笑、奚落和嘲讽如此紧密地搅在一起以至于最了解他的莫过于嘲讽,他认为除非在交流中使用了某种嘲讽,否则说不出任何有意思的话。"(Marius 1985: 518)

越来越复杂的远景。我们生活在其中的监狱事实上并不在外面的世界,而是人性本身。让我们陷入囚禁状态的就是我们当今所说的"限度"。监狱的界墙不是看得见的世俗之墙,而是我们身体的、生物的、本体论的限度。上帝并不真的手拿武器、身穿制服在守护着这个"监狱",他只是按他做事的方式创造了世界,然后由监狱实施自我管理:

> 这个监狱建造得如此牢固和精致以至于它虽然在每个方向都开放,根本没有界墙,但到现在为止我们从来没有找到出口。因此,他既不需要抓住我们的衣领,也无需把我们圈养起来以防逃跑。(More 1965: 204)

在这种把人类看作普遍的"大监狱"的观点中有一种明白无误的绝妙闹剧因素(这里我们听到莫尔施虐狂般的更大笑声)。我们被关在里面,一点儿都不知道真实情况如何。我们不仅生活悲惨,而且对悲惨性还懵懂无知。不仅没有起来反抗,反而依靠唱歌和跳舞来庆祝。莫尔说,"我们在监狱搞建设","我们用金子装饰监狱,让它看起来金碧辉煌"。在这个监狱,"他们在监狱里做买卖;他们在监狱中争吵和斥责;他们在监狱一起跑步和战斗;他们在监狱赌博;他们在监狱打牌;他们在监狱吸毒和狂欢;他们在监狱跳舞和唱歌"。(More 1965: 204)莫尔的文本有时候读起来就像博斯画作的脚本。

 **在屠宰场**

在莫尔被捕之前,他的传记在某个重要的意义上是悖论、内心冲突

和难以调和的矛盾的历史。① 当他的朋友伊拉斯谟称他为"适应所有季节的人"时,或许说出了更多的意思。莫尔的确是个戴着多幅面具的人。哪个面具他没有戴呢?他是学者、侍臣、谄媚者、有尊严者、自我鞭笞者、将异教徒送上火刑架者、虔诚的基督徒、狂热分子、修道士、贪财者、演员、傀儡、傀儡操纵者、审判官、迫害者、检察官、爱书者、焚书者、理性主义者、特务头子、圣人、淫秽幽默的实践者、虐待狂、受害者、最甜蜜的男人。所有这些身份他都不同程度地具备,但哪个身份都不够充分。

不管你如何看待莫尔,他去世前不久的生活都混乱不堪。我们如何将莫尔严肃的禁欲主义和此人的装腔作势调和起来呢?莫尔在一生中始终表现出一种习性,即对肉体感到羞愧,自我鞭笞和禁欲;但与此同时"他能把最严肃的同事逗得开怀大笑"。(Ackroyd 1999: 95)② 他的动机又如何呢?有证据怀疑他禁欲苦行的原因,或许不是要打开通向天国的大门,而是非常世俗的理由:控制烦人的肉体欲望。他的重孙子和传记作家克雷莎克利·莫尔这样暗示。我们在这份记录中读到,莫尔在"18岁或者20岁左右时,因为发现性欲而认定肉体最具叛逆性,他竭力通过禁欲的努力积极地驯服其不易遏制的好色倾向"。(Ackroyd 1999: 69)③

---

① "莫尔的内心冲突和根本奥秘越来越深不可测,远远超过其现代崇拜者愿意承认的程度。"(Marius 1985: 518)

② 阿克罗伊德称他是"善于随机应变的演员"(Ackroyd 1999: 55),马瑞斯也说"莫尔一直在表演"(Marius 1985: 86)。

③ 按照莫尔最早的传记作者之一托马斯·斯坦普莱顿的说法,莫尔害怕"甚至在他的做法和悔罪帮助下,他也不能战胜通过青年人的精力和欲望进入人体的肉体诱惑"。(Marius 1985: 37)

年轻时,莫尔非常渴望成为修道士,但担心强大的肉体诱惑会令其修道生活不够幸福,所以他决定结婚。但作为已婚男人,他还是不幸福。他常常羞辱第一任妻子,惹她哭泣,还把第二任妻子当成开玩笑的靶子,这也非常有名。

莫尔生活中最令人担忧的矛盾可能是该宗教信仰者最终宁死也不背叛良心,但与此同时,他也是无情地给他人定罪的迫害者。显然,听从个人良心的命令是件好事,只要莫尔奉命行事。托马斯·莫尔这个热爱书籍而且自己也写过很多书的人却花费很多时间审问那些被怀疑拥有禁书(尤其是廷达尔英译本圣经)者。[①] 他会高兴地做出有罪判决,结果那些被指控的异教徒被迫"面朝着马尾巴倒骑马,衣服上别着各种书本"。(Ackroyd 1999: 300—301)[②]

意大利和西班牙或许有宗教裁判所,但英国有莫尔。在担任副主教期间,莫尔显然是个乐此不疲的审讯者。他的一名现代传记作家说"他的方法并不温和"。(Marius 1985: 395)他会突然出现在被查抄者的家中搜查禁书;会迅速下令抓人,并押送到审讯室刑讯逼供。为了提高效率,他在位于切尔西的家中执行程序,收押拘留者。因为在他看来,异教徒不是正常人而是魔鬼的工具,使用任何处罚手段都情有可原。比如他会向被控者撒谎或者做出虚假承诺——来引诱他们坦白,只要能奏效,任何花招他都会采用。几年后他在为自己辩护时一再求助于"保持沉默的权利",但这个权利他却从来没有给予所指控的异教徒。莫尔在

[①] 有关莫尔对新教徒文献的反应的讨论,请参阅 *Burning to Read*(Simpson 2007)。

[②] 他们不得不像这样骑马,从伦敦塔一直走到齐普赛街十字架,伦敦人"有义务用烂水果和粪便投掷他们"。(Ackroyd 1999: 300—301)

著作中公开为火刑辩护,他说这是与异教徒斗争的手段,而且相信不应该宽容英国的狂热分子。如果其他方法失效,就必须使用"活活烧死的处罚"。《廷达尔对话》的第 13 章就是要向读者显示:"烧死异教徒是合法的、必要的、非常好的"。

此刻,莫尔在监狱牢房里,离他被处决还有几个月的时间。他写的最好著作《乌托邦》已经过去了 20 年,几乎被人遗忘,他也不再能从书中认出自己了。他在《乌托邦》之后写的很多东西在当今读起来都很令人感到痛苦。他本来可以成为像伊拉斯谟这样的文艺复兴时期的大学者,但他认定贫穷的学者生涯不是他想过的生活,至少不够好。他渴望获得更多东西,认定仕途更适合他。但是作为政客,客气地说,莫尔的表现并不出色。事实上,从个人角度看,他卷入政治最终证明是致命的灾难。

莫尔被关在伦敦塔中,有大量的时间自问他到底是什么人,他的生活是怎么过的,他会被作为什么样的人而被世人记住。他肯定已经非常痛苦地意识到,得出清晰的答案并不那么容易。他现在最迫切需要的是某种大的、可救赎的东西,某种能清洗传记中的矛盾、模糊性和错误倾向的东西,如殉道。如果没有殉道者的死亡,托马斯·莫尔对我们当今的人可能就没有多大意义了。①

---

① 对此,马瑞斯说:"是他的死让他的生活变得真正重要起来,众多有关他的传记组成了英国历史上持续不衰的这个人的形象。"(Marius 1985: xiv)

 如何成为殉道者

莫尔在伦敦塔中遭遇的最大挑战是一系列的问题,这些问题甚至比他的"一痛心就揪起来的怕疼者的本质"更具挑战性。如你怎么能在有意识地殉道的同时却不犯下骄傲的罪过?你能"强行打开"天堂之门吗?这难道不是直接打包送你到地狱吗?莫尔在此的作为其实就是最危险的走钢丝。

再次,莫尔倾向于把人生当作演戏,是在剧场里上演某种戏剧。他在不知疲倦地塑造一个复杂的公众人物形象。①他戴的不同面具(家人、国王的忠实仆人、信仰的捍卫者等)是其自我塑造大工程的组成部分。但是,在路德及其宗教改革变得越来越无法忽视的时刻,莫尔的自我塑造必须越来越多地围绕在他作为旧信仰的捍卫者来反对新异端邪说的角色上。他把自己完全置于为教会服务的角色上,为此他根本不考虑付出的代价将有多么高。毫无疑问,为教会服务在莫尔看来不仅仅是虔诚的信仰问题,与此同时他不由自主地看到自己这么做并不觉得是在演戏。因为他越来越多地进入这个角色,国王亨利八世与罗马教会的分歧越来越大,莫尔失宠于国王是不可避免的结局,而他与英国政治当局的公开冲突也在所难免。因此,莫尔的角色必须呈现新的特征,更准确地说,必须被推至最终的结局。莫尔在不知不觉中已经获得了新角色——殉

---

① 斯蒂芬·格林伯雷令人信服地撰写了莫尔的"自我塑造",(Greenblatt 1980)但是这个议题几乎出现在关于莫尔的所有现代传记中。马瑞斯甚至发现莫尔不断塑造其公共形象的行为令人讨厌,"他觉得自己在舞台上,我们已经厌烦了他形象塑造的自私行为"。(Marius 1985: 518—519)

道者。

　　麻烦在于，即使殉道者或许是一个与他人有关的角色，但如果说到上帝，那就不是了。他不是去扮演殉道者，他就是殉道者。人出现在上帝面前时，他是不戴面具的。莫尔是个具有反思能力的聪明人，同时也是虔诚的信徒。他很清楚自己可能忽悠过同胞，而且忽悠过数不清的人，但他忽悠不了上帝。就全能的上帝而言，莫尔必须停止角色扮演的游戏。

　　殉道是一种绝对顺从的模式，你绝对不可能有任何的"策划"，无论多么微小的操纵都会令你的殉道失效，因为那样意味着骄傲。[1] 真正的殉道者死得非常谦卑。长期以来，至少从公元4世纪的艾伐利·彭迪古以来，骄傲（拉丁语叫 *superbia*，希腊语叫 *hýbris*）都被认为是致命罪恶中最严重的罪过：因为所有其他罪恶都源于骄傲。所以，莫尔的确是在走十分危险的钢丝。[2] 我们从来不知道这种走钢丝的结局如何。天主教会把他封为圣徒，宣称他已经安全到达预定目的地。或许如此，但比到达目的地本身更重要的是莫尔走钢丝表演的本身。我们不妨观察其中的若干时刻以重建此人的斗争过程。

　　首先，虽然莫尔非常清楚他反对国王可能要了他的命，但他想确认，无论做什么，他都不是主动求死。真正的殉道者是在十分不情愿的情况下死掉的。在他被囚禁于伦敦塔期间，他竭力不做任何可能刺激国

---

[1] 在对《慰藉对话》的解读中，彼得·阿克罗伊德注意到类似的情况："他的斗争一半是在防止自己匆忙进入这种死亡，实际上，他在《慰藉对话》中提到的是那些遭遇精神骄傲之苦的人或被魔鬼本身诱惑进入可怕的虚荣境地的人。"（Ackroyd 1999: 372）

[2] 或许这个必要的谨慎小心至少部分地解释了围绕莫尔殉道的某种神秘性。他的同代人和后代人都没有充分理解莫尔的动机。正如马瑞斯所说，"不愿意对自己的殉道理由做出强有力的、明确的声明的殉道者是什么样的殉道者呢？"（Marius 1985: 470）

王之事以防加快其死亡的进程。他的防御性立场非常明显，有时候甚至是在竭力谋求和解。比如，在拒绝宣誓时，莫尔清楚说明这是他的个人选择，其他任何人都不应该觉得必须步其后尘。当家人宣誓时，他并没有表示反对。[①]在被问及誓言中哪些部分他不喜欢时，莫尔回答说他宁愿不回答，因为他已经得罪国王太多，如果"公开揭露背后的起因，我将进一步激怒陛下，这是我绝不愿意做的事"。他宁愿"独自承担一切风险和危害，也不愿意再进一步惹陛下生气"。（Ackroyd 1999: 362）莫尔还一再地清楚表明国王与安妮·博林的新婚姻对他来说不是问题（虽然他之前曾经反对国王与阿拉贡的凯瑟琳离婚）。作为走钢丝的一部分，他要竭尽全力不触怒国王。[②]初看起来，实现这种妥协与和解并不容易，几乎危及莫尔的殉道者形象。因为殉道者都是非常坚定地走向死亡。

但是，这的确是殉道。因为与此同时，常常是在同一声明之内，莫尔清清楚楚地表明他很少在乎自己的性命。如果他谋求和解与妥协，那不是因为怕死而是因为他有自己的理由（他想成为殉道者，但不想给人使其成为殉道者的口实）。如果他的死是国王所逼，那对他再好不过。他从伦敦塔发出的一封被经常引用的书信非常典型。莫尔说，"我是国王真正的、忠诚的臣民，每天为国王祈福，一直在为国王陛下、他的所有臣民和整个王国祈祷。我没有做伤害任何人的事，没有说伤害任何人的话；也没有产生伤害人的任何念头，而是希望人人都好。如果这还不足以让人活着，那我真的渴望离开这个世界了。"他只好听天由命。"我

[①] 这至少是令人困惑的：如果誓言真是那样的话，即如果宣誓将给他带来"永久的谴责"，但当他深刻关心的民众接受时，他为什么不说一句话？

[②] 当他的现代传记作家之一马瑞斯问莫尔"在多大程度上愿意认可国王的新婚姻"，他发现这其实"非常非常愿意"。（Marius 1985: 455）

那可怜的身体听凭国王处置；愿上帝觉得我死了可以给他带来好处。"（More 1947: 553）这是给人印象最深刻的"压力下的风度"。①

正如你看到的，即使在被关进监狱的艰难情景下，在混乱和沮丧之时，莫尔的修辞技能仍然令人钦佩。他试图毫不含糊地、简洁而不失优雅地同时表现出两个不同的信息：他不一定想死，但也不愿意不惜一切代价地活着。同样的，当他指出他不做宣誓只是个人选择时，他也清楚地说明虽然是个人选择，但该选择对他来说至关重要。他的目的不是"把责任归咎于某个行为或该行为的责任者"，不是"归咎于宣誓或任何宣誓者"，也不是"谴责其他任何人的良心"。就良心而言，虽然他不"拒绝对王位继承宣誓"，但他的信念是"现在让我做宣誓，如果我做了就不可能不让我的灵魂陷入永远遭到谴责的危险中"。（Ackroyd 1999: 360—361）莫尔的妥协口吻、不得罪国王的努力、在与王室交往时的整体防御姿态都不应该被看作思想改变的标志，而是更大工程的组成部分，或许你可以说它就是莫尔的殉道工程。他想确保其殉道不是纯粹由自己塑造的。当他意识到自己作为殉道者死去已经不可避免之后，他就非常严肃地对待，并尽一切可能为此做准备。殉道者不会与死亡嬉戏。

*

在基督教中，按照最简化的定义，殉道是"模仿基督之死"。这就是莫尔在伦敦塔中所做之事。他越来越强烈地痴迷于基督的激情；在他完成《慰藉对话》之后就马不停蹄地开始撰写《论激情》、《论成圣的身体》、《耶稣受难记》等著作，这些都是有关基督之死的内容。

《慰藉对话》本身的高潮是对基督受难的详细讨论。在此，莫尔说，

---

① 该说法源于美国作家海明威。

对于因为信仰而遭迫害的人来说,他们能得到的最大安慰是反思基督的受难与死亡。不管挑战多么巨大,不管迫害多么残忍,如果脑海中浮现基督的典范,那么一切都变得无足轻重了。他们的疼痛或许难以忍受,但基督已经感受过了无尽的羞辱、无限的痛苦和彻底的绝望,所有这些基督都经历了,而且更多。基督已经先于你死去,他为你开辟了道路,你需要做的只是毫无畏惧、毫无遗憾地跟上去。①

在除了反对宗教改革外,作为天主教徒的莫尔还有一种核心感性因素。为了消除心中残留的恐惧,莫尔设计了一套"灵修练习",可以说是这种情感的惊人展示。如果其他劝说手段统统失败,安东尼敦促文森特考虑:

> 残忍的虐待者使用木棒或皮鞭抽打他神圣而娇贵的躯体,致使其遍体鳞伤、疼痛难忍;将用锋利荆棘做成的王冠恶狠狠地深扣在他神圣的头颅上,致使处处都流出神圣的鲜血,不停地往下滴;他那秀美的四肢被扯开钉在十字架上,前身被打得皮开肉绽,血管和肌腱疼痛难忍,四肢被拉直钉在十字架上的新疼痛和夹钳固定时的疼痛快速传遍他圣体的每个角落。接着是又粗又长的钉子被人用锤子狠狠地钉在他神圣的双手和双脚之上。(More 1965: 233)

考虑到《慰藉对话》的末尾出现一个"害怕疼痛而本能地缩回去"

---

① 正如格林伯雷注意到的,"莫尔想象的不是他在重新扮演耶稣的角色,是在模仿基督,而是带着上帝至高无上的宽宏大量,基督预演了莫尔现在必须扮演的角色"。(Greenblatt 1980: 72)

的人，该片段就更加雄辩有力。这是卓越的思想战胜不可靠的肉体的强有力证据。这的确是自我塑造。

*

现在我们已经探讨了第二层的死亡。这次，哲学家遭遇的死亡并不是发生在莫测高深的形而上学猜想领域，而是在非常令人不愉快的地方：法庭、监狱牢房和审讯室。你是否注意到生活中的某些最重大事件往往也都发生在低贱的环境中呢？就是在这些地方殉道者哲学家达到"不可逆之点"，在那里他们能面对面地看着死亡，并下定决心做好最后行动的准备。这最后行动的展开就是诸位在下一章即将看到的内容。

5
殉道者哲学家的成功之道

因此，死亡是绝对必要的，因为只要我们活着，我们就没有意义，我们的人生语言……是不可译的；是一大堆杂乱的可能性，是没有结果的关系和意义的探索。死亡对我们人生马上进行蒙太奇手法的剪辑处理；即它选择了真正有意义的时刻（再也不能因为相反的或混乱的可能时刻而有所修改）并将其置于某个顺序之中，把无限的、不稳定的、不确定的因而在语言上无法描述的过去变成了清晰的、稳定的、因而很容易描述的过去。多亏了死亡，我们的人生开始为我们服务，用来表现自我。

意大利导演皮埃尔·帕索里尼

 ## 殉道需要什么

我们即将来到旅程的尽头。现在到了两个主要人物进入最终冲突和故事结束的时候了。就像安东尼斯·布莱克所说,哲学家在与死亡的对抗中不可能以胜利者的形象出现。不过,胜利不是要点,至少不是普通意义上的胜利。从定义上说,"为理念而死"的事业要取得胜利就是死亡。胜利包含了按你自己的意愿表演自己的死亡,尽可能地与其他人发生关联,并使死亡得到某种程度的升华从而产生新的含义。这就是殉道的意义所在,无论是宗教的、还是政治的或哲学的殉道都是如此。

但是,成为殉道者是个痛苦的过程。我们不谈殉道者候选人必须经历的肉体痛苦和精神折磨,对此我们没有机会了解,因此也无法适当地描述,笔者心里想的是尸体变成"殉道者的尸体"的复杂政治文化过程,即被处决的犯人变成了值得别人羡慕甚至尊崇的人。因为死亡只完成了一半工程,把死亡变成殉道行为是另外一半工程,甚至可以说是一大半工程。苏格拉底被处决之后,他的亲友在牢房里讨论的不是已经变成尸体的苏格拉底。除了其他东西,还需要柏拉图的独特文学天才、雅典人的内疚感和多个世纪的思想研究才把这具冷冰冰的尸体变成了我们当今所了解的苏格拉底。类似的,当罗马教廷将乔尔丹诺·布鲁诺放在火刑架上烧死时,这种死亡虽然在今天看起来极端残忍,极具戏剧性,但它还不是殉道者之死。只是过了长期的世俗化过程、激烈的公共辩论再加上愿意接受的公众才最终把布鲁诺之死变成了"殉道者之死"。因此,殉道所不可缺少的是殉道者后代的塑造。殉道者之所以成为殉道者,只是因为,他们在观众面前表演了死亡,有人讲述他们的故事,而

且还要有民众愿意听这个故事才行。

　　殉道者制造过程背后的"可能性条件"或许可以归结为三类：（1）殉道表演。这是让一切动起来的实际事件：有潜力被置于殉道故事中并能挑动人们良心不安的历史事实和事件。结果，一个常常伴随着暴力和创伤的普通事件有一天会变成"奠基"事件。（2）故事讲述。殉道既是实施这个行为的人的活动，也是讲述该行动故事者的产物。如果没有人讲述你的故事，你就算白白死掉了。没有柏拉图就没有苏格拉底，没有福音书就没有耶稣基督。（3）观众。殉道者总是为某些人殉道的。[①] 无论是实际的表演还是故事，殉道行为都要求共同体的存在。在早期阶段，观众可能卷入殉道的表演中，如为行刑者喝彩，偶尔朝犯人扔石头或洒下几滴同情之泪。殉道之后，公众参与到生产、传播和消费殉道叙述的过程中。殉道的核心是集体记忆，是公众完成的双重记忆。有时候很难区分殉道者的实际表演、虚构的版本以及后代重构该行为的方式。这就是为什么这些范畴应该被视为动态的光谱而非项目列表中的具体项目。接下来我们看看从三个不同角度讲述的同一个故事。

　　[①] "人们成为殉道者是因为别人要让他们这么做。殉道者是群体的模范人物，该群体传播和阅读殉道者的作品。在自我身份认同的形成过程中，殉道者扮演了非常重要的角色"。（Van Henten & Avemarie 2002: 7）

表　演

 **在舞台上**

使自己做出自愿死亡的行为只是成为殉道者的第一步，虽然是关键的一步。殉道者姿态的一个典型特征是其公共性。殉道不能秘密进行，不能要求"私下观看"这种表演。① 如果不在观众面前表演，即便是主动选择的死亡也算不上殉道，虽然自愿死亡的行为令人敬畏。殉道者必须带有暴死的标志而且必须在众目睽睽之下，有时候其死亡还伴随着同样暴力的活动。如果处决不是公开进行的，人们是透过他人的经验间接参与的，如有机会获得供公众消费的"内部信息"。因而他们可能信誓旦旦地表示自己就在现场。

在获得公众瞩目方面，殉道者并不需要多大麻烦。通常，其迫害者——无论是在制度化框架内进行还是作为执行"人民的正义"或"上帝意志"的暴民——都想确保该事件得到最广泛地传播，希望前来观看的人越多越好。迫害者的目的不仅仅是镇压这个实际罪犯，他们也想通过适当展示残酷性来恐吓潜在的罪犯——杀鸡儆猴。因此这种当众表演必不可少。不过，为了劝阻未来的罪犯，当局一手促成了意料之外的后果，扩大了这个罪犯的影响力，使其最终成为殉道者。

非常不明智的是，行刑者为未来的殉道者提供了他们最需要的东

---

① 正如一位学者注意到的，"虽然有种种宗教和神学的暗示"，殉道"在本质上是公共场景和政治场面"。(Smith 1997: 10)

西：舞台。罪犯因而获得了公众的关注和在众目睽睽之下表演死亡的机会，这为殉道者赢得置身集体记忆的地位。死亡被那些见证者转变成了某种新东西。集体的凝视被证明是对新生的殉道者的真正庇佑。如果没有公然对立，殉道者的图谋就不可能得逞。多亏了这种凝视，罪犯之死不再仅仅是生物性事件或某人身体历史的某个时刻，而是开始成为具有独特文化、政治和社会含义的东西。

于是，公众的凝视成为邀请殉道者表演的关键[1]，成为刺激他或迫使他采取行动的动力。其实，殉道者行为根深蒂固的公共性不由得让人想到表演问题。考虑到公众的目光完全聚焦在他的身上，殉道者肯定觉得有必要做出类似的反应。他不知不觉地卷入到生死游戏之中，他必须走出去。他可能说："如果我的尸体是你们想要的东西，那好，你们就拿去吧。其实我想给你们更多东西。我要给你们展现殉道者死亡的全过程。"

苏格拉底在法庭上和行刑前的行为[2]就是典型的例子。在上一章中，笔者研究了他在雅典陪审团面前的表演，他在逗观众玩儿，无情地嘲讽法官，并发表"自杀性演说"。在某种意义上，苏格拉底的整个人生就是在表演，这体现在他的学生所写的著作中。我们在柏拉图的对话录中看到的苏格拉底不是戴一副面具而是戴多副面具，这些面具一个接一个地不断出现。表演是苏格拉底哲学的核心，因为苏格拉底方法——假装无知以便开启"帮助他人获得知识的过程"——依靠的就是系统性地伪

---

[1] "殉道者被处决的日子常常被当作他们的生日。"（Van Henten & Avemarie 2002: 110, n. 107）

[2] 指出这点的是学者兰西·鲍德温·斯密斯。他认为苏格拉底成为殉道者恰恰是因为他的"表演"能力："殉道要求拥有伟大能力和决心的好演员，苏格拉底则是个超级演员。"（Smith 1997: 31）

装、角色扮演、戴上面具、设置情节、酝酿戏剧性冲突和情感操纵等。因为表演是苏格拉底的天性,"化装舞会"或许是其方法的更好名称。①

就好像在舞台上表演一样,这位痴迷的演员现在必须表演他的死亡。但是,苏格拉底如果不演戏就什么也不是了,即使他死了。② 虽然他的一生都在众人面前演戏,但直到审判和处决之前,苏格拉底都没有机会上演一场大片。这让他有机会在雅典同胞面前表演其拿手绝技:虽然在法庭上他们认为自己在掌控局势,他们在审判他,但实际上是他在逗他们玩儿,是他在审判他们。随着审判的展开,苏格拉底单枪匹马地杀了出来,他为审判提供脚本和进程指导,扮演主要角色,推动情节展开,调动观众情绪。在这样一位优秀舞台经理的指导下,第一幕的结果不可能不取得巨大成功:他如愿以偿地获得死刑判决。③

这个剧本的高潮在第二幕出现,导演/制片人/主角开始其苏格拉底式死亡。④ 这一幕表演得如此娴熟以至于其意义已经超越了苏格拉底传记的限制,超越了他的时代背景和文化而变成了哲学自作主张和自我超越的永恒场面。苏格拉底剧本终场的背景——监狱牢房的小小空间扩大延伸到包括人类剧本本身的大幕。多亏了雅各·路易·大卫影响很大的

---

① 正如斯密斯简练地指出的,苏格拉底"把握时机和占据舞台中央的本能是无与伦比的"。(Smith 1997: 26)

② 斯密斯在书(Smith 1997)中把公共表演者苏格拉底放在哲学家殉道者苏格拉底的核心;我觉得这是整本书中最深刻的见解之一。

③ 斯密斯说:"就好像苏格拉底同时写作、导演、演出无限的场景,他是其中唯一的演员,甚至上帝都没有得到一个跑龙套的角色。"(Smith 1997: 34)

④ 请参阅艾米丽·威尔逊的观点:"柏拉图的苏格拉底不同寻常有很多原因,但最重要的或许是他对待死亡的态度。他或许能够比之前和之后的其他文学人物都能更多地控制和占有死亡,讲述他自己的完整人生故事,包括它的结局"。(Wilson 2007: 101—102)

画作（图 5），在谈及对待死亡的哲学态度时，我们不再需要靠自己的想象来解开苏格拉底死亡之谜。即将死掉的苏格拉底随意地一手拿起毒酒杯，同时用另一只手向其他人解释哲学概念，就好像死亡和哲学探索是同一手势的两个运动。这个画面已经成为哲学本身的偶像：哲学观点不仅仅是你拥有和探讨的东西，不仅仅是讲授和撰写的东西，而且是你为之献身的东西。

大卫刻画的苏格拉底之死也包含了西方哲学家自我表现的某些重要元素：思想勇气、自强不息、忠于自己的观点、死前的安详、卓越的精神优越于靠不住的肉体、永恒凌驾于暂时、所有人性的暂时性、益处多多的德性生活、与思想生活相关的真正幸福、对更高存在形式的信仰、哲学家高于政治世界的卓越地位、杰出个人高于暴民、人类正义的不完美性、作为反叛和抵抗的哲学、异议、自主性、思想独立的重要性。监狱牢房这个狭小空间从来没有像这样一下子容纳了如此多的东西。

图 5　苏格拉底之死

幕间剧——柏拉图从来没有停止写剧本

在受到苏格拉底吸引的青年中,有一个前途无量的戏剧家。有人告诉我们,此人在遇见了哲学家之后彻底停止写剧本,并把自己写的东西全部烧掉了。但是,柏拉图或许从来没有真的放弃戏剧。当他遇见苏格拉底并发现这个哲学家是多么出色的演员之后,他改变了戏剧写作的方式。不是写用来供演员在舞台上表演的戏剧,柏拉图做了相反之事:他写出脚本,由演员苏格拉底在他面前表演。

 ## 绞刑架玩笑的艺术

在某种意义上,谈论个人死亡的表演是不可能的。"表演"和"死亡"不可能同时存在,两者并存绝对有问题,因为它们是不共戴天的仇敌。"表演"意味着自我意识和自我控制,一种专注于自己正在做或不做之事,说或不说的话的独特能力。而"死亡"是无法控制之事的闯入,是边界的丧失。甚至连接近死亡之地都是湮灭。当死亡已经控制你的时候,你怎么能控制自己呢?这就是为什么殉道者哲学家在死亡时刻表现出的自我控制特别令人着迷的原因。这些人对自己的情感和行为似乎有一种不可思议的熟练掌握;即将遭遇毁灭的前景丝毫没有令他们忐忑不安。在柏拉图的《斐多篇》中,苏格拉底在安详地做了有关死亡的长篇大论之后,像刚才讲话一样安详地在观众面前死去。他用自己的死

亡作为死亡话语的终结。这可真是掌控自我的偶像。①

但是，在实施自我控制的这个最终形式时，有时候有一条几乎无法感知的线，某些哲学家会跨越这条线，他们开始大胆地开典狱长的玩笑，或者放声大笑，或者沉溺于过分辛辣的讽刺。所有这些都出现在处决之前。哲学家的镇静和自我控制令人敬佩，不过，这些过火的行为在我看来更有意思。

一方面，这种过火的行为暴露了某种紧张、焦虑甚至死亡恐惧。毕竟，这些人不是机器，也是有感觉会害怕的血肉之躯。在这样的时刻，我们还是能感到他们脆弱的人性，哪怕只有几秒钟。他们"表演"死亡，但他们毕竟是人不是神，这种露怯实际上会让我们感到更亲切。在《斐多篇》最后，经过了漫长的、复杂的、灵魂不灭的展示后，克里托问苏格拉底："你想让我们采用什么方式埋葬你？"苏格拉底的讽刺在哲学上非常精彩，但对于一个即将死去的人来说，这个问题可能有些过于尖刻。②苏格拉底回答说，"随便你。只不过你必须抓住我，留心别让我溜掉。"然后他转向其他人，笑着说，"我不能让克里托相信我是一直在讲话和进行论证的同一个苏格拉底；他猜想我是那个成为尸体的苏格拉底，你们很快就要看到他了。"（115c, Trans. Jowett）仍然活着的苏格拉底开其他苏格拉底（尸体）的玩笑，虽然这有些可笑，但这是一个事实，即这个哲学家仍然在工作，仍然在思考死亡和塑造自我。

---

① 正如艾米丽·威尔逊所说，《斐多篇》"为我们提供了理想死亡的画面。苏格拉底之死英勇无比、彻底控制、镇静自若，而且亲朋好友围在身边。他向我们显示，死亡是聪明人的朋友"。(Wilson 2007: 104)

② 谈及苏格拉底的临终时刻，评论家艾米丽·威尔逊自问："我想知道这么镇静、这么没有痛苦、这么夸夸其谈的死亡真的值得羡慕吗？"(Wilson 2007: 6—7)

另一方面，某些殉道者哲学家在最后断气时刻使用幽默和大胆开玩笑的方式迎接死亡的怪异习性掩盖了他们的煞费苦心，即依靠笑声挑战死亡。托马斯·莫尔在走向断头台的路上还忍不住说俏皮话。他当然清楚在上帝面前不能"扮演"殉道者的角色，但在人类同胞面前还是要表现一下。就在他即将被砍头时，他却忙着试图提高刽子手的道德水平："老兄，振作起来。干活时不要害怕。我的脖子很短：因此要小心点。砍头时看准了，别弄出岔子毁了你的一世英名。"(Ackroyd 1999: 406) 莫尔被处决无疑给他一个机会来试一试他开绞刑架玩笑的艺术。莫尔为什么在此刻发笑呢？他在嘲笑谁？他肯定是在嘲笑自己呢。① 因为当你这样嘲笑自己时，你在表明自己非常清楚本体的靠不住。如果你第一个嘲笑自己，死亡还能对你怎么着呢？与死神下棋的游戏并非徒劳无功，如果需要证据的话，死到临头的自嘲就是莫尔提供的更进一步的证据。

*

除了苏格拉底和莫尔表现出的那种镇静安详之外，殉道者之死当然还有其他方式。有时候，处决的性质本身让嘲讽变得根本不可能，或者让忧郁的精神变得很不雅观。当乔尔丹诺·布鲁诺被处决时，他被剥光了衣服带到鲜花广场，然后被绑在火刑柱上活活烧死。《罗马编年史》(*Avviso di Roma*, February 19, 1600) 用电报式的一本正经记录了该事件。文件提到布鲁诺是"诺拉的多明我会修道士"和"顽固不化的异教徒"，而且补充了很多细节如"他的舌头被固定起来，因为担心他可能说出可怕之事，或不愿意听牧师或其他人的话"(Firpo 1998: 355—356)。很难想象，遭到羞辱，并被赤身裸体绑在柱子上准备烧死的布鲁诺与观众中

---

① 这是西蒙·克里奇利所说的"最高声的笑"。(Critchley 2002: 95)

的修道士再唇枪舌剑一番。他曾经在审判中保持镇静,但现在他做了任何一个优秀的那不勒斯人在此情况下都会做的事:他开始破口大骂。他咒骂倒霉的修道士的方式是如此尖刻和精彩以至于他们忍无可忍地下令要他闭嘴。在此情况下,咒骂也是合适的反应。布鲁诺的表现并不比苏格拉底或莫尔更少英雄气概,只不过采用的方式不同而已。

最后,还有些情景,其最终结局是以完全臣服的形式表现出来的。受害者没有时间或空间说什么话或做什么事。她只是被绝对控制局势的行刑者简单地"处理"和"做掉"罢了。在此情况下身体的表现显得特别被动。基督教史学家所奎德在《教会史》中描述的希帕提娅之死与拜占庭大百科全书《苏达辞书》的描述类似:"她被亚历山大人撕成碎片,她的躯体被肢解然后抛撒在全市各地。"(Dzielska 1995: 93)。从两种描述中都可以得知希帕提娅在"表演"死亡时毫无招架之力。别人随心所欲地折磨她,而她毫无还手之力。最令人好奇的是她沉默不语:不说一句话,不抗议,不呼喊,甚至不为自己辩护也没有企图逃跑的任何迹象。她的沉默震耳欲聋。与她相比,即将死掉的苏格拉底确实是个话篓子。①

莫尔、苏格拉底、布鲁诺和希帕提娅之死都是公开的表演。每人都有一个舞台,舞台前面是一群充满期待的观众,死亡事件在他们心中都留下持久的印记。但是,每个舞台上发生的情况则各不相同。莫尔的死亡表演几乎说明这是喜剧演员的独角戏。苏格拉底不慌不忙,既进行哲

---

① 艾米丽·威尔逊著作的完整书名是《苏格拉底之死:英雄、恶棍、话篓子、圣徒》。另一方面就苏格拉底的审判而言,罗宾·沃特菲尔德在书中谈到从4世纪末期开始就有谣言说,苏格拉底"在审判的时候什么也没有说,只是挑衅性地站在那里一句话也不说"。(Waterfield 2009: 12)

学思考又讽刺挖苦,既慷慨发言又大声斥责——他是气派不凡的舞台经理,主导即将到来的死亡。布鲁诺破口大骂,激烈反抗,还气势汹汹地与行刑者争吵。希帕提娅的表演则简短而又安静。她被迅速处死,基督徒苦修僧众似乎很害怕,如果不尽快行动,可能马上就会觉得这样做太丢人,无法下手了。

*

请诸位允许笔者再次重申,哲学探索就是对自己采取行动,开启自我塑造之旅。哲学家把自我修身看作"进行中的工程",只有在工程顺利完成之后,他或她的理想才能实现。殉道者哲学家的行为就是把这一个别化进程推向极致。他们在最意想不到的地方深渊的边缘进行自我塑造。这是其工程的绝佳特征。殉道者的死亡表演是少数自我塑造工程所能够达到的最高潮。

讲故事

 ### 死亡与叙述

为了抓住特定人生的最终意义,我们需要从一个特别的角度来看待其结局。一个人的人生只有在死亡之后才能被充分认识到。死亡提供了独特的人生回顾展,它重新安排此人做过、想过、爱过、恨过、创造过和毁灭过的一切。人死之后,无论是名闻天下的英雄还是默默无闻的小卒,死亡都会给人生的混乱状态带来一种秩序和结构模式,生命只要不结束,其混乱就一直存在。在人生的狂热外表背后,死亡制造出一种"创作"意识。因此,死亡是未卜先知者,是空想家,或者是最默默

无闻却屡遭误解的艺术家。这是皮埃尔·保罗·帕索里尼说的,他的这段话被拿来作为本章的题词。死亡是最伟大的故事制造者,因为最终是死亡决定了个人生平叙述的形状。如果帕索里尼说死亡"对我们人生马上进行蒙太奇手法的剪辑处理"是正确的,那么讲故事者有理由庆祝一番:他们不愁没有工作了。因为死亡虽然是个了不起的大师,但它说的是过于晦涩难解的外国话,总需要一个讲故事者充当翻译。讲故事者总是与死亡保持一种特殊关系,将其称为缪斯并不算错。这是任何一个优秀的讲故事者都会做的事:他倾听缪斯的话以便把"我们生活中的蒙太奇"集中起来。我们可以称其为说书人。

除非依靠故事确定先后顺序,否则我们的人生仍然是不规则的,或帕索里尼所说的"不可译的"。人生之书在实际展开之时是无法阅读的,因为只要生活仍然在继续,人生就是"一堆可能性的大杂烩",一直在痛苦地寻找"关系和意义却没有任何结果"。要想弄清楚人生材料的含义,我们就需要将其呈送给说书人,因为他擅长挑选"真正有意义的时刻"并将其"排列起来"。

说书人工作的重要性无论怎么强调都不算过分。只要我们活着,就有很多事要做,有很多话要说,浪费人生很多时间去追求并不值得追求的事,迷失在并不值得走的道路上,有时候从一个死胡同拐入另一个死胡同。如果仔细观察,我们就会发现存在中有很多压舱石。必须做出选择以便只随身携带真正能代表我们的东西。当然,这需要付出代价:选择就必须杀死活生生的现在,将其冷冻起来变成更加稳定的历史,但这个代价是值得付出的,如果相信帕索里尼的话。

无论如何,现在("无限的、不稳定的、不确定的"现在)是无法管理的。它太多了,会将我们淹没,"从语言上说是无法描述的"东西,甚至可能将语言本身淹没了。因此我们更喜欢将现在蒸馏过滤使其变成"清晰的、稳定的、确定的、因而容易描述的过去"。(Pasolini 1988: 236—237)这正是说书人的工作和职责:烧掉所有不相干的细节、令人尴尬的事实、让人窘迫的时刻,只保留那些构成通俗易懂故事的内容。多亏了这个殡仪员的良好服务,请别忘了死亡是其缪斯,我们才可以说自己度过了"可记住的"人生。之所以说可记住的是因为值得记忆,因为可以被叙述出来。无法叙述的东西不重要。正如苏格拉底所说,或者他应该曾说过,一个无法叙述的人生是不值得过的。

 **最古老的艺术**

作为濒临死亡之人,殉道者哲学家迫切需要一个说书人。就像任何正在成长中的英雄,他特别依赖讲故事。法国思想家茨维坦·托多洛夫说,"没有故事来颂扬他,英雄就不再英勇无畏了。"(Todorov 1996: 47)但"颂扬"可不是那么简单的事。颂扬这门最古老的艺术不仅复杂而且风险最大。稍微偏向热情一边就让你变成谄媚者而遭抛弃,稍微偏向谨慎一边就让你因为叛国罪而即刻砍头。就像斯蒂芬·海姆的《大卫王传》中的历史学家伊坦·本·何赛阿聪明的评论,利剑在头顶上晃悠:

> 我删掉了很多在国王看来不文雅的、闻起来恶劣的、讨厌的事实。但是你不可能完全让历史脱离真实,同时却还期待它仍然真实可靠。谁能做无米之炊?谁能让你不湿水就洗干净?(Heym 1997: 244)

不过，即使颂扬死后的哲学家或许不像颂扬在位的国王那么有风险，但仍然有困难。殉道者哲学家所需要的不仅仅是忠实记录其言行的记录者。所有那些言行的要点是什么？他需要的是将死者置于最佳光线下的老练的肖像画家：将其刻画成一个意志力坚强无比，但同时性情温和之人；有足够的理想主义色彩却并非狂热分子；头脑清醒但不痴迷；眼光老辣但不疯狂。这就是说书人的入口。或许纯粹受到帕索里尼的启发，他的方法简单有效：他要倒过来编织殉道者哲学家的人生故事——是的，从结尾回溯到开头——因为故事是从哲学家殉道这个独特角度展开的。说书人工作的最终成功将证明帕索里尼有先见之明：死亡的确充当了说书人的角色，重新安排和塑造了人生的戏剧性。其实，殉道者哲学家的死亡抬高了讲故事者的门槛。死亡越发引人注目，其人生需要做出的改变就越深刻。结局越有英雄气概，故事当然就越吸引人。

就拿托马斯·莫尔为例，在上一章里笔者刚刚谈到他危险的走钢丝行为。他获得圣徒的地位多亏了他"为基督而死"：他遭处决的残忍方式、令人钦佩的自我控制、行刑前表现出的镇定和安详；高尚地拒绝对亨利八世的要求做出让步；一辈子都祈祷、学习神学和做善事。他的女婿威廉·罗珀（1498—1578）是莫尔的第一位传记作家，也是最好的说书人。他有机会了解莫尔的生活，多亏了妻子，也是莫尔最喜欢的女儿玛格丽特·罗珀，他也有机会了解莫尔之死（在莫尔被处决前，玛格丽特被允许与父亲待在一起）。通过玛格丽特的现场感受，罗珀成为大师"忠诚的弟子"和死亡的最后一位证人，正是这个带来精神创伤的事件促成他写出了这部传记。

罗珀的著作是献给"一个拥有非凡美德和清白良心的人，他比最白的白雪更纯洁更白净"。（Roper 1947: 210）该书成为塑造莫尔身后名的影响力最大的著作之一。罗珀如何编织莫尔的传记呢？他还是帕索里尼式的人物：在故事中，莫尔之死启动了人生中最佳的蒙太奇。虽然《托马斯·莫尔爵士的一生》的大部分篇幅都是按时间先后顺序讲述的，但莫尔之死塑造了传记作家对传主整个生平的再现。[①] 莫尔生平的整体动态是由后来的殉道所支配的。如果有人问什么样的人生最适宜未来的殉道者？一辈子祈祷和沉思默想，还能有别的什么呢？

> 莫尔在他的府邸很远处建造了一个被称为新楼的地方，那里有小教堂、图书室和画廊。从前他常常来到这里祈祷、学习，每到周五，他会从早上一直待到晚上，时间都花费在虔诚地祈祷和灵修练习上。(Roper 1947: 226)

对任何殉道者来说，身体都是关键。他的肉体不仅仅是生物性存在之所，也不仅仅是虔诚的灵魂在这个世界所穿的世俗服装。殉道者的身体是战场，是最具戏剧性的审判场所。只有在通过了身体对你的一系列考验之后，你才成为殉道者。只要活着，殉道者就必须通过禁欲实践、贫困和羞辱等"训练"身体。这正是我们从罗珀的描述中认识到的莫尔：从很早时候开始，他的岳父"就悄悄地贴身穿一件不舒服的毛衬衣"。他还常常"用皮鞭或打结的绳子抽打自己的身体，这个情节只有

[①] 莫尔最重要的现代传记作家之一公开承认，在我们对莫尔的接受中存在这种特权视角："正是他的死使其生活真正重要起来，产生了众多的传记，而这构成英国历史上这个人的持久形象。"(Marius 1985: xiv)

我的妻子，即他最亲近的女儿知道"。（Roper 1947: 242）①

这或许是真实的。莫尔是个认真对待信仰的人。但同样真实的是，这只是经过选择的事实——是莫尔生活的蒙太奇，帕索里尼可能说的是"大幅度的重新组合"。我们从其他源头了解到的莫尔远比这种描述复杂得多。正如笔者已经显示的那样，他是英国当时许多矛盾的潮流、激情和观点的交汇。②在受到王室毫不留情地迫害之前，莫尔本人也曾不宽容地残酷迫害其他人，曾下令烧死异教徒。这个曾经认真考虑过当修道士的人也是色情幽默大师。他渴望成为圣人，同时必须与"强烈的内疚感和罪恶感做斗争"。（Greenblatt 1980: 51）可悲的是，这个在《乌托邦》中为我们描绘理想社会的作家却受到自身的非理性压迫。他设计的那个理想社会是作为纯粹的理性机器而运行的。

现在，如果你碰巧是负责收集整理莫尔生平故事的说书人，你会怎么做呢？显然，简单地记录你知道的一切是不行的。正如海姆小说中的历史学家所说，因为"有关事实的知识可能带人进入危险的思想中，事实的呈现必须有助于引领思想进入适当的渠道内"。（Heym 1997: 82）殉道者哲学家真正需要的是这样一位说书人，他来实施可以被称为"负面慷慨"（negative generosity）的做法，即大幅删减事实而不是将其保留。实际上，说书人的慷慨到了足以杀死哲学家这个集众多矛盾于一身的血

---

① 罗珀传记中最动人的部分是莫尔对自己的殉道有一种"预兆"。当他给妻子和孩子谈到"天堂的快乐和地狱的痛苦"时，他也谈及殉道的话题。他想向他们谈论"神圣殉道者的生活，他们令人伤心的殉道，他们惊人的耐心，他们的激情和死亡，他们如何宁愿受苦也不冒犯上帝；以及"为了爱上帝而承受丧失财富、自由、失掉双手和性命是多么幸福和愉快之事"等等。（Roper 1947: 246—247）

② 谈及莫尔生活中的矛盾源头是什么时，马瑞斯认为或许"最根本的原因是他竭力要把中世纪的虔诚与文艺复兴世俗主义的强大诱惑结合起来"。（Marius 1985: 66）

肉之躯的地步，然后将其重新组合为文学作品中的人物（英雄）。

幕间剧——苏格拉底被弟子柏拉图谋杀了

柏拉图精湛地描述"苏格拉底之死"被人称赞的情况十分常见。学者、作家和哲学家已经对这个死亡谈了很多很多，称赞它是重大的美学成就。的确，我们很难找到比这更"美"的死亡了。[①] 在这种观点看来，柏拉图的《斐多篇》是无与伦比的艺术杰作[②]，因为它成功地将苏格拉底濒临死亡的行为定格在时间中，使他的死永垂青史。毫无疑问，这些说法很有道理。柏拉图对老师之死的描述非常了不起。他的技巧无可挑剔，他的视野激动人心，行刑场面赏心悦目。柏拉图描述的苏格拉底之死好得几乎让人不敢相信。一个对老师之死感到痛不欲生的人怎么能够将死亡描述得这么完美？这怎么可能是哀悼者的作品？除非柏拉图完美实施了杀掉苏格拉底的步骤，因为他亲自参与了这一过程。他的精彩描述等于是间接地承认了自己有罪。凶杀罪被曝光，被美化。柏拉图的行为精彩绝伦，作案过程几乎完美无缺。他当然成功地处理了尸体。

[①] 比如，艾米丽·威尔逊把柏拉图的"濒临死亡的苏格拉底"的描述作为西方文学的起源。"临死的苏格拉底不仅是柏拉图的老师而且是他的对象，最终也是他的作品。柏拉图笔下的苏格拉底首先是文学中的人物。作为西方形而上学和西方政治思想创始人的柏拉图通过苏格拉底也成为现代西方文学的创始人。"（Wilson 2007: 99）

[②] 最近的一个例子是斯密斯："可能没有任何死亡被以这样冷冰冰的故意和算计的方式表演出来，柏拉图记录的场景有种贫瘠和静止，这让人想起维米尔的绘画——漂亮的氛围，但很死板，没有任何动作：苏格拉底站在聚光灯下一动不动。"（Smith 1997: 38）

 论师生关系

当今,作为历史人物的苏格拉底的痕迹已所剩无几。这个公元前5世纪在雅典生活的有血有肉的苏格拉底在公元前399年被赐以毒酒而身亡,他已经被同名的文学人物淹没,即我们在柏拉图著作中见到的那个人。色诺芬对苏格拉底的描述证明了柏拉图版本在关键内容上是对的[①],但是柏拉图描述的人物对西方哲学后来发展的影响是如此普遍,以至于每当我们想到苏格拉底时,脑海中几乎总是出现柏拉图的创造。[②] 无论历史人物苏格拉底多么伟大,如果没有书面文本,如果没有柏拉图的文学天才,那就不算什么了。哲学演员苏格拉底和哲学作家柏拉图的结合实在是最理想的搭档。西方哲学创始人的生死几乎成了技巧娴熟的剧作家的唯一财富。

有人已经批评柏拉图背叛了苏格拉底,劫持了苏格拉底的信息,操纵苏格拉底的观点,把自己的观点强加到苏格拉底头上,或在对话中把苏格拉底变成傀儡。只要弟子的功能被理解为忠诚再现老师的教诲,就必然存在这样的批评。否则,柏拉图对苏格拉底的"背叛"其实应该被视为一种赞美。我们还记得尼采的查拉图斯特拉的名言:"如果学生一

---

① 罗宾·沃特菲尔德没有把苏格拉底的虚构化局限在柏拉图身上,而且使其成为苏格拉底所有哲学后人的特征:"柏拉图、色诺芬和所有其他的苏格拉底都是作为小说来写的,在各种观点看来,如果处在这样的情景中,苏格拉底可能说过的话以及就这个或那个话题与他人的对话。"(Waterfield 2009:9)

② "柏拉图对西方传统的这种巨大的想象力优势使得人们很难不凭借柏拉图的眼光来思考苏格拉底。他创造的苏格拉底这个人物形象成为后代读者最感兴趣的人。"(Wilson 2007:94)

直是学生而不是其他,他就没有很好地报答老师的培养之恩。"柏拉图最终就不仅仅是学生。他不仅创造了自己令人印象深刻的独特哲学,而且重新塑造了他的老师。① 在此过程中他或许杀掉了我们从来都不认识的苏格拉底,但这正是真正的哲学师承的内涵所在:对老师忠诚就必须吃掉他们、吞噬他们、消化他们。这将帮助他们在你的著作中找到新生命。

　　首先,柏拉图把苏格拉底重新塑造为自始至终出现在著作中并引起回响的声音,这个演说天才被描写得栩栩如生,仿佛我们都能听见他的声音。我们总能听见苏格拉底在说话,但几乎总是看不见他。偶尔散落的几处对苏格拉底外貌的描述(他"丑陋"得看起来像塞勒诺斯②)并不能真的让我们看清他的面目。就像真正的苏格拉底一样,柏拉图笔下的苏格拉底基本上只能听其声不能见其人。柏拉图著作中这个只能听其声的苏格拉底的存在把我们与他的遭遇变成令人不安的体验。不过,辩证地说,最令人不安的是一直保持沉默的苏格拉底。当然,在安静模式下要认识这个喋喋不休者并不容易,但还是有可能的。在你阅读柏拉图的对话时,苏格拉底的声音专断、威严、引人入胜,也有些令人讨厌。可是他的沉默——每当出现沉默,每当他给自己时间用以静静地观察对话者落入陷阱的尴尬时,这种沉默就可能令人怒不可遏。这是最怪异和最可怕的苏格拉底。我们不能不怀疑这些沉默带有巨大的挑衅性和令人窘迫的威力。

　　令人窘迫,这是人们在阅读苏格拉底的故事后通常会产生的反应。

---

　　① 艾米丽·威尔逊说:"柏拉图是历史人物苏格拉底的学生。但他也是最著名的文学形象'苏格拉底'的创造者"。(Wilson 2007: 89)
　　② 在柏拉图的《会饮篇》(215b)。

柏拉图或许杀死了历史人物苏格拉底,但正如笔者早先暗示的那样,其作案过程近乎完美。他掩埋了尸体,但还有一些东西没有来得及清理:苏格拉底式窘境。苏格拉底让当今阅读柏拉图的人感到窘迫,这与他当时让公元前5世纪的雅典人感到窘迫一样。这种窘境弥漫在柏拉图的每一个对话中,提醒读者注意柏拉图式行为。你根本无法视而不见,无法将其抹去,它总在那里,总会浮上表面。

我们对这种窘境做何反应就决定了我们是什么样的人。卡尔·雅斯贝尔斯写到"人们感受苏格拉底的方式对他的思考至关重要"。雅斯贝尔斯谈到阅读《斐多篇》、《申辩篇》和《克里托篇》对古代人产生的"疗效"。(Maranhão 1986)这些作品迫使人们反思自己的生活,并在此过程中改变自我。它们塑造了个人行为、公共工程和政治眼光。最终,柏拉图对话教会他们"死亡艺术"的要点,指导他们度过不幸和老年时光。雅斯贝尔斯说:"自古以来,有哲学头脑的人读了它便学会了如何接受自己的命运,如何平静地死去,无论多么残忍多么不公平"。(Jaspers 1966: 15—20)

*

西方第一个哲学殉道者的故事也是最好的故事。柏拉图没有把苏格拉底重新塑造成文学人物,他创造了一个全新的体裁。因为《斐多篇》、《申辩篇》和《克里托篇》,他创造了哲学殉道的叙述范式,得出了成功的哲学之死的公式。我们在他描述苏格拉底的生平、审判和处决中,发现大部分后世哲学殉道叙述的关键特征:主人公承诺于某种伦理和思想生活方式,他下决心为自己的理念而死;一个不能容忍某些观点和行为的敌对政治环境;引发一系列戏剧性事件的危机;以公开审判形式出现的高潮和主人公与敌对群体的代表间的对抗;最后,主人公死去和此后享受的崇高身后荣誉——所有这些都投射到以集体的帮凶、不安和内疚为标志的背景上。① 具有重要意义的是,殉道者哲学家的原型大约出身于这位哲学家本人的同一时期。苏格拉底不仅是第一批投身于我们当今所理解的哲学研究的西方人之一,② 而且是第一位殉道者哲学家。殉道似乎就嵌入在西方哲学的基因里,就好像为理念而死是哲学家的职业风险。当然,哲学家很少遭遇这种"极限场景",但如果他们保持对苏格拉底式哲学认识的忠诚,其行为应该表明为理念而死随时可能出现。

苏格拉底的其他孩子

柏拉图对苏格拉底之死的再现被证明是后人为哲学而死的典范,哲学家如果发现自己处于类似苏格拉底的境地就可能仿效该范式。在临死关头,他们口中说的是柏拉图式的言论片段,有时候甚至就是柏拉图的原话。面对死亡,托马斯·莫尔故意寻求将其殉道置于柏拉图描述的苏格拉底式死亡的术语框架内。这意味着不仅采用苏格拉底的态度,而且阐释了《申辩篇》的部分内容。据说就在他被处决时,莫尔说:"我死了仍是国王的好仆人,但我更应该听命于神"。(Ackroyd 1999: 405)这里不难看出所指的对象,如果读者诸君知道苏格拉底在得知死刑判决后说了下面的话:"尊敬的陪审员们,我是深爱你们恩惠的忠实仆人,但

---

① 兰西·鲍德温·斯密斯注意到类似的情况,殉道更广泛地诞生于成熟的柏拉图:"殉道的概念,世界第一位被记录下来的殉道者是在柏拉图的头脑中出现并充分形成的;到今天为止,苏格拉底的表演——其行动的冰冷故意,其戏剧性死亡风格和死亡目的都在殉道历史上留下印记,也使其成为千古之谜。"(Smith 1997: 23)

② 这当然仍有争议,但有一定的共识。

我更应该听命于神。"(29c-e)① 你可能纳闷"哲学家是多么怪异的人啊。死到临头也要给出适当的注释。"

柏拉图对苏格拉底之死的叙述在20世纪时还能听到其回响。雅恩·帕托什卡去世几个星期之后,哈维尔写了一篇短文纪念这位老师,题目是"最后的对话"。该文回顾了哈维尔最后一次遇见老师的情景,那是在布拉格的卢茨内监狱等候室里,帕托什卡刚刚经过长时间的审讯。审讯者的中场休息给两个嫌疑犯待在一起聊天的宝贵机会。那是他们的最后一次见面。让哈维尔印象深刻的是帕托什卡根本不关心审讯室发生的事,他可能随时被再传唤过去审讯。他心里想的是其他东西。哈维尔说,审讯者随时"都可能传唤我们其中的一个,但这位教授根本不关心这件事"。在"随口谈及人类永恒和人类责任的观念和历史的聊天中",帕托什卡

> 也是小心翼翼地掂量用词,似乎我们有的是时间。我不仅提出问题,而且还向他提出了自己的哲学思考(在此之前觉得不可思议的东西),我觉得他在意识到对方不仅仅是个礼貌的听众后似乎非常兴奋。(Goetz-Stankiewicz 1992: 213)

一个即将死去的上了年纪的哲学家安详地与年轻学生谈论灵魂不灭和人生的终极意义。他还有话要说,并不想匆匆忙忙结束谈话。对话发生在监狱审讯室。他不慌不忙是因为他的习惯,他日常的哲学思辨方式。卫兵随时可能进来。这听起来难道不就是柏拉图《斐多篇》结局的

---

① 王晓朝译《申辩篇》。——译注

捷克版本吗?

*

讲故事者不一定是"忠实的弟子",虽然常常是这样。因为有些殉道者的死亡发生在遭受特别压迫的背景下,殉道叙述有时候被推迟了。结果,很可能发生这样的情况:讲故事者根本不是殉道者的同代人或者与他叙述的事件根本不属于同一时期。希帕提娅花了几个世纪的时间才找到讲述她故事的人:的确,这不止是一个"讲故事者"而是一群作家,从爱德华·吉本、伏尔泰到 20 世纪的女权主义学者,这些人使她成为殉道者哲学家。在这些案例中,起初找不到叙述殉道故事者,来自民众的压力如此之大以至于最后必然出现这种人。如果殉道者自己没有挑选讲故事者,有人会分给他一个。你可能说这是俏皮话。

观　众

从共同体的视角看,未来的殉道者哲学家完全是麻烦制造者、"流氓"、打破其他人心灵平静和思想习惯并颠覆社会秩序的家伙。但通常这还不足以让他们成为毁灭的对象。虽然令人讨厌,但他们还能被忍受。只有在毁灭他们和重新获得社会平静意识之间建立起联系之后,殉道者哲学家才会被"生产"出来。

幕间剧——揭露某些辉煌的幻觉

他们令国王颤抖。他们与众不同:他们一开口说话,掌权者会感到羞耻,有钱人会感到羞愧,穷人会被感动,可怜人会看到希望。他们没有佩带利剑,但他们的话语能切开骨头。他们是"向当权者说真话"的专业人士。他们赤手空拳，单凭大胆的言论就能动摇帝国的根基，推翻独裁专制，颠覆无法无天的政府。他们在早饭时揭露企业腐败，在午饭时洗雪世界的冤屈，在晚饭时挫伤流氓统治者的元气。这些人到底是谁？你可能不耐烦地问——他们就是工作中的哲学家。

这是滋养西方尤其是哲学家自己的想象力的最佳幻想之一。很多西方哲学是围绕一种政治自我代表而展现自身的，这种自我表现不仅把发现"真理"作为其"职责"，更重要的是要把真理传播给更大的社会共同体。相当大一部分权力被认为是通过这种交流获得的，"向当权者讲真话"被认为是赋予哲学家的权力。哲学或许开始于一种私人的练习，但其最终目的总是具有公共性和政治性。这不仅是西方哲学的自我代表，① 而且是政治成分的支配者。它已经影响了从苏格拉底、柏拉图、斯多葛派到圣奥古斯丁，从康帕内拉、莫尔到伏尔泰、卢梭，从黑格尔和马克思到法兰克福学派、萨特、福柯等看待哲学自身的方式。这些哲学家在工作时总有这样的假设，即无积极社会影响的知识不值得追求。

"说出一切"之事

米歇尔·福柯 1983 年在加州大学伯克利分校发表的一系列讲座中很漂亮地提及"说真话"，并将这个观念置于欧洲文化本身的基础位置。

---

① 有些哲学家因为这样那样的原因认为，"真理"不是用来交流的，知识必须被放在离"人群"有安全距离的位置；也有哲学家相信哲学严格来说是私人的事。

在他看来，"说真话"是生存模式的表现，是在社会上生活的方式。人们不可能发现了真理是什么之后却对此真理保持沉默，无论如何，你必须讲出来。人们接触到知识之后就不得不与其他人分享知识。即使福柯没有明确提到这一点，读者仍然能感受到潜伏在他思维背后的是海德格尔对真理概念的认识，即"揭幕"。一旦幕布被揭开，就没有办法合上了，你再也没有办法将揭开的真相重新捂住。而"说真话"的实践者除了说出真话，没有别的什么选择。真理以推动自身逐步暴露出来的方式与胎儿积极来到世上的方式一样。助产士没有其他选择，只能把孩子接生下来。矛盾的是，"说真话者"的角色有时候是被动的：可以说，他只是真理的传声筒。① 这并不是说"说真话者"的姿态是不值得称道的美德。相反，这种行为需要勇气。"说真话者"面临的危险非常之大，因为"说真话"是高风险行为。②

但是，把"说真话"的行为视为一种权力就错了。权力具有野蛮性，它不可能来自说真话这样的精致之事。严格来说，哲学家不罢免任何人，不颠覆任何政府，不推翻任何专制政权。"哲学家国王"的形象应该被视为幻想：只不过表达了一种在本质上永远无法实现的渴望而已。福柯本人在试图定义说真话时使用的例子暴露出哲学家与国王之间的真正关系，这也是他的最佳意图。他说，当一个哲学家

---

① 福柯似乎暗示了很多，当他提到说真话者说"真话因为他知道那是真的；他知道那是真话因为它的确是真的。"说真话者"不仅真诚和说出了他的观点，而且他的观点也是真理。他说出他认为是真实的话"。（Foucault 2001: 14）

② 对福柯来说，说真话的标准就在于是否涉及勇气："如果说真话者的真诚性有一种'证据'可以证明的话，那就是他的勇气。说话者说了某些危险的话——不同于大多数人的想法的事实本身就是一个强有力的证据说明他是说真话者。"（Foucault 2001: 15）

> 对君主、对独裁者讲话时，告诉他独裁令人担忧和厌恶，因为独裁与正义格格不入，哲学家说出了真理，相信他说出了真理，而且也承担了风险（因为独裁者可能生气，可能惩罚他，流放他，甚至杀了他）。(Foucault 2001: 16)

福柯使用这个形象是为了自己的目的，但他的例子在我看来非常好地说明了哲学家与权力的真正关系。当然，哲学家能够"说真话"，但是这基本上是他能做的一切；当他真的说完了，他的能力也就到了极限。其他人——积极分子、记者、政治评论家——或许能做得更多，但哲学家作为哲学家的确无能为力了。说真话不是没有风险，但哲学家话语的分量到底有多大则取决于独裁者的决定。独裁者可以选择砍掉哲学家的头，也可以与其争论，将其驱逐出境，或只是微笑一下以感谢他付出的时间。独裁者可以想说什么就说什么，想做什么就做什么，而哲学家却什么也做不了。如果不事先获得独裁者的批准，他甚至无法离开这个房间。最后，正如在最初一样，在真理被说出来之前，独裁者拥有一切权力，哲学家什么也没有。这里，独裁者这个人物本身很重要。在西方，我们享受了自由民主所提供的一切权利和特权，常常忘了从历史上看参与性民主只是例外而非普遍规则。我们常常把自己对政治、政治权力和政治参与的理解投射到过去以及世界其他地方，但这种理解即便不是以我们的生活经历为条件，至少也被它们所塑造。因此在某种意义上，在更大的历史范围内发生在独裁者与哲学家之间的很多事对我们来说是不可思议的。

具有讽刺意味的是，哲学家的无权力恰恰来自他的"说真话"。正是他"说真话"的必要性或者"职责"阻止他获得任何真正的权力。福柯忘了说或不想说的话是"说真话"还是一个诅咒。它之所以有毛病的实践不是没有理由的。从词源学上看,"说真话"(*parrēsia*)来自 *parrēsiazesthai*:意思是说出一切,"没有任何保留"地说出自己的想法。其假设是你不可能既说真话又保留一些内容:要说真话你就必须彻底,就必须说出一切。讲出这个词的来龙去脉,福柯自己非常有说服力地描述了"说真话者"是说出"心里想的一切"的人。说真话者不隐瞒任何东西。相反,他"通过自己的话语彻底向别人敞开心扉"。(Foucault 2001: 12)①

"说真话"的诅咒也可以从词源学上暴露出来:谁也不愿意被告知"一切"。虽然在哲学上是个有吸引力的观点,但在社会学上"说真话"注定带来灾难。总有一些东西是我们不想听的,是我们隐藏起来的,甚至包括我们自己在内都不愿意看的。社会生活之所以可能就是因为有这个既不说出来也不提及的东西。正是靠不"说出一切"我们才能与他人共同生活。事实上,在和平的社会,愉快的生活就源于我们决定默默无语地擦肩而过。这甚至不是虚伪而是仁慈。我用充满慈爱的目光观看邻居,经过一定努力成功地做到不去看无需看见的东西。我是他的弱点、罪恶、肮脏小秘密的共犯,正像他是我的共犯一样。我们的相遇是相互理解、相互原谅的目光的相遇。社会原谅预示着复杂的"社会契约","为了"(for)和"给予"(giving)这两个词结合成"原谅"(forgiving)意味着礼物。因为我们持续给对方这个礼物,社会才得以顺畅地运行。

---

① 在说真话中,这个说话者"应该完整和准确地描述他心里的想法,这样读者能够确切地理解说话者在想些什么"。(Foucault 2001: 12)

现在，假设有人每天出现在人们面前，手持一幅标语"没有任何保留地说出一切"。此人难道不会马上被贴上"人类公敌"的标签？在很重要的意义上，这就是为什么说真话的哲学家不可能在社会上获得政治权力的原因。

投身政治事业的前提是有高超的能力，能与他人建立起纽带，参与社会活动，并辨认出签署社会契约的任何人。如果你能感受到政治是源于心照不宣的说不上名字的各种纽带所组成的庞大关系网，你就能当一名政客。你能与任何人搭上关系，他们也可以联系上你，因为你们共享对现状的相互投资。从政治角度看，承认、维持和培养这些纽带非常重要。这就是为什么真正的政客是精通不说出一切的艺术的专家。对任何不能说或不能提名的东西，他的确需要独特的理解力。

不用说，喜爱说真话的哲学家恰恰与此相反。如果说他精通某个艺术，那就是割断纽带的艺术。割断纽带，过河拆桥。从定义上说，说真话就是消解纽带。非常说明问题的是，"说真话者"的言论或评论往往被认为"尖酸刻薄"，任何纽带都承受不住这种腐蚀。"说真话"会破坏和谐社会交往，而这种和谐社会交往的基础是相互分享和隐瞒令人尴尬的信息。苏格拉底对此再清楚不过。他说，"我很清楚我这种实话实说是人们讨厌我的主要原因"。他那样做怎么可能受欢迎呢？从反面阅读，他的声明（柏拉图《高尔吉亚篇》）"我是拥有真正的政治技巧和参与政治活动的少数雅典人之一，如果不是唯一者的话"，这等于承认他没有通常意义上的政客所需要的品质，虽然可能略带反讽的味道。

通过做他正在做的事，说真话者切断了他与共同体的纽带；谁也不愿意与这种人有任何瓜葛。任何一个受到哲学家直言伤害的人都可能说："他根本不属于我们的圈子，你看看他观察你的方式就明白了。真令人扫兴！政客总是关心你，从来不伤害你的感情，而这个家伙费尽心机地要毁掉你一整天的好心情。政客总是让你自我感觉良好，哲学家的一举一动则好像就是要让你的生活苦不堪言。"政客与人们打成一片，参与到组织起来的大家庭的温暖氛围中，而哲学家则总是拒人于千里之外。他总是冷冰冰的。哲学家没有朋友，甚至表现出根本不需要朋友的样子。在希腊语中，哲学家这个词是白痴的意思。说真话不一定杀了哲学家，但是在很多情况下会使哲学家变成不容于社会的残疾人。

因而，这种哲学家的自然状态是异化。这种状态是自找的：为了能够发挥哲学家的作用，他必须把自己重新塑造成为别人，成为外人。说真话总是与"外来性"观念有复杂的关系：在共同体中，说真话者与其他人如此格格不入以至于常常被看作外人。与此同时，外人（或过路者）身份使他能够做出更大胆的行动。用不熟悉本地文化和社会规范的"局外人"作为借口，说真话者承受得起与共同体发生直接冲突的后果，挑战其心照不宣的、不指名道姓的东西。在笔者早先提到的《教会史》中，基督教史学家索奎德讲述了希帕提娅的"说真话"做法如何使她"与亚历山大城这个同样沉着冷静和最有权势的人物发生面对面的冲突"（Ronchey 2010: 29）。苏格拉底从来没有离开他的城市，但其自我异化的做法是常规行为；他"声称自己是所在城市的外来者，甚至到了不说古雅典人使用的阿提卡方言的地步"。（Wilson 2007: 76—7）当他必须在法庭上为自己辩护时，他首先告诉陪审团他"是此地方言的门外汉"。难怪他被视为"*átopos*"，意思是不合时宜，令人困惑和引起恐慌等。在《泰阿泰德篇》中，他自己说："我是个令人不安的家伙，只会引起困惑和恐慌。"

另一方面，乔尔丹诺·布鲁诺无需假装是外国人，他本来就是外国人。在离开出生地那不勒斯后,他总是个外来者——四海为家。在国外,他是意大利人,正宗的意大利人。有时候如在英国时,布鲁诺在牛津发表演讲。没有什么比这更好玩儿的事了。他们嘲笑布鲁诺的拉丁语有意大利口音,嘲笑他的外貌,嘲笑他的五短身材,嘲笑他的名字,嘲笑他的一切。下面是后来人们对他在牛津引起的娱乐效果的回顾,报道者是当时一个叫乔治·阿博特①的听众:

> 当这个意大利小矮子在1853年看到我们的大学时,他的心像着了火一般兴奋,渴望通过这种有价值的探索使其在这个学术胜地一鸣惊人。他首先介绍自己是哲学家、著名的神学博士,他的名字比身高还长,他的祖上曾经是波兰公爵。(Rowland 2008: 145)

回到"故乡"意大利,布鲁诺的行为仍然像个外国人。在谈及布鲁诺在罗马受审时,英格丽德·罗兰感兴趣的是这个思想激进的说真话者在与宗教裁判所打交道时的表现。她注意到,原因肯定是他在国外呆过很多年:"布鲁诺揭示了他的怪异生活已经多么彻底地让他适应了说出心里话的想法。"(Rowland 2008: 239)② 其实,我们可以回顾这个事实,在整个审讯过程中,布鲁诺的辩护要点之一恰恰是他说真话的权利,他称之为他的"哲学自由"。(Firpo 1998: 20)

哲学家的自我异化让他有机会从所居住的社会和思想空间抽身而

---

① 16—17世纪英国教士,1611年到1633年后任坎特伯雷大主教,信仰加尔文派。——译注

② "在审讯者一个个拿出莫塞尼戈的指控时,布鲁诺坦率地回答他们的问题。他的有些回答肯定令他们大惊失色。"(Rowland 2008: 240)

退,以便有足够的空间制订策略发起直言不讳的攻击,同时无需顾忌亲密关系,不怕泄密内部信息或背上背信弃义的恶名等。这种隐蔽空间的存在是让说真话成为可能的关键因素:只有从外人的视角看,哲学家才能"说出社会的一切"。他们需要采取这个根本性步骤,否则并不能比别人看得更清楚。但是,当他们能这样做时,因为失去了与这个世界的纽带,他们变得无能为力。现在他们只能拼命争抢。

幕间剧——其实什么事也没有发生

如果哲学家被定义为说真话者,他注定要成为这种人,否则他将面临最终成为谄媚者的风险——他绝不可能从政。哲学家无法采取政治行动,因为他们从结构上说无法获得社会权力。权力只能靠参与社会纽带网的能力而神奇地获得,哲学家切断了与这些纽带的联系以便从事哲学探索。不过,权力往往让他们感到满意。因为从柏拉图在西西里的灾难,到海德格尔在弗莱堡大学命运多舛的校长任期,都一次次地提醒我们那些渴望从政的哲学家通常只会让自己出尽洋相或沦为笑柄。

 **讽刺性的存在**

此刻出现在你头脑中的问题肯定是:"如果哲学家无能为力,为什么还被杀害呢?"这恰恰是因为他们的无能为力。具有反讽意味的是,他们被作为靶子不是因为他们有巨大的威胁,而是因为他们真的无足轻重。哲学家被当作"政权的威胁"不过是罗曼蒂克式的误解而已。除了可能对自己是个威胁之外,哲学家从来不是任何人的威胁。检察官需要

的只是他们的肉体。他们需要一个受害者，选中哲学家就像他们选中妓女、乞丐或其他边缘人一样。

从笔者在本书中的论述来看，你肯定感到惊骇与反感。你可能说"哲学家已经接受了死亡训练，只要他有记性，他已经承担了作为说真话的哲学家可能遭遇的各种风险，当为理念而死的时刻到来时，他所代表的一切都不重要。检察官对此不感兴趣。如果他们决定杀了他，那不是因为他们害怕他的观点。为理念而死是个天大的误解：哲学家并不是为理念而死的，他不是为了任何东西而死"。对此，笔者想再补充一点内容，再提出一个案例，即使哲学家"选择了死亡"，但这选择并不意味着什么，除非检察官决定杀了他。令他们不仅受到伤害而且遭受侮辱的是，哲学家从一大群潜在的受害者中被"选中"，并非因为观点过于大胆而"被迫"除掉。事实上，就好像这还不够糟糕，哲学家被杀本身不过是他们根本无法控制的社会过程的组成部分而已。

但是，这样的解读误解了这些哲学家工程的主要目标。哲学家既不好斗也无自杀倾向。在与政权或疯狂暴民做对时，他们没有主动找死的想法。这种结局或许会发生，但这并不改变其工程的本质。果真发生了，他们的哲学迫使他们以某种方式行动；若没有发生，也并不说明他们的哲学出了什么毛病。把哲学看作生活艺术，按说真话的模式行动却仍然寿终正寝的多数哲学家，并不表明其观点缺乏说服力，也不意味着他们不够勇敢。只是说明迫害有自身的运行逻辑。故事的英雄——苏格拉底、希帕提娅、布鲁诺、莫尔、帕托什卡之所以死掉是因为他们传播的观点和他们的生活方式。但他们被杀不是因为这些观点自动引发了迫害，而是因为通过传播这些观点，他们陷入容易受到伤害的处境。而容易受到伤害是遭受迫害的条件之一。我们从其传记中清晰辨认出来的信息更加直截了当:"总是活出你的哲学,就好像你必须为哲学而死一样。这种死亡也许永远不会发生,但这并不改变什么。就要像死刑判决已经下来了那样去生活。"

正如笔者在本书早些时候显示的那样,这些哲学家工程的决定性因素主要是自我塑造的理想。通过他们所做之事——思考、写作、讲课,来塑造自我。该工程有独特的建设性:这些人的最终目标不是摧毁自我而是创造自我。如果他们在此过程中运用了死亡,他们试图努力让它朝相反的方向发展。在其工程中,死亡远非毁灭之事而是有助于创造某些东西。所有这些都要求时间、投入和实践——尤其是实践。当柏拉图在《斐多篇》中说哲学是"为死亡做准备"时,他使用的词是"*meletē*",该词的含义是习惯性的、焦点集中的、刻苦的练习,如乐器演奏者在准备登台演出前做的练习。这样的"追求"意味着增强注意力,专注于整体存在和总体活力,它们都是死亡的反面。

其实,无论是蒙田、海德格尔和兰兹伯格对死亡和有限性的更抽象的思考形式,还是苏格拉底、波爱修斯、莫尔对即将到来的死亡做出的反应,哲学家都让死亡成为焦点,这不是因为某种怪异的敏感性,而是一种更好地理解人活着意味着什么的方式。如果不考虑人产生背景的局限性、不可靠性和虚无性,就不可能适当地理解人的条件。如果哲学有什么用途的话,那就是帮助我们认识到生存条件的这些方面。没有什么比活着更加宝贵的了,但你只有在意识到不活着意味着什么时才能明白这一点。因而,对这些哲学家而言,死亡并不是目的本身,只是让人生变得值得一过的手段。在其核心,哲学家的工作是赞美生活。毕竟,他们对哲学的定义是生活艺术。

最后,要让"为理念而死"真正出现,哲学家的死亡选择伴随着迫害者杀掉他的选择。这肯定是笔者在本书编织的故事中的最大讽刺之一。这些未来的殉道者哲学家认定自己反对其共同体，幻想自己是"牛虻"，是自愿的先知，是他们更好的良心。他津津有味地公开阐明任何心照不宣的难言之隐。他把同胞们变成了嘲笑的对象，攻击他们的确定性，嘲笑他们的规范。但是，如果要成为殉道者哲学家，他也需要他们的协助。正是他们决定了他能否成为殉道者。即使他一辈子都履行自我控制，但这一过程的决定性阶段仍然超出他的控制。这种死亡的反讽只能与哲学家们拥抱死亡的意愿相匹配。但如果没有了讽刺性，哲学家就什么也不是了。因此，本书应该被解读为讽刺性存在的本体论练习。

表演牺牲之所

为了更好地理解殉道者哲学家生成的社会过程，笔者提议使用勒内·吉拉尔的牺牲理论来解读他们的死亡事件。[①]吉拉尔对暴力与神圣的关系、对迫害、牺牲和替罪羊等的研究发表于 20 世纪 70 年代和 80 年代，这些研究要么被热情地接受，要么被不屑一顾地拒绝。当然，他的观点并非在所有细节上都能站得住脚，但我们很难否认其某些直觉的强大威力。

吉拉尔的主要贡献是其"替罪羊"理论。从本质上说，人们相互妒忌。人们有时候想拥有别人拥有的东西，希望获得他人似乎在享受的充实生活。实际上，人们有时候渴望获得某些东西只是因为他人已经拥有

---

① 在下来的讨论中笔者将主要依靠吉拉尔的著作：*Violence and the Sacred*.（Girard 1979）和 *The Scapegoat*（Girard 1986）。

了。吉拉尔用术语"模仿欲望"来指代这种人性特征。当该趋势到达临界点时，社会或许就落入普遍化暴力的陷阱，其中人人都想赶走他人，人们开始相互攻击，渐渐就造成了混乱。很快人们就不记得最初的起因是什么了。正如吉拉尔所说，"如果听任暴力泛滥，它将不断积累直到从边界溢出蔓延到周围区域"。(Girard 1979: 10)因为出现威胁共同体生存的根本危机；整个社会处于自我毁灭的边缘。在此情况下，当"群众的疯狂"[①]凌驾于理智之上时，那就只剩下一个解决办法：如果这个社会能够从成员中挑选一个靶子，所有人的集体攻击性都指向他，把他杀掉就可以潜在地终结普遍化暴力。这就是吉拉尔所说的"替罪羊机制"。该替罪羊是被选中用来牺牲掉的，其牺牲表演会带来奇迹：所有的集体暴力，所有的妒忌和共同体的"坏血"如今都集中在一个人身上，它会在此终结，消弭于无形。

因为内疚、羞耻和感激的情感混合，受害者变成了圣人。被牺牲掉的人逐渐被视为共同体的"救星"和新开端的开启者。他变成了神或半人半神，变成英雄或创始人。摩西、俄狄浦斯、罗马城的建造者和统治者罗慕洛斯是吉拉尔的一些例子。在他看来，在任何神话的源头（推而广之，文明本身的源头）都存在着原始的暴力行为。与此行为有关，神话发挥了双重功能。一方面，他们纪念事件，赞美受害者，表现出对他的无限感激。另一方面，由于集体内疚感的弥漫，他们企图误导我们，掩盖优美故事中发生的真相。这就是为什么神话必须被"解码"。从本质上看，这就是吉拉尔的理论。

[①] 这里指查尔斯·麦凯在 1841 年的书，全名是《大众的迷茫与狂热》(*Extraordinary Popular Delusions and the Madness of Crowds*)。

哲学殉道与吉拉尔描述的现象之间有相当多的重叠。哲学家被谋杀或许不是在每个细节上都适合他的理论，但吉拉尔对死亡事件的解读能够帮助我们更好地理解哲学殉道的社会和文化意义。在深刻危机时，这些哲学家要么死于国家之手，要么死于疯狂暴徒之手。各自都有特征，但在所有案例中都有"家族相似性"[①]：集体危险即将到来的意识；因为内部派别分裂和原子化而陷入的无政府状态和共同体解体；集体的焦虑、恐惧和怀疑；随时可能爆发的"群体疯狂"。人人相互怀疑，公然的狮子杀戮无处不在，搜查"叛徒"、"内奸"和"间谍"的社会压力越来越大。集体的偏执狂已经出现。

雅典人在公元前 5 世纪末期正经历这样一个时期。在经历了与斯巴达的漫长而疲惫的战争之后，雅典遭遇了令人尴尬的失败，雅典人陷入分裂的社会。当时有一种普遍的认识，即所有这些不幸都归咎于某种过失，人们急切地找到并清除罪恶/不洁之源。有些学者已经将这些集体焦虑与苏格拉底作为"自愿的替罪羊"联系起来。[②] 公元 5 世纪初期的亚历山大是另外一个麻烦之地。虽然基督教是罗马帝国形式上的宗教，但在异教徒文化中仍然存在与基督教会激烈竞争的强大对手（其杰出代表就是希帕提娅）以及该城非常活跃的犹太人社区。新主教西里尔希望绝

[①] 维特根斯坦的术语。——译注

[②] 比如，罗伯特·沃特菲尔德说："我愿意认为苏格拉底接受他的死亡作为自愿的替罪羊。"（Waterfield 2009: 204）虽然沃特菲尔德没有提到吉拉尔，而且在书的末尾谈论苏格拉底作为替罪羊的内容很简短，但他提出了某些深刻见解。比如"自愿的替罪羊远比不情愿的替罪羊恰当得多，总是有罪犯宁愿接受礼仪性的鞭笞架和驱逐出境，也不愿意接受法庭判决强加在其身上的命运"（Waterfield 2009: 203）。或者"在'替罪羊'（*pharmakos*）和'治愈'（*pharmakon*）间的密切联系上玩文字游戏，苏格拉底看到了自己通过自愿死亡治愈城市疾病的前景。对治愈之神的感谢理所应当"。（Waterfield 2009: 204）

对控制这个城市却没有能力宽容异议者,这自然无助于事情的解决。

跨越一千多年后,16世纪上半叶是整个西欧陷入大分裂的时期,英国也不例外。路德的宗教改革观点产生了巨大的影响,在英伦三岛也吸引了众多追随者,这使得英国陷入分裂。莫尔对祖国新走向的决不妥协的态度使得他很容易成为遭受攻击的对象。在欧洲大陆,布鲁诺被正处于偏执狂时期的天主教会谴责和处决。宗教裁判所发现到处都是"异教徒"和"信仰的敌人",觉得必须把他们从社会中"清洗"出去。最后,在1977年,就在布拉格之春失败几年后,捷克斯洛伐克成为陷入麻烦的国家。像《七七宪章》这种异议者运动很容易被贴上"反革命"、"反社会主义"的标签,被认定为"国内敌人"搞破坏,而作为其发言人的帕托什卡必须得到适当处置。

对陷入危机的社会的这种简要概述让我们意识到寻找替罪羊的那种社会政治背景。在末日气氛笼罩下,社会陷入分裂,危机持续不断。一切似乎都陷入循环状态,通常的解决办法似乎都已失效。[①]此时需要采取激进的行动。渐渐地出现了一种必须有人牺牲的意识。这个观念最初或许很模糊,但压力越来越大而且都指向一个解决办法。这种机制被广泛传播。在古代中国,《礼记》中说,"通过牺牲人们的团结才得以加强。"[②]如果社会要幸存,它就没有其他选择只能做出这种牺牲——从成员中选

---

① "替罪羊只有在人际关系在危机时陷入崩溃的情况下才能产生效果。"(Girard 1986: 43)

② 这个例子是吉拉尔所给(Girard 1979: 8)。请参阅《礼记·曲礼下》:"约信曰誓,莅牲曰盟。"《礼记正义》解"莅牲曰盟"道:"'莅牲曰盟'者,亦诸侯事也。莅,临也。临牲者,盟所用也。盟者,杀牲歃血,誓于神也。若约束而临牲,则用盟礼,故云'莅牲曰盟'也。"——译注

出一人清除掉以便他人能够生存下来。该替罪羊将成为共同体摆脱难缠问题，从而再次正常运行起来的工具。①

现在的最大问题是：谁将成为"这个牺牲掉的受害者"？什么东西使某人变得"可以牺牲掉"？吉拉尔给出了受害者的若干类型，他们在某个时期被认为是"可以牺牲掉"的：战俘、奴隶、小孩、未婚青少年、残疾人。他们都表现出"受害者的迹象"。这些类别间的差异可能很大，但这些人有一共同点：他们"要么在社会的外面，要么在社会的边缘"。最关键的是，吉拉尔认为让这些人"可以牺牲掉"的首要因素是他们**"没有能力像其他成员那样建立起社会纽带或与人分享这种纽带"**的事实（Girard 1979: 12; 作者的强调）。因此，他们很容易被清除和舍弃。②

在吉拉尔的描述中并不难辨别出倾向于说真话的哲学家。他就生活在与社会疏离的状态。正如苏格拉底的情况，他与社会的其他人"格格不入"，同样造成他人的不安。因为哲学家"毫无隐瞒地说出一切"的劝说，这种"格格不入"和这种异化使其"没有能力建立或分享社会纽带"的人格特征表露无遗。的确，与他人分割开来是一个假设，其整个工程就建立在该假设的基础之上。他的异化既是其自主性的前提，又是其卓越性的标志。任何一个哲学家，若看起来非常容易地"适应"社会，我们就有理由怀疑他。他们越是不能与他人建立起纽带，他们就肯

---

① 一旦共同体成功地辨认出受害者，"散布在共同体中的传播因素就被吸引到作为牺牲和毁灭的受害者身上，至少因为其牺牲而暂时吸引到他身上。"牺牲的功能因而"保护共同体不至于受到自身暴力的破坏"。（Girard 1979: 8）

② 从历史上说，犹太人就是这样受到迫害的。多个世纪以来，他们总是唾手可得的替罪羊。实际上，吉拉尔《替罪羊》的开头就是对寻找替罪羊的案例的讨论。

定是说真话的更好实践者，因而也是更好的哲学家。这种缺乏社会融合度正是吉拉尔的"可牺牲性"的首个标准。

按照他的第二个标准，把"可牺牲掉的人"和"不可牺牲掉的人"区分开来的是，他们可能"遭受暴力迫害而无需担心被他们报复"。他们的死"不会必然蕴含着报复行动"。（Girard 1979: 13）一个受害者要"成功地"变成替罪羊，他被处决，就必须是终止所有暴力的暴力行为，至少在当下是如此。因此，若引起报复将令牺牲失去效果。① 我们的哲学家也满足这个标准。很少有人试图为殉道的哲学家报仇。在希帕提娅被暴民打死后，虽然她与城市的行政长官关系很好，但行凶者并没有受到惩罚。主教不仅逃脱了谋杀罪的惩罚，而且在职业上春风得意，成为教会中最有影响力的人物之一（后来还被封圣）。不过，这种牺牲后的沉默并不令人感到意外。这些哲学家一生都在竭力使他人感觉不舒服。事实上，他们孤独地死去，而没有人为其报仇雪耻？英格丽德·罗兰在谈及布鲁诺被烧死时感慨道："即便在观看他被烧死的人群中有朋友和同情者，也不会有人注意到他们"。（Rowland 2008: 279）

要让这种牺牲取得预期效果，暴力就必须非同寻常、不容易被忘记而且纵情狂欢。通过参加这个极端残忍的场景，那些观众应该经历一场纯洁化过程，吉拉尔曾经谈及"牺牲式宣泄净化"。（Girard 1979: 30）替罪羊变成了整个社会关注的焦点，他们欣喜若狂。就在那里，就在他们眼前，这个牺牲掉的受害者化为灰烬，他的离场并非空手离去：他带走了他们的罪恶、过失和可耻行为。希帕提娅或许是这种纵情狂欢式

---

① 这是一个重要的条件，吉拉尔曾经定义牺牲首先是作为"没有复仇风险的暴力行为"。（Girard 1979: 13）

暴力的最佳说明。《苏达辞书》提供了最生动的细节。她被"亚历山大的基督徒肢解","她的断肢残臂撒落在城市中,她遭受这种痛苦是因为有人妒忌她非同寻常的智慧,特别仇视她的天文学知识"。(Ronchey 2010: 60)他们将"她肢解",随后将她的"断肢残臂撒落在城市中"是因为他们妒忌,吉拉尔认为这就是寻找替罪羊的"教科书"。在他的理论中,妒忌是寻找替罪羊的典型症状,"肢解尸体"抛撒各地是另一个症状。当我们从另外一个来源了解到希帕提娅还被亚历山大人看作"女巫"时,她的案例就变得过于琐屑简直不值得关注了。①当然,她是替罪羊。还有呢?

纵情狂欢式的残忍的另一种表现可以在托马斯·莫尔被判处死刑时看到。文章说:

> 托马斯·莫尔爵士,你要被装在囚笼里押赴刑场,在伦敦市游街,然后再押送到泰本刑场实行绞刑。绞刑把你折磨得半死不活之时,不等气绝就对你凌迟,豁开你的肚子,把肠子扒出来当着你的面烧掉,将阴茎割下,头砍下来,躯干切成四部分,并把头和躯体放在国王指定的位置。(Ackroyd 1999: 397—398)

后来,国王减轻了处罚,莫尔仅仅被砍头而已。但最初的刑罚文本仍然是一种杰作。把所有那些东西写在纸上肯定是刽子手的工作。这种

---

① "男巫女巫被认为拥有与邪恶的山羊契合的特性。在审判中,嫌疑犯的脚会被检查是否分蹄;前额要被敲敲看是否有角的迹象。在那些被标志为受害者的人中间,动物与人的边界逐渐消失,这个概念很重要。"(Girard 1986: 48)

刑罚甚至不需要执行：其残酷性就在于书写本身。执行起来恐怕也没有写下来这么残酷。笔杆子的威力很少像这样胜过锋利的宝剑。①

虽然如此，并非所有的殉道者哲学家都死得这么悲惨。多亏了朋友的慷慨援助，他们能花钱购买昂贵的毒药，使苏格拉底得以平静地死去。雅恩·帕托什卡也没有暴死，他死在医院里。虽然如此，他们的死或许很平静，但马上就被公众知道了，因而在社会上起到了宣泄净化的作用。警察真枪实弹地干扰帕托什卡的葬礼本身就非常说明问题：他们意识到他的死已经开始产生社会影响了。

哲学家嘲笑独裁者、挫败死亡、并成为神话

这些哲学家变成牺牲对象一点儿都不令人吃惊。你可能说，他们从一开始就走上了通向糟糕下场的道路。他们选择了一种拒绝放弃理念的生活方式。另一方面，如果我们采用吉拉尔式的解释，从迫害者角度看他们不是被有意选中的目标只是碰巧被选中而已，伴随者还有妓女、巫婆、残疾人、外国人和其他被边缘化的人。吉拉尔说，受害者之所以被选中"只是因为他们脆弱，而且就在手边"。（Girard 1979: 2）这或许解

---

① 除了已经引用的外，似乎没有其他对布鲁诺被烧死的描述。该文件简洁得令人沮丧，我们单靠它难以有清晰的概念，在 1600 年前后在火刑柱上被烧死到底什么样。为此，英格丽德·罗兰在有关布鲁诺的书中描述了几年前即 1595 年罗马的苏格兰异教徒被处决的情形。人们可以很容易地"想象"布鲁诺之死："令他惊恐不安的是已经准备了很大一堆木柴、木炭、引火物，还有十多车的松脂、一件专门为他准备的浸了松脂的衬衫。这件衣服从腰部一直延伸到脚，像煤炭一样黑，然后穿在他赤裸的身体上，这样他就不能很快地死去，他的生命将在火中尽可能痛苦地燃烧。他被一批护送者运到火刑架上，让他坐在火边的铁椅子上，火堆已经点着了。"（Rowland 2008: 11—12）

释了为什么哲学家不是每当发表了大胆的言论就被杀掉，而是只有在满足了某种条件之后，而且不知不觉地陷入特别麻烦的社会政治背景中才会被干掉。如果政权发现有些思想家不合时宜，总有其他办法令其闭嘴，如监禁、驱逐出境、流放。这种事在历史上很多时候都屡见不鲜。

这些哲学家被选中成为牺牲品或许很普通，但他们死后所发生的事则具有非同寻常的色彩。作为"牺牲"的后果，民众与殉道者的关系发生了重大变化。他们活着时，人们既不阅读他们的著作也不喜欢他们，如今他们的著作不仅被阅读，被讲授，而且本人还受到爱戴和敬重。他们作为思想家的英名和作为公众人物的分量呈指数级增长，在有些情况下这些与其著作并没有清晰的联系。不过，我们不应该感到吃惊：哲学家的名气越来越大标志着牺牲操作的"成功"，也确认了一种普遍的模式。它不仅发生在苏格拉底或希帕提娅身上，而且发生在俄狄浦斯和摩西及其他非哲学家替罪羊身上。特别引人注目的是狂热的群众是正确的，他们站在逐渐消失的受害者面前放纵狂欢，参与暴力行动，等待不寻常之事的发生。

作为受害者牺牲的结果，奇迹确实出现了。在集体的记忆中，殉道者被杀事件与重大生存危机的终结之间建立起了一种直觉上的联系。首先，他们让他成为受害者，现在出于羞耻、感激和内疚[①]，他们宣称他是圣人。[②] 因此出现了角色上的根本性颠倒。被牺牲掉的受害者不再被动消

[①] 吉拉尔谈及"神话性的内疚"。

[②] 在《替罪羊》中，吉拉尔区分了两个主要阶段：第一阶段包括指控替罪羊，"他还没有被神圣化，所有罪恶都归咎于他"；而在第二阶段他"因为共同体的和解愿望而被神圣化"。（Girard 1986: 50）

极，相反，他扮演了非常积极的角色。[①]这个替罪羊变成了社会生活中的支配性人物，开始塑造和引导社会的未来。[②]通常这表现为新宪法、更好的法律体系或新出台的一组法律。[③]这是新开端的典型时刻：作为成功的牺牲的结果，该共同体成功忘记过去所有的暴力，准备一切从头开始。替罪羊因而成为"创始人"。

这或许解释了为什么殉道者哲学家因为其牺牲性的死亡在公众的想象力中被彻底改变。在很多情况下，他们变成了"创始人"：思想学派或重大哲学运动的创始人。虽然我们不知道苏格拉底已经改变的形象的巨大神秘力量是什么，但我们常常忘记他并没有留下任何公开出版的作品。他的身后影响力简直就是个奇迹：苏格拉底已经成为最具影响力的人物之一，而哲学领域在两千多年里一直是靠写作来定义的。到底是什么让他具有了如此大的影响力呢？不可能是他的书面著作（根本没有）。塞涅卡说，是"毒酒让苏格拉底成为伟人"，难道不对吗？（Wilson 2007: 128—129）让苏格拉底成为灯塔式人物的恰恰是他的"牺牲者之死"。他的案例让伏尔泰非常担忧，他甚至从神学上谈到他（他称苏格拉底是"殉道者"，并谈到了他的"神化"）。在伏尔泰之前，伊拉斯漠

[①] "替罪羊的效果是颠倒迫害者和受害者之间的关系，因而产生圣人、创始祖先和神灵……替罪羊不再表现出是邪恶力量的消极承受者，而是神话显示出的万能操纵者的幻觉，他得到社会全体一致的公认"。（Girard 1986: 44—46）

[②] 吉拉尔追踪了无能为力的受害者向神话中的神人转变的过程，受害者变得"怪异，并展现出不可思议的力量"。在引起混乱后，他们"重新建立秩序，并成为创始祖先和神灵"。吉拉尔说，这是"让受害者成圣，并把迫害转变为宗教和文化新生的出发点"。（Girard 1986: 54—55）

[③] 吉拉尔常常使用摩西作为成功替罪羊的例子。他说，"超级立法者是已经成圣的替罪羊的本质"。（Girard 1986: 178）

曾称苏格拉底是圣人,虽然可能采用了讽刺性口吻:"圣苏格拉底,为我等祈。"从吉拉尔的角度看,这种语言非常合适:正是苏格拉底之死使其成"圣"。

希帕提娅的任何著作都没有留下,只有少数同代人提到她。她没有像柏拉图那样的弟子,但这并不妨碍她在后来的世纪拥有越来越多的追随者。虽然希帕提娅不大可能在当时提出任何女权主义观点,但她已经逐渐被视为女权主义的创始人之一(至少有两本女权主义刊物使用她的名字)。这里仍然是"创始人"牺牲者。一旦神话过程启动后,什么都不能阻止其前进的步伐。在缺乏历史根据时,希帕提娅的崇拜者并不讳言使用了想象力。19 世纪的法国诗人勒贡特·德·列尔谈到她,称其是个绝妙的年轻美女,拥有出众的才华,"既有柏拉图的灵魂,又有阿佛洛狄忒的身体"。(Dzielska 1995: 7)从吉拉尔的角度看,把希帕提娅当作神话人物再自然不过了。

殉道者哲学家常常变成某种世俗之神,很方便地被当作庇佑某种公共事业的"圣徒守护者"。① 当今,很少人再去读布鲁诺的著作了。作为哲学家他是很难模仿的人物。他说的很多东西(如谈及魔法或数字占卜学)在不是专家的人看来完全不可理解。但尽管如此,他仍然被认为是有史以来最重要的意大利哲学家之一,也常常被看作是现代自由思想的创始人之一。

教会在 19 世纪的意大利扮演了什么角色?在现代的、新统一的意大利应该扮演什么角色?在这些问题的辩论中,布鲁诺都扮演了重要角

---

① 当伏尔泰写希帕提娅时,他的主要目的不是要描述 5 世纪的哲学人物而是支持反对教会的启蒙运动。

色。意大利民族解放与政治统一的民族复兴运动的反教权知识分子对作为哲学家的布鲁诺并不感兴趣,他们关心的是作为殉道者的布鲁诺。他们不需要哲学家却需要一个神话人物。这是布鲁诺的生平与死亡的最大反讽之一。在世时一点儿都不谦虚的布鲁诺坚信他死后将英名长存,但他怎么也想不到对子孙后代来说,真正重要的不是他的精神而是他的肉体,即教会把他烧死在火刑柱上的事实。这正是神话的运行方式。

*

诸位可能还记得,在本书早些时候,笔者曾说哲学家的自愿死亡切断了他与社会的联系,使其置于特殊的本体论空间内,使其既引人入胜又令人讨厌。笔者使用术语"圣者"来描述这种状态;因为做了他在做的事(选择死亡),哲学家进入了"神圣"的存在状态。为了不失掉这个主要特征,笔者在本章中转变了视角,这让我们可以从另一个视角看待他。这次我们从哲学家所在群体的立场来看待他,看待他的定位,最终正是这个群体压迫他,将其送入变成神话人物的道路上。在这第二个视角中,我们跟随社会上的哲学家看他做自己最擅长之事,并为此付出高昂的代价。因为两个视角的互补性,我们现在看到了能看到的一切。在此期间,不管我们如何看待他,哲学家还是缓慢而坚定地离我们越来越远,越来越远。今天的戏,到此结束。

这里已经到了我们旅程的尽头。现在可以与故事中的英雄们吻别了,并设想他们逐渐消散在神话之中。他们从我们的眼前消失,因为他们已经弥漫在空气中。接下来会如何呢?他们会回来。从我们的视

线中消失之后,他们就开始为我们神话般的想象力提供养料,塑造我们的世界观,栖身于我们的思想中。我们杀了他们,他们却报复似的杀了个回马枪。

后记
笑着去死

　　哲学是表演。有血有肉的活着有时候是血腥的表演。哲学最初可能是一个观念，但如果不是靠哲学家的生活具体表现出来，它最终可能变成空谈。因为哲学家的传记是哲学的运动场，哲学家的身体是展现哲学的工具。无论哲学家的写作多么精彩，哲学思考在本质上不能被局限在书面文本之内。其实，哲学是一种自我题词，其中哲学家变成了活着的文本，一本正在写作中的书。这种自我创造姿态的表演是哲学家的定义，是哲学家留在世界上的签名，既谨慎又独特。这里正是死亡工程的入口：在哲学家的自我塑造工程中，死亡不仅是传记不可分割的组成部分，而且可能最终与生命本身同等重要。对此，西蒙娜·薇依比多数人了解得更多，她并不怎么关心可能无法找到"生命的意义"，她更关心的是不要错过死亡的意义："我一直担心失败，不是生的失败而是死的失败。"（Weil 1965: 178）

*

　　薇依的告白中没有任何轻浮的痕迹。但是，许多哲学家用极度的严肃性对待生活，却用爽朗的笑声迎接死亡。在《哲学家死亡录》中，西蒙·克里奇利考察了哲学家的生死，就好像他们是喜剧人物一样。在这些喜剧中，有些人真的就是笑着去死的，而有些人的死却令我们发笑。克里奇利的书是哲学的喜剧史，一切都被恶搞，悲惨的结局在嬉笑怒骂中呈现。正如在本书中报道的那样，甚至殉道者哲学家也忍不住笑着去死。苏格拉底在申辩中嘲讽、挖苦，其微笑层层加码一直到死；显然是死亡阻止了他继续笑下去。真的吗？托马斯·莫尔就在死亡前的几分钟，在走上断头台的途中还试图安慰行刑者，并开了个"历史上最著名的绞刑架玩笑"——他友好地请求负责的官员："我祈求你，我祈求你副官先生确保我安全地走上去，如果我滑倒，请让我自己站起来"。（Smith 1997: 180）没有比这更好的玩笑了。

*

哲学家为什么笑着去死？解释源自哲学态度本身。在任何哲学的根源都有一种强大的解构因素。哲学家的最初姿态就是怀疑一切。"事情并不像外表看起来那样"是哲学家的第一条诫命。从哲学角度看世界就是要看穿它的把戏。任何被认为"真的"东西都需要遭到质疑、驳斥和破坏。从本质上说，哲学具有高度的腐蚀性：任何东西碰上它都会被消解。亚瑟·叔本华认为这种看到事物的非真实性的能力是哲学家的最好天赋。但是，哲学家的第二条诫命肯定是"千万不要留下一个没有任何改变的世界！"因为在下一场运动中，更具建设性的头脑会用更新的、更持久的东西来取代这种非真实性：原子[①]、理想原型[②]、绝对精神[③]、意志[④]、存在和生成等等。哲学的吸引力常常来自虚构和隐喻之美，哲学家使用它们去修补一个被他们自己的解构性努力搞得破烂不堪的世界。

[①] 以德谟克利特（Democritus，约公元460—约公元370）为代表的学说原子论。——译注
[②] 亚里斯多德的概念。——译注
[③] 黑格尔的概念。——译注
[④] 叔本华的概念。——译注

"哲学中想象力的重要性再怎么强调也不算过分"是第三条也是最后一条诫命。

但是,这可能是一条危险之路。如此深刻痴迷于质疑一切的人接受痛苦的考验,要提出不容置疑的替代品。其实,如果哲学家中还有比撕碎存在的机理更多的共同性,那就是他们相互把对方驳得体无完肤。所以要重建已经被毁灭的世界可能非常困难。事实上,常常是无法重建任何东西。找到解决办法的幻影会很快突然显现,但正如诗人罗伯特·弗罗斯特所说"金华不久留"。① 通常,哲学在完成破坏工作之后,往往满

---

① 这是作者借用的一首诗的题目,该诗如下:
Nothing Gold Can Stay
Nature's first green is gold,
Her hardest hue to hold.
Her early leaf's a flower;
But only so an hour.
Then leaf subsides to leaf.
So Eden sank to grief,
So dawn goes down to day.
Nothing gold can stay.
《金华不久留》
作者:罗伯特·弗罗斯特
翻译:晚枫(第二版)
新绿谓为金,
彩翠最难擒。
初叶是朵花;
花期须臾尽。
转瞬新成旧,
伊甸陷悲愁,
晨曦沦为昼,
金华不久留。
——译注

足于设想一个注定维持在破碎状态的世界——或者非实体的虚无。

因此,哲学家发现自己独自与幻影为伴,被困在两者之间,一边是已经不再"真实"的世界,一边是难以兜售的"理想"世界。有时候,更具想象力的、更大胆的人会把这种虚幻视野变为独特的哲学工程:即世界在本质上是非真实的,人类的存在在本质上是幻影和幻觉。按照这种哲学思辨路线,更高形式的存在或许有可能,但我们从来没有机会接触到,仍然无法与之联系上。事实上,如果有个上帝创造了我们并把我们放到这里,他肯定是以嘲弄的方式做的,纯粹是为了好玩。我们不过是上帝手中的玩物而已,这种见解与哲学本身一样古老:柏拉图在《法律篇》中就说过这样的话。

完全可以设想的是,拥有这种观念或类似观念的哲学家在临死时或许逐渐认识到其人生并不是"真实存在"。他们现在意识到,死到临头才发现自己并没有真正生活过。具有讽刺意味的是,此时存在不再表现为不确定性,而是惊人清晰的东西:滑稽的闹剧。的确,如果这种清晰性在你因为哲学思考而即将丧命之时灵光乍现,启示显得就格外地残酷无情。而且,当你意识到无论自己的观点多么大胆,你并没有真正迫使迫害者要杀掉你,你之所以被选中不过是人家随便从妓女、巫师和乞丐群体中挑出来的而已,这样的启示实在是可忍孰不可忍。如果哲学家的人生可能有"危险"的话,单单意识到这个见解本身就应该被视为最大的危险之一。

*

那么,意识到所有这一切安排都只是要让你成为笑柄,接下来你能做些什么呢?除了你也以大笑回敬之外,确实也没有什么可做的了。当整个世界都在嘲笑你的时候,你能做的最好之事就是放声大笑。临死关头,你嘲笑自己,也嘲笑把你抛到生存闹剧的场景调度。

与从前相比,此时的哲学确实更是一种表演。哲学家在离开这个世界时嘲笑其存在肯定是意义最大的功绩——终极性的哲学骗局。这种笑声如果不是表现你的最终哲学见解的最合适方式,即你的人生就是一个笑柄,你来到人世就是天大的笑话,还能是什么呢?你的存在一直就在舞台上,虽然你只是现在才发现一直遭人嘲笑,但之前根本不知道。不过,秘诀在于不要表现出吃惊的样子,还要假装你一直在玩这个游戏。这才是最高级的讽刺性存在。这是你能在一场不请自来的喜剧表演中保留些许尊严的方法。

但这是另一场故事的开头,笔者希望将来到别的地方再讲。

参考文献

Abufarha, Nasser. *The Making of a Human Bomb. An Ethnography of Palestinian Resistance* (Durham, NC: Duke University Press, 2009)

Ackroyd, Peter. *The Life of Thomas More* (New York: Anchor Books, 1999)

Ahrensdorf, Peter. *The Death of Socrates and the Live of Philosophy.* An Interpretation of Plato's Phaedo (Albany, NY: State University of New York Press, 1995)

Améry, Jean. *At the Mind's Limits. Contemplations by a Survivor on Auschwitz and its Realities.* Translated by Sidney Rosenfeld and Stella P. Rosenfeld (Bloomington, IN: Indiana University Press, 1980)

Aquilecchia, Giovanni. *Giordano Bruno* (Roma: Istituto della Enciclopedia Italiana, 1971)

Ariès, Philippe. *Western Attitudes toward Death: From the Middle Ages to the Present.* Translated by Patricia M. Ranum (Baltimore, MD: The Johns Hopkins University Press, 1974)

Avemarie, Friedr. *Martyrdom and Noble Death (The Context of Early Christianity)* (London: Routledge, 2002)

Bachelard, Gaston. *The Psychoanalysis of Fire* (Boston, MA: Beacon Press, 1964)

Bakewell, Sarah. *How to Live, or, A Life of Montaigne in One Question and Twenty Attempts at an Answer* (New York: Other Press, 2010)

Barton, Carlin. "Honor and Sacredness in the Roman and Christian Worlds," in Margaret Cormack (Ed.). *Sacrificing the Self: Perspectives in Martyrdom and Religion* (Oxford: Oxford University Press, 2002), pp. 23–38

Bassi, Simonetta (Ed.). *Immagini di Giordano Bruno 1600–1725* (Napoli: Procaccini, 1996)

Bataille, George. *Erotism: Death & Sensuality.* Translated by Mary Dalwood (San Francisco: City Lights Books, 1986)

Benn, James. *Burning for Buddha. Self-Immolation in Chinese Buddhism* (Honolulu, HI: University of Hawaii Press, 2007)

Beretta, Gemma. *Ipazia d'Alessandria* (Roma: Editori Riuniti, 1993)

Bergman, Ingmar. *Bergman on Bergman*. Interviews with Ingmar Bergman by Stig Biggs, Michael. "Dying Without Killing: Self-Immolations, 1963–2005," in Diego Gambetta (Ed.). *Making Sense of Suicide Missions* (Oxford: Oxford University Press, 2005), pp. 173–208

Björkman, Torsten Manns and Jonas Sima. Translated Paul Britten Austin (New York: Simon and Schuster, 1970)

—*Images. My Life in Film*. Translated by Marianne Ruuth (New York: Arcade Publishing, 1990)

Bizot, François. *Facing the Torturer*. Translated by Charlotte Mandell and Antoine Audouard (New York: Knopf, 2012)

Bjerke, Øivind Storm. *Edward Munch and Harald Sohlberg: Landscapes of the Mind* (New York: The National Academy of Design, 1995)

Boethius. *The Consolation of Philosophy*. Edited and Translated by Scott Goins and Barbara H. Wyman (San Francisco: Ignatius Press, 2012)

Bossy, John. *Giordano Bruno and the Embassy Affair* (New Haven, CT: Yale University Press, 2002)

Boyarin, Daniel. *Dying for God: Martyrdom and the Making of Christianity and Judaism* (Stanford, CA: Stanford University Press, 1999)

Bradatan, Costica. "Philosophy as an Art of Dying," *The European Legacy*, 12.5 (September 2007), pp. 589–605

— "Philosophy and Martyrdom. The Case of Jan Patočka," in Costica Bradatan and Serguei Alex. Oushakine (Eds.). *In Marx's Shadow. Knowledge, Power and Intellectuals in Eastern Europe and Russia* (Lanham, MD: Lexington Books, 2010), pp. 109–30

—"A Light for the Future. On the Political Uses of a Dying Body," *in Dissent* (2011) Online at: http://www.dissentmagazine.org/online_articles/a-light-for-the-future-on-the-political-uses-of-a-dying-body

—"To Die Laughing," *East-European Politics and Societies*, 25.4 (2011), pp. 737–58

—"The Political Psychology of Self-immolation," *in The New Statesman* (2012) Online at: http://www.newstatesman.com/blogs/politics/2012/09/political-psychology-self-immolation

—"Philosophy as an Art of Living," in *Los Angeles Review of Books* (2012) Online at: http://lareviewofbooks.org/essay/philosophy-as-an-art-of-living

—"From Draft to Infinite Writing. Death, Solitude and Self-Creation in Early Modernity," *Culture, Theory and Critique*, 54.2 (2013), pp. 241–57

—and Serguei Alex. Oushakine (Eds.). *In Marx's Shadow. Knowledge, Power and Intellectuals in Eastern Europe and Russia* (Lanham, MD: Lexington Books, 2010)

—— Simon Critchley, Giuseppe Mazzotta, and Alexander Nehamas, "Of Poets and Thinkers. A Conversation on Philosophy, Literature, and the Rebuilding of the World," *The European Legacy*, 14.5 (August 2009), pp. 519–34

Bragg, Melvyn. *The Seventh Seal (Det Sjunde Inseglet)* (London: BFI Publishing, 1993)

Brickhouse, Thomas and Nicholas Smith. *The Trial and Execution of Socrates. Sources and Controversies* (Oxford: Oxford University Press, 2002)

Brown, Peter. *The Cult of the Saints. Its Rise and Function in Latin Christianity* (Chicago: University of Chicago Press, 1981)

Bruno, Giordano. *The Ash Wednesday Supper*. Edited and translated by Edward A. Gosselin and Lawrence S. Lerner (Hamden, CT: The Shoe String Press, 1977)

——*Dialoghi Italiani*, 2 vols. (Firenze: Sansoni, 1985)

——*Cause, Principle and Unity: And Essays on Magic* (Cambridge: Cambridge University Press, 1998)

——*Un'Autobiografia*. A cura e con un'introduzione di Michele Ciliberto (Napoli: Generoso Procaccini, 1999)

——*The Expulsion of the Triumphant Beast*. Translated by Arthur D. Imerti (Lincoln, NE: Bison Books, 2004)

Calder, Willim M. III et al. *The Unknown Socrates* (Wauconda, IL: Bolzchazy Carducci Publishers, Inc., 2002)

Canone, Eugenio (Ed.). *Brunus redivivus: Momenti della Fortuna di Giordano Bruno nel XIX secolo* (Pisa: Edizioni dell'Ateneo, 1998)

Carpenter, Siri. "Body of Thought," *Scientific American Mind*, 21 (2011), pp. 38–45

Cassirer, Ernst. *The Individual and the Cosmos in Renaissance Philosophy*. Translated by Mario Domandi (Philadelphia, PA: University of Pennsylvania Press, 1972)

Castelli, Elisabeth. *Martyrdom and Memory. Early Christian Culture Making* (New York: Columbia University Press, 2004)

Cauquelin, Anne. *La Mort des philosophes et autres contes* (Paris: PUF, 1992)

Cervantes Saavedra, Miguel de. *Don Quixote*. Edited by Joseph R. Jones and Kenneth Douglas. Translated by John Ormsby (New York: W. W. Norton, 1981)

Ciliberto, Michele. *Giordano Bruno* (Roma: Laterza, 1990)

——*Giordano Bruno. Il teatro della vita* (Roma: Mondadori Editore, 2007)

Coles, Robert. *Simone Weil. A Modern Pilgrimage* (Reading, MA: Addison–Wesley Publishing, 1987)

Cooper, David. E. *Thinkers of Our Time: Heidegger* (London: Claridge Press, 1996)

——"Visions of Philosophy," in Anthony O'Hear (Ed.). *Conceptions of Philosophy* [Royal Institute of Philosophy Supplements (65)] (Cambridge: Cambridge University Press, 2010), pp. 1–15

—*Convergence with Nature: A Daoist Perspective* (Cambridge: Green Books, 2012)

Cooper, John. Pursuits of Wisdom: Six Ways of Life in Ancient Philosophy from Socrates to Plotinus (*Princeton, NJ: Princeton University Press, 2011*)

Cormack, Margaret (Ed.). *Sacrificing the Self: Perspectives in Martyrdom and Religion* (Oxford: Oxford University Press, 2002)

Costa Lima, Luiz. *Control of the Imaginary: Reason and Imagination in Modern Times*. Translated by Ronald W. Sousa. Afterword by Jochen Schulte-Sasse (Minneapolis, MN: University of Minnesota Press, 1988)

—*The Limits of Voice. Montaigne, Schlegel, Kafka*. Translated by Paulo Henriques Britto (Stanford, CA: Stanford University Press, 1996)

Covington, Sarah. *The Trail of Martyrdom: Persecution and Resistance in Sixteenth-Century England* (Notre Dame, IN: University of Notre Dame Press, 2003)

Cowie, Peter. *Ingmar Bergman. A Critical Biography* (New York: Charles Scribner's Sons, 1982)

Critchley, Simon. *On Humor* (London: Routledge, 2002)

—*The Book of Dead Philosophers* (London: Granta Books, 2008)

—*The Faith of the Faithless. Experiments in Political Theology* (London: Verso, 2012)

—*Very Little... Almost Nothing. Death, Literature, Philosophy* (London: Routledge, 1997)

Croix, Geoffrey de Ste. *Christian Persecution, Martyrdom, and Orthodoxy* (Oxford: Oxford University Press, 2006)

Crowley, Martin (Ed.). *Dying Words. The Last Moments of Writers and Philosophers* (Amsterdam: Rodopi, 2000)

Damasio, Antonio. *The Feeling of What Happens. Body and Emotion in the Making of Consciousness* (New York: Harcourt, 1999)

Davidson, Arnold, I. (1995), "Introduction: Pierre Hadot and the Spiritual Phenomenon of Ancient Philosophy," in Pierre Hadot, *Philosophy as a Way of Life. Spiritual Exercises from Socrates to Foucault*. Edited with an Introduction by Arnold I. Davidson. Translated by Michael Chase (Oxford: Blackwell, 1995)

De Leon-Jones, Karen Silvia. *Giordano Bruno and the Kabbalah: Prophets, Magicians, and Rabbis* (Lincoln, NE: University of Nebraska Press, 2004)

Derrida, Jacques. *The Gift of Death*. Translated by David Wills (Chicago: University of Chicago Press, 1995)

—*The Work of Mourning*. Translated by Pascale-Anne Brault and Michael Naas (Chicago: University of Chicago Press, 2001)

Dostoevsky, Fyodor. *Demons*. Translated and Annotated by Richard Pevear and Larissa Volokhonsky (New York: Vintage Books, 1995)

Drewermann, Eugen. *Giordano Bruno*. Translated [into Italian] by Enrico Ganni (Milano: Rizzoli, 2000)

Droge, Arthur J. and James D. Tabor. *A Noble Death. Suicide and Martyrdom among Christian and Jews in Antiquity* (San Francisco, CA: Harper San Francisco, 1992)

Du Plessix Gray, Francine. *Simone Weil* (New York: Penguin, 2001)

Dzielska, Maria, *Hypatia of Alexandria*. Translated by F. Lyra (Cambridge, MA: Harvard University Press, 1995)

Eggum, Arne. "Munch's Self-Portraits," in R. Rosenblum et al., *Edward Munch. Symbols & Images* (Washington, DC: National Gallery of Art, 1978), pp. 11–31

—Edward Munch. *Paintings, Sketches, and Studies*. Translated by Ragnar Christophersen (New York: Clarkson N Potter, Inc., 1984)

Erikson, Erik H. *Gandhi's Truth. On The Origins of Militant Nonviolence* (New York: W. W. Norton, 1969)

Falk, Barbara J. *The Dilemmas of Dissidence in East-central Europe. Citizen Intellectuals and Philosopher Kings* (Budapest: Central European University Press, 2003)

Feifel, Herman (Ed.). *The Meaning of Death* (New York: McGraw-Hill, 1965)

Fields, Rona M. (Ed.). *Martyrdom: The Psychology, Theology, and Politics of Self-Sacrifice* (Westport, CT: Praeger, 2004)

Firpo, Luigi. *Il Processo di Giordano Bruno*. A cura di Diego Quaglioni (Roma: Salermo Editrice, 1998)

Fisher, Louis. *Gandhi. His Life and Message for the World* (New York: Penguin, 1982)

—*The Life of Mahatma Gandhi* (New York: Harper & Row, 1983)

Fischer, John (Ed.). *The Metaphysics of Death* (Stanford, CA: Stanford University Press, 1993)

Foa, Anna. *Giordano Bruno* (Bologna: Il Mulino, 1998)

Foucault, Michel. *Le souci de soi (Histoire de la sexualité, 3)* (Paris: Gallimard, 1984)

—*Essential Works of Foucault, 1954–1984, 3 vols.* (New York: New Press, 1997–9)

—*The Care of the Self*. Volume 3 of *The History of Sexuality*. Translated from the French by Robert Hurley (New York: Vintage, 1988)

—*Fearless Speech*. Ed. Joseph Pearson (Los Angeles, CA: Semiotext(e), 2001)

Fox, Robin Lane. *Pagans and Christians* (San Francisco, CA: Harper, 1986)

Frame, Donald M. *Montaigne. A Biography* (New York: Harcourt, Brace & World, 1965)

France, Peter. "An Etna among Foothills: The Death of *Mayakovsky*," in Martin

Crowley (Ed.). *Dying Words: The Last Moments of Writers and Philosophers* (Amsterdam: Rodopi, 2000), pp. 7–22

Friedrich, Hugo. *Montaigne*. Edited with an Introduction by Philippe Desan. Translated by Dawn Eng (Berkeley, CA: University of California Press, 1991)

Gado, Frank. *The Passion of Ingmar Bergman* (Durham, NC: Duke University Press, 1986)

Gandhi, Mohandas K. *An Autobiography. The Story of My Experiments with Truth*. Translated by Mahadev Desai (Boston, MA: Beacon Press, 1957)

Ganss, George E. *The Spiritual Exercises of Saint Ignatius* (Chicago: Loyola Press, 1992)

Garin, Eugenio. *Bruno* (Roma: Campagnia Edizione Internazionali, 1966)

Gatti, Hilary. *Giordano Bruno and Renaissance Science* (Ithaca, NY: Cornell University Press, 2002)

— (Ed.). *Giordano Bruno, Philosopher of the Renaissance* (Aldershot: Ashgate, 2002)

Gilbert, Sandra M. *Death's Door. Modern Dying and the Way We Grieve* (New York: W.W. Norton, 2006)

Girard, René. *Violence and the Sacred*. Translated by Patrick Gregory (Baltimore, MD: The Johns Hopkins University Press, 1977)

—*The Scapegoat*. Translated by Yvonne Freccero (Baltimore, MD: The Johns Hopkins University Press, 1989)

Glenberg, Arthur M. "Embodiment as a Unifying Perspective for Psychology," *Wiley Interdisciplinary Reviews: Cognitive Science*, 1 (2010), pp. 586–96

Glucklich, Ariel. *Dying for Heaven. Holy Pleasure and Suicide Bombers – Why the Best Qualities of Religion Are Also Its Most Dangerous* (New York: HarperOne, 2009)

Goetz-Stankiewicz, Marketa (Ed.). *Good-bye, Samizdat. Twenty Years of Czechoslovak Underground Writing*, With a Foreword by Timothy Garton Ash (Evanston, IL: Northwestern University Press, 1992)

Greenblatt, Stephen. *Renaissance Self-Fashioning: from More to Shakespeare* (Chicago: University of Chicago Press, 1980)

Gustafson, Richard, F. *Leo Tolstoy Resident and Stranger. A Study in Fiction and Theology* (Princeton, NJ: Princeton University Press, 1986)

Hadot, Pierre. Exercices spirituels et philosophie antique *(Paris: Études Augustiniennes, 1987)*

—*Philosophy as a Way of Life. Spiritual Exercises from Socrates to Foucault*. Edited with an Introduction by Arnold I. Davidson. Translated by Michael Chase (Oxford: Blackwell, 1995)

—*What is Ancient Philosophy?* Translated by *Michael Chase (Cambridge, MA:*

Belknap Press, 2002)

Halberstam, David. *The Making of a Quagmire* (London: Bodley Head, 1965)

Havel, Václav. *Letters to Olga. June 1979-September 1982*. Translated with an Introduction by Paul Wilson (New York: Henry Holt, 1989)

—*Disturbing the Peace: A Conversation with Karel Hvížďala*. Translated by Paul Wilson (New York: Knopf, 1990)

Havez, Mohammed M. *Manufacturing Human Bombs. The Making of Palestinian Suicide Bombers* (Washington, DC: United States Institute of Peace Press, 2006)

Heidegger, Martin. *Being and Time*. Translated by John Macquarrie and Edward Robinson (Oxford: Blackwell, 2000)

Henten, Jan Willem van and Avemarie Friedrich (Eds.). *Martyrdom and Noble Death: Selected Texts from Graeco-Roman, Jewish and Christian Antiquity* (London: Routledge, 2002)

Herman, Arthur. *Gandhi and Churchill. The Epic Rivalry that Destroyed an Empire and Forged Our Age* (New York: Bantam Dell, 2008)

Heym, Stefan. *The King David Report* (Evanston: Northwestern University Press, 1997)

Hick, John. *Death and the Eternal Life* (San Francisco: Harper, 1976)

Holl, Adolf. *Death and the Devil*. Translated by Matthew J. O'Connell (New York: Seabury Press, 1973)

Hughes, Bettany. *The Hemlock Cup. Socrates, Athens and the Search for the Good Life* (New York: Knopf, 2011)

Husain, Ed. *The Islamist* (London: Penguin, 2007)

Jahn, Garry, R. *The Death of Ivan Ilich. An Interpretation* (New York: Twayne Publishers, 1993)

Jankelevitch, Vladimir. *La mort* (Paris: Flammarion, 1966)

Jaspers, Karl. *Socrates, Buddha, Confucius, Jesus. The Paradigmatic Individuals*. Edited by Hanna Arendt. Translated by Ralph Manheim (New York: Harvest, 1966)

Johnson, Richard. *Gandhi's Experiments with Truth: Essential Writings by and about Mahatma Gandhi* (Lanham, MD: Lexington Books, 2006)

Kalin, Jesse. *The Films of Ingmar Bergman* (Cambridge: Cambridge University Press, 2003)

Kassimir, R. "Complex Martyrs: Symbols and Catholic Church Formation and Differentiation in Uganda," *African Affairs*, 90 (360) (1991), pp. 357–82

Keane, John. *Václav Havel. A Political Tragedy in Six Acts* (New York: Basic Books, 1999)

Khosrokhavar, Farhad. *Suicide Bombers Allah's New Martyrs*. Translated by David Macey (London: Pluto Press, 2005)

Kohak, Erazim. *Jan Patočka. Philosophy and Selected Writings* (Chicago:

University of Chicago Press, 1989)

Kriseová, Eda. *Václav Havel*. Translated by Caleb Crain (New York: St Martin's Press, 1993)

Kubler-Ross, Elizabeth. *On Death and Dying* (New York: Simon and Schuster, 1969)

Kurlansky, Mark. *Nonviolence. Twenty-five Lessons from the History of A Dangerous Idea*. Forward by His Holiness the Dalai Lama (New York: The Modern Library, 2006)

Lakoff, George and Mark Johnson. *Metaphors We Live By* (Chicago: University of Chicago Press, 1980)

—and *Philosophy in the Flesh. The Embodied Mind and its Challenge to Western Thought* (New York: Basic Books, 1999)

Landsberg, Paul-Louis. *Essai sur l'expérience de la mort* (Paris: Descl é e de Brouwert, 1936)

Levergeois, Bertrand. *Giordano Bruno* (Paris: Fayard, 1995)

Levi, Primo. *Se questo è un uomo* (Torino: Einaudi, 1986)

Lifton, Robert Jay, Shūichi Katō, and Michael R. Reich. *Six Deaths / Six Lives* (New Haven, CT: Yale University Press, 1979)

Livingston, Richard. *Portraits of Socrates* (Oxford: Oxford University Press, 1938)

McConica, James, Anthony Quinton, Anthony Kenny, and Peter Burke. *Renaissance Thinkers (Erasmus, Bacon, More, Montaigne)* (Oxford: Oxford University Press, 1993)

McLellan, David. *Utopian Pessimist. The Life and Thought of Simone Weil* (New York: Poseidon Press, 1990)

Macnab, Geoffrey. *Ingmar Bergman. The Life and Films of the Last Great European Director* (London: IB Tauris, 2009)

Malpas, Jeff. *Death and Philosophy* (London: Routledge, 1999)

Maranhão, Tullio. *Therapeutic Discourse and Socratic Dialogue* (Madison, WI: University of Wisconsin Press, 1986)

Marius, Richard. *Thomas More. A Biography* (New York: Vintage, 1985)

Marx, Karl and Friedrich Engels. *The German Ideology, including Theses on Feuerbach* (Amherst, NY: Prometheus Books, 1998)

Mazzotta, Giuseppe. *The New Map of the World. The Poetic Philosophy of Giambattista Vico* (Princeton, NJ: Princeton University Press, 1998)

Mercati, Angelo. *Il Sommario del Processo di Giordano Bruno* (Vaticano: Bibli. Apost., 1942)

Merleau-Ponty, Maurice. *The Essential Writings of Merleau-Ponty*, Edited by Alden L. Fisher (Orlando, FL: Harcourt, 1968)

—*The Visible and the Invisible* (Evanston, IL: Northwestern University Press, 1969)

— Maurice. *Phenomenology of Perception* (London: Routledge, 2002)

Michelstaedter, Carlo. *La persuasione e la rettorica*. A cura di Sergio Campailla (Milano: Adelphi, 1982)

Miller, James. *Examined Lives. From Socrates to Foucault* (New York: Farrar, Straus Giroux, 2011)

Mirandola, Giovanni Pico della. "Oration on the Dignity of Man," in E. Cassirer, P.O. Kristeller and J.H. Randall (Eds). *The Renaissance Philosophy of Man* (Chicago: University of Chicago Press, 1948)

Mitchell, Jolyon. *Martyrdom. A Very Short Introduction* (Oxford: Oxford University Press, 2012)

Montaigne, Michel de. *The Complete Essays*. Translated and edited with an Introduction and Notes by M.A. Screech (New York: Penguin, 2003)

Montaigne, Michel de. *Essais*. Vols. 1–3 (Paris: Garnier–Flammarion, 1969–79)

More, Thomas. *The English Works of Sir Thomas More*. Edited by W. E. Campbell and A. W. Reed, 2 vols. (London: Eyre & Spottiswoode, 1931)

—*The Correspondence of Sir Thomas More* (Princeton, NJ: Princeton University Press, 1947)

—*Selected Letters* (New Haven, CT: Yale University Press, 1961)

—*The Complete Works of St. Thomas More*, 19 vols. (New Haven, CT: Yale University Press, 1963)

—*A Dialogue of Comfort against Tribulation*. Edited with an Introduction by Leland Miles (Bloomington, IN: Indiana University Press, 1965)

—*Utopia*. Introduction by John Warrington (London: Dent, 1974)

Morin, Edgar. *L'homme et la mort* (Paris: Éditions du Seuil, 1970)

Morris, Ivan. *The Nobility of Failure. Tragic Heroes in the History of Japan* (New York, The Noonday Press, 1975)

Mukherjee, Rudrangshu. *The Penguin Gandhi Reader* (New York: Penguin, 1996)

Nehamas, Alexander. *The Art of Living. Socratic Reflections from Plato to Foucault* (Los Angeles, CA: University of California Press, 1998)

Nietzsche, Friedrich *The Gay Science*. Translated, with Commentary, by Walter Kaufmann (New York: Random House, 1974)

O'Hear, Anthony (Ed.). *Conceptions of Philosophy* [Royal Institute of Philosophy Supplements (65)] (Cambridge: Cambridge University Press, 2010)

Ohnuki-Tierney, Emiko. *Kamikaze, Cherry Blossoms, and Nationalisms. The Militarization of Aesthetics in Japanese History* (Chicago: University of Chicago Press, 2002)

—*Kamikaze Diaries. Reflections of Japanese Student Soldiers* (Chicago: University of Chicago Press, 2006)

Oliver, Anne Marie and Paul F. Steinberg. *The Road to Martyrs' Square. A Journey into the World of the Suicide Bomber* (Oxford: Oxford University Press, 2005)

Ordine, Nuccio. *Giordano Bruno and the Philosophy of the Ass* (New Haven, CT: Yale University Press, 1996)
——*Le Seuil de l'ombre : Littérature, philosophie et peinture chez Giordano Bruno* (Paris, Les Belles Lettres, 2003)
Otto, Rudolf. *The Idea of the Holy. An Inquiry into the Non-rational Factor in the Idea of the Divine and its Relation to the Rational.* Translated by John W. Harvey (New York: Oxford University Press, 1958)
Pandey, Janardan. *Gandhi and 21st Century* (New Delhi: Concept Publishing Company, 1998)
Pape, Robert A. *Dying to Win. The Strategic Logic of Suicide Terrorism* (New York: Random House, 2006)
Pascal, Blaise. *Pensées.* Translated with an Introduction by A. J. Krailsheimer (London: Penguin, 1995)
Pasolini, Pier Paolo. *Empirismo eretico* (Milan: Garzanti, 1972)
——*Heretical Empiricism,* Edited by Louise K. Barnett. Translated by Ben Lawton and Louise K. Barnett (Bloomington: Indiana University Press, 1988)
Patočka, Jan. *Heretical Essays in the Philosophy of History.* Translated by Erazim Kohak. Edited by James Dodd (Chicago: Open Court, 1996)
——*Body, Community, Language, World.* Translated by Erazim Kohak. Edited by James Dodd (Chicago: Open Court, 1997)
——*Plato and Europe.* Translated by Petr Lom (Stanford, CA: Stanford University Press, 2002)
——"The 'Natural' World and Phenomenology," in Erazim Kohak, *Jan Patočka. Philosophy and Selected Writings* (Chicago: University of Chicago Press, 1989), pp. 239–73
Perrin, Jean-Marie and Thibon, Gustave. *Simone Weil as We Knew Her* (London: Routledge, 2003)
Peters, Edward. *Torture* (Oxford: Blackwell, 1985)
Pétrement, Simone. *Simone Weil. A Life* (New York: Pantheon Books, 1976)
Plato. *The Collected Dialogues of Plato including the Letters, Edited by Edith Hamilton and Huntington Cairns.* With Introduction and Prefatory Notes (Bollingen Series LXXI) (Princeton, NJ: Princeton University Press, 1961)
Prideaux, Sue. *Edward Munch. Behind the Scream* (New Haven, CT: Yale University Press, 2005)
Rachman, S. J. *Fear and Courage.* Second Edition (New York: W. H. Freeman and Company, 1990)
Razzaque, Russell. *Human Being to Human Bomb. Inside the Mind of a Terrorist* (Cambridge: Icon Books, 2008)
Ricci, Saverio. *Giordano Bruno nell'Europa del Cinquecento* (Roma: Salermo

Editrice, 2000)

Robin, Corey. *Fear. The History of a Political Idea* (Oxford: Oxford University Press, 2004)

Ronchey, Silvia. *Ipazia. La vera storia* (Milano: Rizzoli, 2010)

Roper, William. *The Life of Sir Thomas More in Thomas More, The Utopia of Sir Thomas More including Roper's Life of More and Letters of More and his Daughter Margaret* (New York: Walter J. Black, 1947), pp. 209–80

Rosenblum, R. et al., *Edward Munch. Symbols & Images* (Washington, DC: National Gallery of Art, 1978)

Rowland, Ingrid. *Giordano Bruno. Philosopher/Heretic* (New York: Farrar, Straus and Giroux, 2008)

Ruthven, Malise. *A Fury for God. The Islamist Attack on America* (London: Granta, 2002)

Sabatos, Charles. "The 'Burning Body' as an Icon of Resistance: Literary Representations of Jan Palach," in Lessie Jo Frazier and Deborah Cohen (Eds.). *Gender and Sexuality in 1968. Transformative Politics in the Cultural Imagination* (New York: Palgrave Macmillan, 2009), pp. 193–217

Safransky, Rüdiger. *Martin Heidegger, Between Good and Evil*. Translated by Ewald Osers (Cambridge, MA: Harvard University Press, 1998)

——Nietzsche. *A Philosophical Biography*. Translated by Shelley Frisch (New York: Norton, 2002)

Scarry, Elaine. *The Body in Pain. The Making and Unmaking of the World* (Oxford: Oxford University Press, 1985)

Scheffler, Samuel. *Death and the Afterlife*. Edited and Introduced by Niko Kolodny (Oxford: Oxford University Press, 2013)

Scharfstein, Ben-Ami. *The Philosophers. Their Lives and the Nature of their Thought* (Oxford: Oxford University Press, 1980)

Schoeck, Richard. *The Achievement of Thomas More, Aspects of his Life and Works* (Victoria: University of Victoria Press, 1976)

Schumacher, Bernard. *Confrontations avec la mort: La philosophie contemporaine et la question de la mort* (Paris: Cerf, 2005)

Simpson, James. *Burning to Read. English Fundamentalism and its Reformation Opponents* (Cambridge, MA: Harvard University Press, 2007)

Smith, Lacey B. *Fools, Martyrs, Traitors. The Story of Martyrdom in the Western World* (New York: Knopf, 1997)

Socrates, Scholasticus. *The Ecclesiastical History of Socrates Scholasticus*. Ed. Philip Schaff and Henry Wace (Edinburgh: T&T Clark, 1989)

Sloterdijk, Peter. *You Must Change Your Life* (London: Polity Press, 2013)

Spampanato, Vincenzo. *Vita di Giordano Bruno* (Messina: Giuseppe Principato,

1922)

　　Stang, Ragna. *Edward Munch. The Man and his Art*. Translated from the Norwegian by Geoffrey Culverwell (New York: Abberville Press, 1979)

　　Stapleton, Thomas. *The Life and Illustrious Martyrdom of Sir Thomas More* (London: Burns Oates & Washbourne, 1928)

　　Steiner, George. *Martin Heidegger* (New York: Penguin, 1980)

　　——*Tolstoy or Dostoevsky. An Essay in Old Criticism*. Second Edition (New Haven, CT: Yale University Press, 1996)

　　Stok, Danusia (Ed.). *Kieslowski on Kieslowski* (London: Faber and Faber, 1993)

　　Stone, I.F. *The Trial of Socrates* (New York: Anchor Books, 1989)

　　Strauss, Leo. *Persecution and the Art of Writing* (Chicago: University of Chicago Press, 1988)

　　Tallis, Raymond. *The Hand: A Philosophical Inquiry in Human Being* (Edinburgh: Edinburgh University Press, 2003)

　　Taylor, Charles. *Sources of the Self: The Making of the Modern Identity* (Cambridge, MA: Harvard University Press, 1989)

　　Tolstoy, Leo. *The Death of Ivan Illyich* (New York: Bantam Classics, 1981)

　　Todorov, Tzvetan. *Facing the Extreme. Moral Life in the Concentration Camps*. Trans. by Arthur Denner and Abigail Pollak (New York: Metropolitan Books, 1996)

　　Toynbee, Arnold. Et Al. *Man's Concern with Death* (New York: McGraw-Hill Book Company, 1969)

　　Tucker, Aviezer, *The Philosophy and Politics of the Czech Dissidence from Patočka to Havel* (Pittsburgh, PA: University of Pittsburgh Press, 2000)

　　Védrine, Hélène. *Censure et pouvoir: trois procès: Savonarole, Bruno, Galilée* (Paris: L'Harmattan, 1976)

　　Velsand, Torstein. *Edward Munch Life and Art*. Translated by John Irons (Oslo: Font Forlag, 2010)

　　Waterfield, Robin. *Why Socrates Died. Dispelling the Myths* (New York: W. W. Norton, 2009)

　　Weil, Simone. *Oppression and Liberty*. Translated by A. Wills and J. Petrie (London: Routledge and Kegan Paul, 1958)

　　——*Seventy Letters*. Translated by R. Rees (Oxford: Oxford University Press, 1965)

　　——*On Science, Necessity and the Love of God*. Translated by R. Rees (Oxford: Oxford University Press, 1968)

　　——*First and Last Notebooks*. Translated by R. Rees (Oxford: Oxford University Press, 1970)

　　——*Waiting for God*. Translated by Emma Craufurd (New York: Harper, 1973)

　　——*Gravity and Grace*. Translated by Arthur Wills. Introductions by Gustave Thibon and Thomas R. Nevin (Lincoln, NE: University of Nebraska Press, 1997)

Wilson, Emily. *The Death of Socrates. Hero, Villain, Chatterbox, Saint* (London: Profile Books, 2007)

Wrathall, Mark. *How to Read Heidegger* (London: Granta Books, 2005)

Xenophon. *The Shorter Socratic Writings ("Apology of Socrates to the Jury," "Oeconomicus," and "Symposium")* Edited, with Interpretative Essays and Notes by Robert C. Bartlett (Ithaca, NY: Cornell University Press, 1996)

Yates, Frances. *Giordano Bruno and the Hermetic Tradition* (Chicago: University of Chicago Press, 1991)

Yourgrau, Palle. *Simone Weil* (London: Reaktion Books, 2011)

译名对照表

人名：

阿贝都斯·皮克托　Albertus Pictor
阿道夫·希特勒　Adolf Hitler
阿尔贝·加缪　Albert Camus
阿尔西比德斯　Alcibiades
阿拉贡的凯瑟琳　Catherine de Aragon
阿兰·芬基尔克劳特　Alain Finkielkraut
阿纳·艾贡　Arne Eggum
阿诺德·戴维森　Arnold Davidson
阿瑟·米勒　Arthur Miller
阿舒拉　the Ashura
埃德蒙德·胡塞尔　Edmund Husserl
爱德华·吉本　Edward Gibbon
爱德华·霍尔　Edward Hall
爱德华·蒙克　Edward Munch
艾伐利·彭迪古　Evagrius Ponticus
埃马纽埃尔·莫尼尔　Emmanuel Mounier
埃米尔·库斯图里卡　Emir Kusturica
艾米丽·威尔逊　Emily Wilson
埃内托斯·萨瓦托　Ernesto Sábato
艾维尔泽·塔克尔　Aviezer Tucker
安东尼奥·达马西欧　Antonio Damasio
安东尼斯·布莱克　Antonius Block
安尼·艾普鲍姆　Anne Applebaum
安妮·博林　Anne Boleyn
安尼修斯·曼留斯·塞弗里努斯·波爱修斯　Anicius Manlius Severinus Boethius
安提阿的伊格那修　Ignatius of Antioch

奥列林·克拉伊图　Aurelian Craiutu
奥勒留　Marcus Aurelius
奥托·艾泽医生　Otto Eiser
芭芭拉·福尔克　Barbara Falk
巴赫　J.S. Bach
用保罗·利科　Paul Ricoeur
保罗·路易·兰兹伯格　Paul-Louis Landsberg
贝坦尼·休斯　Bettany Hughes
彼得·阿克罗伊德　Peter Ackroyd
彼得·法兰西　Peter France
彼得·菲德利斯　Petr Fidelius
彼得·哈里森　Peter Harrison
彼得·科威　Peter Cowie
彼得·切尼　Peter Cheyne
彼得·斯洛特戴克　Peter Sloterdijk
毕加索　Picasso
波爱修斯　Boethius
乔万尼·薄伽丘　Giovanni Boccaccio
布朗肖　Blanchot
布瑞肯里奇　Brackenridge
查尔斯·萨巴托斯　Charles Sabatos
查尔斯·麦凯　Charles Mackay
查尔斯·泰勒　Charles Taylor
查拉图斯特拉　Zarathustra
茨维坦·托多洛夫　Tzvetan Todorov
达玛斯西尤斯　Damascius
大贯惠美子　Emiko Ohnuki-Tierney

大汗苏莱曼　　the Grand Turk Suleiman
大卫·戈德斯坦　　David Goldstein
大卫·哈伯斯塔姆　　David Halberstam
大卫·库柏　　David E. Cooper
大卫·莱奇奥　　David Reggio
大卫·麦克莱伦　　David McLellan
达西妮亚·托博索　　Dulcinea del Toboso
狄奥多里克大帝　　Theodoric the Great
狄奥多西乌斯二世　　Theodosius II
迪帕·米世拉博士　　Dr. Deepa Mishra
丢勒　　Durer
恩培多克勒　495—435B.C. Empedocles
俄狄浦斯　　Oedipus
俄瑞斯忒斯　　Orestes
法赫德·霍斯罗哈瓦尔　　Farhad Khosrokhavar
法提尤科夫　　Fetiukov
费奥多·卡拉马佐夫　　Fyodor Karamazov
费奥多·陀思妥耶夫斯基　　Fyodor Dostoevsky
费赫尔　　Ferenc Fehér
菲力浦·阿利埃斯　　Philippe Ariès
伏尔泰　　Voltaire
弗兰克·加多　　Frank Gado
弗朗索瓦·比佐　　François Bizot
弗朗西斯克·彼特拉克　　Francesco Petrarca
弗朗辛·杜·普莱西克斯·格雷　　Francine Du Plessix Gray
弗里德里希·艾夫玛丽　　Friedrich Avemarie
浮士德　　Faust
根里克·雅戈达　　Genrikh Yagoda
戈登·玛丽诺　　Gordon Marino
广德法师　　Thích Quảng Đức
古斯塔夫·西本　　Gustave Thibon
海登·怀特　　Hayden White
海伦娜·泽曼尼克　　Helena Zemanek
哈维尔　　Václav Havel
赫伊津哈　　Huizinga

海因茨·努曼　　Heinz Neumann
胡萨克　　Husák
霍华德·库尔茨　　Howard Curzer
霍诺留斯　　Honorius
基多·奥利菲斯　　Guido Orefice
吉尔伯特·赖尔　　Gilbert Ryle
吉拉尔　　Girard
基里洛夫　　Kirillov
基耶斯洛夫斯基　　Kieslowski
加里·贾恩　　Garry R. Jahn
加利利　　Galilee
加斯东·巴什拉尔　　Gaston Bachelard
简·威廉·范亨顿　　Jan Willem Van Henten
杰弗里·姆拉　　Jeffrey Murer
杰弗里·艾萨克　　Jeffrey C. Isaac
杰里米·詹宁斯　　Jeremy Jennings
卡尔·奥夫　　Carl Orff
卡尔·德莱叶　　Carl Dreyer
卡尔·雅斯贝斯　　Karl Jaspers
卡琳　　Karin
卡琳·巴顿　　Carlin Barton
卡斯帕·索帕　　Kaspar Schoppe
凯厄斯　　Caius
凯瑟琳·扎科特　　Catherine Zuckert
康帕内拉　　Campanella
康斯坦丁·诺伊卡　　Constantin Noica
克尔凯郭尔　　Kierkegaard
克劳迪娅·萨多斯基·史密斯　　Claudia Sadowski-Smith
克莱蒙娜·安东诺娃　　Clemena Antonova
克雷莎克利·莫尔　　Cresacre More
克里斯托弗·威廉姆斯　　Christopher Williams
克里托　　Crito
拉斯柯尼科夫　　Raskolnikov
科斯特卡　　Kostka
科斯提卡·布拉达坦　　Costica Bradatan
夸美纽斯　　the Comenius
拉博埃西　　Étienne de la Boétie

拉伯雷　Rabelais
兰西·鲍德温·斯密斯　Lacey Baldwin Smith
莱奥帕迪　Leopardi
勒贡特·德·列尔　Leconte de Lisle
勒兰·迈尔斯　Leland Miles
勒内·吉拉尔　René Girard
雷蒙德·塔里斯　Raymond Tallis
理查德·古斯塔夫森　Richard Gustafson
理查德·马瑞斯　Richard Marius
里鲁　Relu
列奥·斯特劳斯　Leo Strauss
列夫·托尔斯泰　Leo Tolstoy
列维纳斯　Levinas
鲁道夫·奥托　Rudolf Otto
路德维希·拉森伯格　Ludvig Ravensberg
路德维希·维特根斯坦　Ludwig Wittgenstein
鲁奇·费波　Luigi Firpo
鲁斯·阿比　Ruth Abbey
鲁思文　Malise Ruthven
卢梭　Rousseau
路易·费舍尔　Louis Fisher
路易斯·科斯塔·利马　Luiz Costa Lima
罗宾·雷恩·福克斯　Robin Lane Fox
罗伯特·贝拉明　Roberto Bellarmino
罗伯特·贝尼尼　Roberto Benigni
罗伯特·弗罗斯特　Robert Frost
罗伯特·尼克松　Robert Nixon
罗伯特·辛纳布林克　Robert Sinnerbrink
罗布·尼克松　Rob Nixon
洛伦佐·德·美第奇　Lorenzo de Medici
罗慕洛斯　Romulus
罗萨　Rosa
马尔科姆·布朗　Malcolm Browne
马丁·海德格尔　Martin Heidegger
玛尔斯（战神）　Mars
玛格丽塔　Margherita
玛格丽特·罗珀　Margaret Roper

马克·霍华德　Marc Howard
马克·罗彻　Mark Roche
马克斯·舍勒　Max Scheler
马克·约翰逊　Mark Johnson
玛利亚·托多洛娃　Maria Todorova
玛利亚·里布兰迪·罗查　Marilia Librandi-Rocha
玛丽亚·泽丝卡　Maria Dzielska
马青柯　Anatoly Marchenko
马修·兰姆　Matthew Lamb
迈克尔　Mikael
迈克尔·比格斯　Michael Biggs
迈克尔·切斯　Michael Chase
迈克尔·沃尔泽　Michael Walzer
迈克尔·扎科特　Michael P. Zuckert
麦克纳布　Macnab
梅尔卡蒂　Mercati
蒙田　Michel de Montaigne
米哈伊·巴赫金　Mikhail Bakhtin
米哈伊·伯塔　Mihail Bota
米兰·昆德拉　Milan Kundera
米兰娜·杰森斯卡　Milena Jesenska
米利图斯　Meletus
米歇尔·德·蒙田　Michel De Montaigne
米歇尔·福柯　Michel Foucault
米歇尔·西里伯特　Michele Ciliberto
米娅　Mia
莫里斯·梅洛-庞蒂　Maurice Merleau-Ponty
莫罕达斯·甘地　Mahatma Gandhi
默罕默德·布阿齐兹　Mohamed Bouazizi
莫塞尼戈　Mocenigo
摩西　Moses
尼采　Nietzsche
尼古拉斯·威尔逊医生　Dr. Nicholas Wilson
尼克·奈斯比特　Nick Nesbitt
诺曼·戴维斯　Norman Davies
欧列斯特斯　Orestes

帕利·尤格拉　Palle Yourgrau
帕索里尼　Passolini
帕维尔·泽曼尼克　Pavel Zemanek
番恩卡·索克洛娃　Fanynka Sokolová
皮埃尔·阿多　Pierre Hadot
皮埃尔·保罗·帕索里尼　Pier Paolo Pasolini
皮科·德拉·米兰多拉　Giovanni Pico della Mirandola
皮欧特·伊万诺维奇　Pyotr Ivanovich
普拉富拉·卡尔博士　Dr. Prafulla Kar
普拉维什·荣格莱博士　Dr. Pravesh Jung Golay
普莱提·查普拉　Preeti Chopra
普里莫·莱维　Primo Levi
普罗提诺　Plotinus
切尔西　Chelsea
乔尔丹诺·布鲁诺　Giordano Bruno
乔里昂·米切尔　Jolyon Mitchell
乔纳森·门罗　Jonathan Monroe
乔瓦尼·巴蒂斯塔·维柯　Giambattista Vico
乔治·阿博特　George Abbot
乔治·巴岱尔　George Bataille
乔治·莱柯夫　George Lakoff
乔治·斯坦纳　George Steiner
扈从琼斯　Jöns the Squire
让·阿梅利　Jean Améry
萨布里纳·菲里　Sabrina Ferri
萨弗兰斯基　Safransky
萨拉·贝克维尔　Sarah Bakewell
萨姆索洛夫　Samsonov
塞勒诺斯　Silenus
塞万提斯　Cervantes
桑丘·潘沙　Sancho Panza
色诺芬　Xenophon
圣奥古斯丁　Saint Augustine
圣德兰　Teresa de Ávila
圣十字德兰本笃修女　Teresa Benedicta of the Cross
圣特雷莎修女　Santa Teresa de Avila
圣雄甘地　Mahatma Gandhi
圣依纳爵·罗耀拉　Ignatius of Loyola
什加廖夫　Shigalyov
施瓦茨　Schwartz
舒霍夫　Shukhov
斯蒂芬·格林伯雷　Stephen Greenblatt
斯蒂芬·海姆　Stefan Heym
斯蒂芬·克拉克　Stephen R.L. Clark
斯蒂文·德鲁尔　Steven DeLue
斯维特兰娜·博伊姆　Svetlana Boym
苏珊·斯坦福·弗里德曼　Susan Stanford Friedman
索奎德　Socrates Scholasticus
塔德乌什·博罗夫斯基　Tadeusz Borowski
塔米娜　Tamina
泰安　Tyan
唐纳德·弗雷姆　Donald Frame
特来屯尼克　Tredennick
廷达尔　Tyndale
托勒密　Ptolemais
托洛茨基　Trotsky
托马斯·阿奎那　Thomas Aquinas
托马斯·莫尔　Thomas More
托马斯·斯坦普莱顿　Thomas Stapleton
陀思妥耶夫斯基　Dostoevsky
瓦茨拉夫·哈维尔　Václav Havel
威廉·罗珀　William Roper
维米尔　Vermeer
维托里奥·豪塞尔　Vittorio Hösle
维维尔·斯塔克　Wieviel Stück
文森特　Vincent
乌纳穆诺　Unamuno
吴庭艳政权　Ngô Đình Diem
希帕提娅　Hypatia
西里尔　Cyril
希罗尼穆斯·博斯　Hieronymus Bosch
西蒙·克里奇利　Simon Critchley

西蒙娜·薇依　Simone Weil
锡诺普的第欧根尼　Diogenes of Sinope
西西弗斯　Sisyphus
辛奈西斯　Synesius of Cyrene
雅恩·帕托什卡　Jan Patočka
雅各·路易·大卫　Jacques-Louis David
亚历山大·尼哈马斯　Alexander Nehamas
亚罗斯拉夫·哈谢克　Jaroslav Ha.ek
亚瑟·德罗格　Arthur Droge
亚瑟·凯斯特勒　Arthur Koestler
亚瑟·叔本华　Arthur Schopenhauer
扬·帕拉赫　Jan Palach
药王菩萨　Bodhisattva Medicine King
耶尔齐·格利克斯曼　Jerzy Gliksman
伊拉斯谟　Erasmus
伊诺肯特　Innokenty
依诺森特八世　Pope Innocent VIII
伊坦·本·何赛阿　Ethan ben Hoshaiah
雨果·弗里德里希　Hugo Friedrich
英格丽德·罗兰　Ingrid Rowland
英格玛·伯格曼　Ingmar Bergman
尤金·奥涅尔　Eugene O'Neill
尤金尼亚·金茨堡　Eugenia Ginzburg
约翰·卡鲁阿纳　John Caruana
约翰·库伯　John Cooper
约翰·卢德维克　Ludvik Jahn
约翰·斯坎伦　John Scanlan
约瑟夫　Joseph
赵淑　Sookja Cho
朱利亚诺·德·美第奇　Giuliano Mariotto de' Medici
朱塞佩·玛佐塔　Giuseppe Mazzotta
詹姆斯·米勒　James Miller
詹姆斯·塔伯　Jamses Tabor

奥拉宁堡　Oranienburg
贝尔森集中营　Belsen
贝格察伯恩　Bergzabern
布林冬克　Breendonk
达豪集中营　Dachau
弗罗茨瓦夫　Wroclaw
福熙元帅街　Marshal Foch
哈萨克斯坦　Kazakhstan
黑教堂大街　Cernokostelecka Avenue
加尔默罗修道院　Carmelite monastery
卡梅尔教堂　the Carmel
科雷马河　Kolyma
客西马尼　Gethsemane
肯特郡　Kent
拉文斯布吕克集中营　Ravensbrück
卢比扬卡监狱　Lubyanka
卢茨内监狱　Ruzyně Prison
诺拉　Nola
圣安东尼奥　San Antonio
施派尔　Speyer
什未林　Schwerin
斯特宁伯格　Strindberg
泰伯恩行刑场　Tyburn
台伯河　the Tiber
特鲁埃尔　Teruel
文塞斯劳斯广场　Wenceslaus Square
西里西亚省的布雷斯劳　Silesian city of Breslau
西赛隆　Caesarion
鲜花广场　Campo dei Fiori
辛那隆　Cinaron
圆形剧场　theatrum mundi
宗教裁判所　the Holy Office

地名：

阿什福德　Ashford
埃赫特　Echt
阿雷佐省　Arezzo

书刊名：

《爱护自身》 Le souci de soi
《被背叛的遗嘱》 Testaments Betrayed
《布朗尼之歌》 Carmina Burana
《布鲁诺审判》 Il Sommario del Processo di Giordano Bruno
《忏悔录》 Confessions
《从初稿到确定的作品：现代性初期的死亡、孤独和自我创造》 "From Draft to Infinite Writing. Death, Solitude and Self-Creation in Early Modernity"
《存在与时间》 Sein und Zeit (1927)
《大乘佛教》 Mahayana Buddhism
《大卫王报告》 The King David Report
《大众的迷茫与狂热》 Extraordinary Popular Delusions and the Madness of Crowds
《等待上帝》 Waiting for God
《第七封印》 Det sjunde inseglet, (1957)
《地下社会》 Underground (1995)
《地狱第一层》 The First Circle
《法律篇》 Laws
《斐多篇》 Phaedo
《高尔吉亚篇》 Gorgias
《关于费尔巴哈的提纲》 Theses on Feuerbach (1845)
《关于斗牛的幕间剧》 Intermezzo tauromachique
《关于苦难之慰藉的对话》 A Dialogue of Comfort against Tribulation
《何谓古代哲学》 Qu'est-ce que la philosophie antique
《黄金时光不能留》 Nothing Gold Can Stay
《灰土的灰土》 La Cena delle ceneri (1584)
《回忆苏格拉底》 Memorabilia
《会饮篇》 Symposium
《火的心理分析》 The Psychoanalysis of Fire
豁免法案 the Acts of Dispensations
《基督受难记》 the Passion of Christ
《教会史》 Historia Ecclesiastica
《教皇现金法案》 the Acts of Peter's Pence
《经过审视的生活：从苏格拉底到尼采》 Examined Lives: From Socrates to Nietzsche
《精神》 Esprit
《卡拉马佐夫兄弟》 The Brothers Karamazov
《肯特新闻》 the Kent Messenger
《快乐的科学》 La Gaya Scienza
《蓝色之箭》 Arrow in the Blue
《礼记》 The Book of Rites

《炼狱》 The Crucible
《聊胜于无》 Very Little Almost Nothing
《灵性修炼》 Exercitia spiritualia (1548)
《论成圣的身体》 Treatise on the Blessed Body
《论激情》 Treatise upon the Passion
《论人的尊严》 Oratio de hominis dignitate
《论死亡体验：自杀的道德问题》 Essai sur l'expérience de la mort (1936)
《论真理》 Quaestiones Disputatae de Veritate
《罗马编年史》 Avviso di Roma
《洛杉矶书评》 Los Angeles Review of Books
《马尔默的真浮士德》 the Ur-Faust in Malmö
《美丽人生》 La vita è bella
《妙法莲花经》 Lotus Sutra
《木刻画》 Wood Painting
《欧洲遗产》 The European Legacy
《七十士译本》 Septuagint
《群魔》 Demons
《柏拉图与欧洲》 Plato and Europe
《扰断和平》 Disturbing the Peace
《人体炸弹：安拉的新殉道者》 Suicide Bombers: Allah's New Martyrs
《如果这是一个人》 Se questo è un uomo
上诉法案 the Acts of Appeals
《神谴之日》 Day of Wrath
《神圣概念》 The Idea of the Holy
《审判布鲁诺》 Il Processo di Giordano Bruno (1998)
《审视的生活》 Examined Lives
《生活的艺术：从柏拉图到福柯的苏格拉底式反思》 The Art of Living. Socratic Reflections from Plato to Foucault (1998)
《圣像门》 Iconostasis
《声音的局限性》 The Limits of Voice
《十日谈》 Decameron
《十字架的科学》 Kreuzeswissenschaft: Studie über Joannes a Cruce
《首岁教捐法案》 the Acts of Annates
《四大归宿》 The Four Last Things (约 1522)
《死亡和妇女》 Death and the Woman
《死亡经验研究》 Essai sur l'expérience de la mort (1936)
《死亡：我知道什么？》 La mort (1966)
《苏达辞书》 Suda
《苏格拉底之死：英雄、恶棍、话篓子、圣徒》 The Death of Socrates. Hero, Villain,

Chatterbox, Saint
《随笔集》 Essays
《生命之书》 Libro de la Vida
《泰阿泰德篇》 Theaetetus
《堂吉诃德》 Don Quixote
《廷达尔对话》 the Dialogue concerning Tyndale
《托马斯·莫尔爵士的一生》 The Life of Sir Thomas More
《玩笑》 The Joke (1967)
《王位继承法》 Act of Succession
《未来之光：濒临死亡的身体的政治用途》 A Light for the Future. On the Political Uses of a Dying Body
《文化、理论和批评》 Culture, Theory and Critique
《我的奋斗》 Mein Kampf
《我们赖以生存的隐喻》 Metaphors We Live By
《想象的控制》 Control of the Imaginary
《笑忘录》 The Book of Laughter and Forgetting
《新科学》 New Science
《心理因果关系》 Psychische Kausalität (1919)
《新政治家》 The New Statesman
《性史》 Histoire de la sexualité
《压迫与自由》 Oppression et liberté
《伊凡·杰尼索维奇的一天》 One Day in the Life of Ivan Denisovich
《伊凡·伊里奇之死》 Death of Ivan Ilyich
《伊凡·伊里奇之死解读》 The Death of Ivan Ilich. An Interpretation
《异议者》 Dissent
《英格玛·伯格曼的激情》 The Passion of Ingmar Bergman
《有限和永久存在：提升存在意义的尝试》 Endliches und ewiges Sein: Versuch eines Aufstieges zum Sinn des Seins
《与自然融合》 Convergence with Nature
《哲学的慰藉》 De Consolatione Philosophiae
《哲学家死亡录》 The Book of the Dead Philosophers
《哲学论文集》 Contributions to Philosophy
《哲学与殉道：以帕托什卡为例》 "Philosophy and Martyrdom. The Case of Jan Patočka"
《智慧探索》 Pursuits of Wisdom
《致罗马人书》 Letter to the Romans
《周二快报》 Tuesday Express
《重负与神恩》 Gravity and Grace
《自焚的政治心理学》 "The Political Psychology of Self-immolation"
《自我的源头》 Sources of the Self

《作为生活艺术的哲学》 "Philosophy as an Art of Living"
《作为死亡艺术的哲学》 "Philosophy as an Art of Dying"
《作为一种生活方式的哲学：从苏格拉底到福柯的灵性修炼》 Exercices spirituels et philosophie antique
《如何生活：蒙田的人生问题和 20 个答案》 How to Live: Or a Life of Montaigne in One Question and Twenty Attempts at an Answer
《毒酒杯：苏格拉底、雅典和美好人生的探讨》 The Hemlock Cup: Socrates, Athens and the Search for the Good Life

机构组织名：

埃尔哈特基金会　the Earhart Foundation
巴黎高等师范学校　the École Normale Supérieure
巴罗达市当代理论论坛　The Forum on Contemporary Theory Baroda
博格利斯科基金会（纽约）　The Bogliasco Foundation (New York)
布鲁姆斯伯里出版公司　Bloomsbury
德克萨斯理工大学　Texas Tech University
默瑞大学　Emory University
北卡罗莱纳高点大学　the High Point University
格莱斯顿图书馆（英国）　Gladstone's Library (UK)
红色高棉　the Khmer Rouge
利古里亚人文艺术研究中心（意大利热那亚）　The Liguria Study Center for Arts and Humanities (Genoa, Italy)
孟买印度理工大学　the Indian Institute of Technology Bombay
米德赛克斯医院　the Middlesex Hospital
明斯特尔天主教学院　Catholic Pedagogical Institute of Münster
纽伯瑞图书馆（芝加哥）　The Newberry Library (Chicago)
欧洲人文艺术学院（柏林）The European College of Liberal Arts（ECLA）
人文研究所（威斯康辛大学麦迪逊分校）　The Institute for Research in the Humanities University of Wisconsin at Madison
人文科学研究所（亚利桑那州立大学）　The Institute for Humanities Research (Arizona State University)
普纳大学　University of Pune
圣母高级研究中心（圣母大学）　The Notre Dame Institute for Advanced Study (Notre Dame University)
苏联内务部内卫军　NKVD
索姆森研究员　Solmsen Fellowship
托特纳姆法院　the Tottenham Court

威斯康辛大学人文研究院　the University of Wisconsin's Institute for Research in the Humanities

伍德罗·威尔逊国际学者中心（华盛顿特区）　The Woodrow Wilson International Center for Scholars (Washington, DC)

威廉·安德鲁·克拉克纪念图书馆　The William Andrews Clark Memorial Library

17—18世纪研究中心（加州大学洛杉矶分校）　the Center for Seventeenth- and Eighteenth-Century Studies (University of California at Los Angeles)

译后记

《生死之间：哲学家实践理念的故事》是美国德克萨斯理工大学哲学副教授、《洛杉矶书评》宗教与比较文学专栏编辑科斯提卡·布拉达坦的一本哲学专著。但是本书探讨的哲学不是多数人印象中的晦涩难懂的学术难题，而是实用主义的哲学，即作为生活艺术或更确切地说是死亡艺术的哲学，探讨的都是普通人实际生活中面临的常见问题，如朋友去世后如何从悲痛中解脱出来，若身陷道德困境，如何积蓄勇气采取正确行动，以及如何让自己的人生更有意义等。

本书的叙述采用戏剧的结构模式，并按照故事情节的展开方式进行论证。首先以哲学的新定义——即哲学是一种生活方式和自我塑造的工具作为舞台欢迎主角"哲学家"登场。第二章介绍第二主角——死亡出场，即哲学家与死亡的冲突，不过此时的死亡不是自己的死亡而是他人的死亡，属于作为哲学问题的抽象层次。作者总结了海德格尔、兰兹伯格等人对死亡的论述，并结合小说《伊凡·伊里奇之死》和电影《第七封印》论述哲学家死亡的哲学思考。

第三章身体哲学进一步确立了表演舞台，即身体作为人类生存体验的场所，包括"被扔进这个世界"的体验、极限环境生活体验、不完美性体验、痛苦和堕落体验、克服死亡恐惧体验和自我超越体验等。作者列举了自愿死亡的若干类型及其社会政治影响：殉道、绝食至死、政治抗议性自焚、自杀式人体炸弹或神风敢死队等，谈论的名人有苏格拉底、希帕提娅、布鲁诺、西蒙·薇依、甘地、帕拉赫等。

接下来的第四章将叙述更进一步推向高潮。这里，哲学家遭遇第二层的死亡。此时的死亡已经被扯去了抽象的面纱，不再是模糊的可能性或者抽象问题，而是个人必须面对的实际问题，露出老虎一样的锋利牙齿，随时将把他或她彻底吞噬。本章的重点自始至终都一直放在对苏格拉底、波爱修斯、托马斯·莫尔等哲学家的心理世界的讨论上，探讨他们的情感、焦虑、消沉、死亡恐惧，同时也探索哲学到底给他们带来什么样的慰藉。

殉道者哲学家殉道的成功之道是关键的一章，也是整个故事的高潮。哲学家之死逐渐演化为后人眼中的殉道者之死，再后来就变成萦绕在心头的神话。本章提出了殉道者哲学家成功的三要素：表演者（哲学家在公众面前的死亡表演）、讲故事者（信徒或传记作家把表演转变成展现"勇敢"和"反抗"的叙述）和观众（公众见证死亡表演并传播和消费殉道者的故事）。这种论述的理论基础是法国思想家勒内·吉拉尔的替罪羊论述。

在结论——"笑着去死"中，笔者简要探索了讽刺和幽默在苏格拉底和托马斯·莫尔等哲学家在接近生命终结时发挥的作用。他们有意识地嘲弄死亡是要剔除死亡的忧郁和沉重，用自己的讽刺和笑声给死亡以沉重的打击，以实际行动诠释自身的有限性和本体的不确定性。

斯宾诺莎有一句常常被引用的名言：自由的人绝少想到死；他的

智慧，不是死的默念，而是生的沉思。①但是对死的思考恰恰能让我们更好地认识到人生的短暂和局限性。思考死亡让我们清晰地面对自己要成为什么样的人的道德任务。《新共和》高级编辑亚当·柯什说对待死亡的态度决定了我们是什么样的人。死亡的绝对性产生了如下问题：我的人生该怎么过？正确的人生是什么样子？为什么要符合道德地生活？人生的意义何在？这些问题定义我们在世界上的位置和我们与他人的关系。死亡的不确定性造成了恐惧，死亡被认为是丑陋的东西，是人们需要不惜一切代价回避的东西。它对我们的生活、观念、文化、宗教产生了巨大的影响。②美国著名文学批评家、西北大学英语系教授约瑟夫·爱波斯坦在"人生交响曲"一文中谈及人们在不同阶段的人生舞台上的表演问题。多数人可能都同意人生可以分为幼年、童年、青年、漫长的成年、年老体衰的晚年（如果幸运的话）和静谧的死亡（如果真正幸运的话）。译者像本书的作者一样也是孩子已经上大学的知天命的中年人。就译者而言，并没有感受到什么中年危机，婚姻幸福，孩子有出息，工作满意，经济无忧，身体又好，家中老人的身体没有大毛病。可是每天早上醒来，仍然不时感到失望，头脑中充斥着失败的念头，有一种莫名其妙的逃避。对很多人来说，父母的去世标志着令人清醒的人生阶段的来临。作为中年男人，译者没有时间、没有金钱、也没有闲暇或魅力去开启虚幻的幸福冒险，一直相信过平淡无奇的生活，一天一天地做事，渴望避免疾病、经济灾难和早死（无论是自己的还是亲人的）等意外的打击。此时最感兴趣的可能就是人生的最后阶段，即本书所说的学习如

---

① 斯宾诺莎：《伦理学》，北京：商务印书馆，2014年，第222页。
② Adam Kirsch, "Rocket and Lightship," *Poetry, Magazine*, 2012-11-01.

何很好地死去的晚年。到了这种年纪，译者不知不觉地开始关注媒体或身边的讣告，每个星期或至少每个月都会看到熟人死去，而且开始注意死者的年龄，计算新近去世者的年龄与自己的年龄相差多少年，如果发现同龄人去世，受到的打击往往更大。①

叔本华写道："人生如梦，死亡则是从梦中醒来。"他宣称："我们的人生可以被看作从死亡那里获得的贷款，睡眠是我们每天为这笔贷款支付的利息。"② 译者曾在工作单位做过一场"翻译至死娱乐至死"的讲座，开头就说这个题目或许太不吉利，日子过得好好的，说什么死呀死呀的，太晦气。其实，人世就是一座大监狱，我们都是死刑犯，现在只有想着贿赂刽子手稍微推迟一些，砍头的时候别太疼。这其实就是本书提及的观点。2005年3月译者曾在"爱思想"网站发表过一篇译文"南京大屠杀的最后一个受害者"，讲的是36岁华裔历史学家张纯如自杀的故事。文中提到当历史学家是对心灵的折磨，她在关照死者，却没能同时照顾自己。核科学家要穿保护服，身体要做定期检查。研究极端事件的历史学家也需要类似措施。搞翻译也一样是高危行业，翻译过奥威尔《一九八四》和塞林格《麦田里的守望者》的译者孙仲旭就是在2014年8月28日因抑郁症在广州自杀，刚刚41岁。（顺便说一句，乔治·奥威尔终年46岁，他曾在40岁的时候说过："任何人生如果从内心的视角看都是一连串的失败。"③）复旦教授邓正来在57岁去世时，译者曾想过自己若也活到这个年龄就还有10年的寿命，现在看来随时

---

① Joseph Epstein, "The Symphony of a Lifetime," *Notre Dame Magazine*, Spring, 2010.
② Joseph Epstein, "Death Takes No Holiday," *Commentary Magazine*, 2006-01-14.
③ Jonathan Rauch, "The Real Roots of Midlife Crisis," *Atlantic Monthly*, 2014-11-17.

都有可能走啊。(附记：就在修改本文的时候，译者吃惊地得知50多岁的复旦学者徐志跃先生11月因病去世了，他是拙译《中国新儒家》的编辑。这是死神随时降临的又一例证。)即便按现在普通认为的平均寿命75岁来计算，译者的可能归期是在2042年，距现在还有28年，300多个月，一万多天而已。

  对许多人来说，人生是未来展望而不是倒计时的数日子。爱波斯坦在"死神不放假"中说，除了那些已经正式宣布患上不治之症的人之外，我们其他人都不知道什么时候会死。就算知道了又能怎样呢？如果我们确切地提前知道人生的终结时间，我们的行为会有什么不同吗？会让死亡变得更容易对付吗？在这个真正的最后期限问题上，美国哲学家桑塔耶纳的建议是，无论人的年龄如何，最好假设我们还将再活十年。44岁去世的作家司各特·菲茨杰拉德写到，对一个中年人来说，适度的忧郁是非常有道理的，他感到忧郁的当然是认识到时钟一直在走。作家菲利普·拉金在写给一个朋友的信中说，假设人的正常寿命是70岁，如果每个十年被当作一周中的某一天，那么50多岁的他就已经到了周五下午了。拉金在63岁时去世。爱波斯坦的这篇文章是为普林斯顿大学比较文学教授文学批评家维克多·布隆伯特的《死亡沉思》而写的书评。有意思的是，该书也谈及托尔斯泰的《伊凡·伊里奇之死》。伊凡·伊里奇之死的教训是当我们忘记死亡的时候都在欺骗自我，只有死亡才能给予我们机会去真正认识生命的意义或者缺乏意义。任何哲学如果不解释死亡的意义就不完整，排除了死亡的残酷事实本质，死亡的意义就会被大打折扣。[1]

---

[1] "Death Takes No Holiday," *Commentary, Magazine*, 2006-01-14.

我们离开人世就像海滨沙滩上去掉一粒沙子而已,唯一的问题是死亡何时出现?与列车不同,死亡并不公布运行时刻表。常常与死亡联系起来的形容词是"不合时宜",但什么是"合时宜"的死亡呢?"啥时候死掉最合适"?南密西西比大学哲学系副教授摩根·兰普尔对苏格拉底和尼采之死的讨论不妨作为本书内容的补充。在《查拉图斯特拉如是说》中,苏格拉底之死符合其自愿死亡和圆满死亡的标准。在死亡面前,苏格拉底没有改变其长期坚持的基本原则:(1)向真理屈服是至高无上的要求;(2)做正确的事比做容易的事或自我利益的事更重要;(3)明白要做的正确之事是什么之后却不去做是不可思议的;(4)灵魂是人的最重要部分;(5)灵魂的幸福优越于身体的幸福;(6)有理由相信灵魂将在身体死亡之后继续存在。苏格拉底不仅以异乎寻常的冷静和安详面对死亡,他还花费时间安抚、宽慰和指导在临终时刻陪伴他的忠诚追随者。在苏格拉底死亡之时,他的使命已经基本完成,他的指导原则已经仔细地传达给哲学后人。他的最终教导、风度和著名的死亡场景体现了查拉图斯特拉赞美的那种得意洋洋的、恰如其分的、圆满的死亡。可惜的是,尼采本人的死很难说是恰如其分的圆满之死。虽然在 55 岁就已死掉,但按照《查拉图斯特拉如是说》的标准,他死得太晚了。我们都知道尼采从青年时期就一直受到健康持续恶化的折磨。年仅 34 岁时就因为疾病辞去前途光明的教授职务。44 岁时尼采在都灵大街上摔倒后一直陷入精神失常中,拖了整整 11 年后才在 55 岁时死掉。人们可能忍不住想到如果尼采在 1889 年都灵大街上摔倒时就死掉或许更好些,虽然对于 44 岁的人来说可能有些残酷。如果对比尼采的查拉图斯特拉在把人比作苹果时的先见之明,就更令人唏嘘不已:"有太多的人活得太长,在枝头悬挂得太久。我希望有一阵狂风吹来,把这些烂掉的、被虫子蛀掉的果子全部从树上摇落下来。我希望有宣传速死的说教者来临。我看这些说教者就是最好的狂风,生命树的摇撼者!"[1]

书中蒙田借用古希腊思想家西塞罗的观点说"哲学思考就是学会如何死亡",经常想到死亡,习惯于死亡的必然性,可是死神仍然会出其不意地突然来拜访。死亡绝不会让我们失望。甚至有关死亡的作品也不会减少人们对死亡的恐惧。17世纪法国作家拉罗什富科说过"人们不能直面死亡就像不能直面太阳一样"。死亡是人类所有焦虑的根源。即使最积极回避死亡的人的美梦也常常被死亡惊醒。[2] 死亡不可能被去神秘化。想到死亡,对死亡感到迷惑不解,感到担忧甚至恐慌等再自然不过,但听任死亡毁掉你的日常生活就错了。那么哲学真能消除死亡恐惧,给人带来慰藉吗?我们很少真正面对死神的威胁。人们常常说哲学家是在思考人生意义之类大问题的,但人生意义并非专业哲学家关注的话题,即便涉及也不过是在与同事一起喝了几杯酒之后简短地闲聊一番而已。哲学家当今已经有了心照不宣的理解,即人生的意义和价值是个人问题;译者认识的多数哲学家似乎并没有花费很多时间思考自己的人生意义问题。人生意义是由宗教教义提供的,人们渴望从上帝那儿获得慰藉。人们常说散兵坑中没有无神论者,当你面临死亡威胁,或当你意识到来日无多或者在倒计时度过余生的时候,还是不由得求助于超验性的力量。对于非教徒而言,因为没有来世,我们反而更加珍惜现在拥

---

[1] Morgan Rempel, "Dying At The Right Time," *Philosophy Now*, Issues 76, 2009, pp.23-25. 此段最后一句引语借用钱春绮译本《查拉图斯特拉如是说》,北京:生活·读书·新知三联书店,2014年,第78页。

[2] Ira Brock, "The Meaning and Value of Death," *Journal of Palliative Medicine*, Volume 5, Number 2, 2002.

有的生活,如果没有来世的话,我们应该更加珍惜现在拥有的生活,会更深刻地体会到亲人的重要和宝贵。哲学在宗教结束之处开始工作,人生意义不在于肉体的永生而是与他人的互动,如我们维持的友谊,我们养育的孩子,我们打拼的事业,我们撰写的著作等。我们活着的时候,他人通过成为我们的爱的对象而为我们提供了人生意义。当我们死后,继续作为他们的爱的对象,从而为他人提供了意义。意识到死亡即将来临突出显示了永久情感的存在,并向我们显示自己最深深地爱着的人是谁。①

《哲学家杂志》创始人朱利安·巴格尼尼在"父亲走了"中恰好谈到在亲人去世时,哲学能否给人带来慰藉的问题。在作者看来,当死亡走近我们时,哲学视角能帮助我们更好地理解死亡,及其三个维度:死亡对死者意味着什么;对活着的人意味着什么以及死亡的突然降临所带来的惊恐万状。虽然哲学家有种种失败,但是他们这些鼓吹平静接受死亡的人似乎并没有大错。失去亲人之后,人生瞬间被撕成碎片。我们感到困惑的是,我们的恸哭是为自己还是为死者呢?因为我们为自己和为亲人恸哭是分不开的,就像我们不能把自己与至亲爱人分开一样。某人如此受你爱戴以至于成为你的一部分,这不是纯粹的自私想法而是所有可能的欣赏形式中最深刻的一种。亲人的离世会提醒我们即使世界上最好的哲学也无法把我们从最终死亡的命运中解救出来,好好地生活并在别人的生活中尽绵薄之力已经足够,值得称道的哲学就是帮助我们做到

---

① David Ronnegard, "Atheist in a Foxhole," *Philosophy Now*, Issues 105, 11/12, 2014.

这些的哲学。①

本书谈论的是殉道者哲学家，他们都是为了自己的理念而自愿牺牲生命的，哈佛哲学系博士生欧德·纳阿曼通过三个死亡案例对自我牺牲的动机和意义的探讨或许有助于我们理解本书的观点。我们不想死，至少不是现在就死。自我牺牲的可能性说明死亡恐惧能够被克服，从而让死亡变得有意义。文中提到三个死亡场景：苏格拉底死在监狱、日本作家三岛由纪夫1970年在东京切腹自杀、英国女权激进分子艾米丽·威尔丁·戴维森1913年在伦敦赛马场迎面冲向飞奔而来的赛马而被踩死。纳阿曼认为苏格拉底对死亡冷漠，三岛由纪夫对死亡痴迷，戴维森对死亡坚决。苏格拉底不承认正义之外的任何价值，甚至包括他自己生命的价值，因此他并不认为自己的死是自我牺牲。三岛由纪夫之死也不是自我牺牲，他不是为了更高的理想而是为了证明自己，希望从死亡中找到自身价值。苏格拉底不承认自己的价值，三岛由纪夫则不承认自身之外的任何价值。苏格拉底和三岛由纪夫，一个缺乏自我关注，一个对自我关注过多。戴维森则不仅愿意为了争取女性平等权利这个理想而死，而且是为了不让战友死。她在曾经多次被捕、坐牢、绝食、跳楼等方式均告失败后，最终以那种方式死掉。在她看来，其人生价值取决于她为事业所做的贡献。作者的结论是我们可能投身于为自己的人生赋予意义的活动，但无法控制死亡的意义。我们把人生故事交给渴望已久的共同体的成员手中。②这正好呼应了本书最后一部分对殉道者成功之道的分析。

本书是否有宣扬自杀的嫌疑呢？译者认为这种担心是过虑了。诺贝

---

① Julian Baggini, "The death of my father," *Aeon Magazine*, 2013-03-05.
② Oded Na'aman, "The Possibility of Self-Sacrifice," *Bostom Review*, 2014-04-27.

尔文学奖获得者阿尔贝·加缪写到，唯一严肃的哲学问题是人应不应该自杀。自杀之所以错误就是因为这是对死亡的屈服。人生的确荒谬和无意义，但不能以杀掉自己作为回应，而是应该拥抱这种荒谬性并坚定地活下去。当今存在一种将痛苦污名化的趋势，其实痛苦是每个人生活中的必要组成部分。活着的确需要勇气。历史和哲学说明人们能够从了解历史和神话中的英雄人物的痛苦中获得力量。当我们陷入痛苦时，很难记住任何积极的东西，所以我们必须在那些时刻到来之前记住信心、责任和智慧。① 人们就应该顽强地活下去一直到倒下的那一天。

其实作为生活方式的哲学观对中国人来说一点儿都不陌生。儒家学说始终有说到做到、知行合一的压力。作为儒家，你就应该按照仁义礼智的价值观生活，身体力行。如果一个儒家哲学家的个人生活和儒家价值观存在明显不符的话，就再也没有人愿意听他说教。② 若谈及中国的哲学殉道者，就译者有限的阅读面而言，最突出的莫过于春秋时期的韩非子和明末哲学家李贽了。韩非子是战国末期思想家，法家的代表人物。与孔子等出身草根平民的思想家不同，韩非子是王室公子。他为专制君主提供富国强兵的霸道思想让人想起以君主论闻名的马基雅维利。据司马迁的《史记·老子韩非列传》所说，韩非是因为同为荀子学生的李斯向秦王谗言，因而被抓进监狱治罪，李斯遣人送毒药令其自尽，像苏格拉底一样也是在狱中，也是喝毒酒而死，不过他终年只有47岁。这是哲学家应该远离政治的又一例证。"秦王见《孤愤》、《五蠹》之书曰：'嗟

---

① Jennifer Michael Hecht, "To Live Is an Act of Courage," *The Americon Scholar*, 2013-09-05.

② 贝淡宁：《中国新儒家》，上海：上海三联书店，2010年，第161页。

乎！寡人得见此人与之游，死不恨矣。'李斯曰：'此韩非之所著书也。'秦因急攻韩。韩王始不用非，及急，乃遣非使秦，秦王悦之，未信用。李斯、姚贾害之，毁之曰：'韩非，韩之诸公子也。今王欲并诸侯，非终为韩不为秦，此人之情也。今王不用，久留而归之，此自遗患也。不如以过法杀之。'秦王以为然，下吏治非。李斯使人遗非药，使自杀。韩非欲自陈，不得见。秦王后悔之，使人赦之，非已死矣。"[1]

另外一个殉道的哲学家就是李贽（1527—1602）了，他被认为是明朝最为猖狂、最叛逆的"异端"和狂人，反对儒家的"君子之治"而提倡"至人之治"，反对儒家的道德伦理至上主义而提倡社会功利主义，建立以"童心说"为核心的新思想体系。经过科举考试后入仕为官，因为厌恶儒家伦理和官场氛围，到了中年时期终于下决心弃官自归，去追求自己想要的生活。62岁的李贽更是削发当了和尚，著有《焚书》、《藏书》等充满战斗意味的书籍。李贽在《自序》中说："所言迫切近世学者膏肓，既中其痼疾，则必欲杀我矣，故欲焚之，言当焚而弃之，不可留也。"李贽离经叛道的思想言论被朝廷认为是动摇孔孟之道、程朱理学意识形态统治基础的，皇帝以"敢倡乱道"的罪名将李贽逮捕治罪。而李贽在此之前好几年就为自己选择了"荣死诏狱"的最后归宿。像苏格拉底一样，也是在狱中，也是70多岁的年纪，不过这次不是喝毒酒，而是在吩咐侍者为他剃头后取刀自割咽喉，血流遍地，尚未断气。自刎两天后，气绝身亡。[2]

纽约新学院大学哲学教授西蒙·克里奇利在《哲学家死亡录》中

---

[1] 王学孟译注：《史记·老子韩非列传》。
[2] 许苏民：《李贽的真与奇》，南京：南京出版社，1998年。

也提到了中国古代哲学家之死,除了孔子、孟子、韩非子等之外,特别详细地谈及庄子的死亡观,如下面这几个段落:庄子将死,弟子欲厚葬之。庄子曰:"吾以天地为棺椁,以日月为连璧,星辰为珠玑,万物为赍送。吾葬具岂不邪?何以加此!"弟子曰:"吾恐乌鸢之食夫子也。"庄子曰:"在上为乌鸢食,在下为蝼蚁食,夺彼与此,何其偏也。"(韩维志译评《庄子》,第163页)①

  子祀、子舆、子犁、子来四人相与语曰:"孰能以无为首,以生为脊,以死为尻,孰知死生存亡之一体者,吾与之友矣。"四人相视而笑,莫逆于心,遂相与为友……俄而子来有病,喘喘然将死,其妻子环而泣之。子犁往问之,曰:"叱!避!无怛化!"倚其户与之语曰:"伟哉造化!又将奚以汝为,将奚以汝适?以汝为鼠肝乎?以汝为虫臂乎?"子来曰:"父母于子,东西南北,唯命之从。阴阳于人,不翅于父母;彼近吾死而我不听,我则悍矣,彼何罪焉!夫大块载我以形,劳我以生,佚我以老,息我以死。故善吾生者,乃所以善吾死也。(《庄子·内篇·大宗师》)②

  庄子钓于濮水,楚王使大夫二人往先焉,曰:"愿以境内累矣!"

  庄子持竿不顾,曰:"吾闻楚有神龟,死已三千岁矣,王以巾笥而藏之庙堂之上。此龟者,宁其死为留骨而贵乎?宁其生而曳尾于涂中乎?"

---

① Simon Critchley, *The Book of Dead Philosophers*, New York: Vintage Books, 2009, p. 46.

② Ibid. p. 46.

二大夫曰:"宁生而曳尾涂中。"

庄子曰:"往矣!吾将曳尾于涂中。"(韩维志译评《庄子》,第87—88页)①

此外,著名作家李国文和高松元著的同名著作《中国文人的非正常死亡》两书中也有更多引人入胜的死亡故事,包括从先秦司马迁到近现代思想家王国维和顾城等几十位文人的非正常死亡现象的分析和评论。前文提到的害死韩非子的秦国宰相李斯和明末思想家李贽都在其中。有兴趣的读者若将本书与这些书放在一起对照阅读应该是别有一番滋味。②

说实话,谈及死亡不可能不涉及作家,本书中谈到的哲学家多数也往往被认为是非常优秀的作家。译者非常欣赏文学批评家亚当·柯什的话:"死亡的真正实践是写作而不是哲学,写作把自我变成为印刷品,是对自我消失后作品依然留在世上的一种彩排。"如果我们读到作家的讣告时,吃惊地得知他还活着,那这个作家就算成功了。维特根斯坦说过,"凡是不可说的东西,必须对之沉默"。但是我们往往对那些没有办法指出来,也没有办法科学描述。真正的演讲和写作总是引发更多的话语和写作,话语的作用不是为了描述现实,而是为了避免沉默。③

总而言之,宗教比哲学更容易让我们面对死亡。苏格拉底式的哲学

---

① Simon Critchley, *The Book of Dead Philosophers*, New York: Vintage Books, 2009, p. 47.

② 李国文:《中国文人的非正常死亡》,北京:人民文学出版社,2004年;高松元:《中国文人的非正常死亡》,北京:光明日报出版社,2012年。

③ Adam Kirsch, "Rocket and Lightship," *Poetry Magazine*, 2012-11-01.

性死亡观毕竟有些自私,因为它忽略了死亡牵涉的悲伤和痛苦。重要的是死亡与爱的关系问题,亲人之死以及我们怎么想才最重要。蒙田说一个学会死亡的人就清除掉了成为奴隶的方式,因为对死亡的恐惧让你成为奴隶。自由就是接受自己必然死亡的命运,死亡的必然性赋予人生意义。我们是非常脆弱的生物,必须依靠他人才能活下来。① 在没有上帝和正义的世界,如何寻找人生的意义和正义呢?真正的哲学教导我们重新认识这个世界。哲学就是对可能性的追求,放弃认真思考就是放弃人性的绝大部分。②

如上所述,为理念而死可能不是人人都会关心的话题,但没有人不遭遇死亡问题。如果读者在读了本书后能反思自己的人生,正确面对死亡恐惧,思考更有价值和意义的生存方式,译者就深感欣慰了。

译者在书后制作了一个专有名称汉译英对照表,包括人名、地名、书籍、报刊、机构、组织名等内容,既可以方便读者,也可以使读者监督译者的处理是否符合规范。鉴于译者知识水平和中英文功底有限,书中差错在所难免,译者真诚希望读者不吝指教。

译本出版之际,译者要感谢原著作者科斯提卡·布拉达坦教授的厚爱和信任,感谢他在翻译过程中对译者的帮助和对译文提出的修改意见。本书涉及某些著名哲学家的著作,文中有中译本的引文,译者在翻译时有时借用,尽可能注明了它们的出处,只是在必要的地方有所改动。哲学概念的翻译尽可能遵从惯例。译者在翻译过程中阅读和参考的主要著作有海德格尔著《存在与时间》(陈嘉映、王庆节合译,三联书

---

① Simon Critchley, "Religion and Death," *Big Think*, 2012-04-23.
② Jill Stauffer, "Interview of Simon Critchley," *Believer Magazine*, 2003-08.

店，2014年）、《堂吉诃德》（张广森译，上海译文出版社，2007年）、[古希腊]色诺芬著《回忆苏格拉底》（吴永泉译，商务印书馆，1984年）、《柏拉图全集》（王晓朝译，人民出版社，2002年）、皮埃尔·阿多著《作为生活方式的哲学》（姜丹丹译，上海译文出版社，2014年）、《畏惧与颤栗/恐惧的概念/致死的疾病》（《克尔凯郭尔文集》6，京不特译，中国社会科学出版社，2013年）、《斯宾诺莎文集》第四卷《伦理学》（贺麟译，商务印书馆，2014年）、韩维志译评《庄子》（吉林文史出版社，2012年）等，笔者对这些作者和译者表示感谢。同时译者要感谢中央编译出版社的信任和支持，感谢为本书付出辛勤劳动的编辑霍星辰老师。

译者
二〇一五年元月于武汉青山